不宠不惯，富养女孩的100个细节

晓丹◎编著

中国婦女出版社

图书在版编目（CIP）数据

不宠不惯，富养女孩的100个细节 / 晓丹编著 . --
北京 : 中国妇女出版社 , 2014.5
ISBN 978-7-5127-0833-4

Ⅰ . ①不… Ⅱ . ①晓… Ⅲ . ①女性—家庭教育 Ⅳ .
① G78

中国版本图书馆 CIP 数据核字 (2014) 第 020460 号

不宠不惯，富养女孩的100个细节

作　　者：晓　丹　编著
责任编辑：陈　元
封面设计：门乃婷工作室
责任印制：王卫东
出版发行：中国妇女出版社
地　　址：北京东城区史家胡同甲24号　邮政编码：100010
电　　话：(010) 65133160（发行部）　65133161（邮购）
网　　址：www.womenbooks.com.cn
经　　销：各地新华书店
印　　刷：北京楠萍印刷有限公司
开　　本：170×240　1/16
印　　张：17.5
字　　数：233千字
版　　次：2014年5月第1版
印　　次：2014年5月第1次
书　　号：ISBN 978-7-5127-0833-4
定　　价：32.80元

前言

如果女孩是一朵含苞欲放的鲜花，那么父母就是精心养育她的花匠；

如果女孩是一个清澈美丽的湖泊，那么父母的爱就是那些涓涓细流；

如果女孩是一艘扬帆起航的小船，那么父母的教育就是远处隐现的灯塔；

……

花匠培育出美丽的鲜花，需要的是足够的耐心和技术；细流汇入湖泊，需要的是长久的坚持和耐性；灯塔指引小船的方向，需要的是正确的坐标与方位。所以，父母在养育女儿的过程中，需要一定的耐心、坚持、正确的方向及科学的教育方法，为培养出优秀的女孩打下基础。

真正的富养教育，内容丰富，目标明确。在走进本书之前，父母们必须要首先深刻了解“富养”中的“富”与“金钱富足”中的“富”的不同含义。富养中的“富”并不仅仅指物质财富，它更多的是指精神的富足，是希望父母通过富养教育，将女儿培养成一位性格独立、心态平和、习惯良好、气质优雅、富有爱心、能力出众、学习优秀的女孩，而不是一个过着奢侈生活，刁蛮任性、自私冷漠的女孩。

富养教育的真正内涵就是丰富女孩的精神世界，让她变得眼界开阔、见多识广、独立自主、有主见、坚强、乐观、抗挫折能力强等，而且通过富养教育，女孩能够充分展现自己的气质和魅力、发挥自己的优势和能力，以便更适应竞争激烈的社会。

如今，随着社会经济的进步和父母对孩子宠爱程度的上升，很多女孩缺乏基本的生存能力、人际交往能力、表达能力、创新能力等，凡事只知依赖父母，这对于女孩今后的发展极为不利。要想改变这种状况，父母就有必要按照正确的富养方式来教育女儿，掌握教育细节，在潜移默化中让女儿变得更加优秀。

我们教育女孩的最终目的是什么呢？对此，有人给出了这样的回答："女人就该具有女人的一切天性——温良、耐心、可信、无私、宽宏大量。她的神圣义务就是安慰不幸者，鼓励丧失目标者，帮助忧伤者，拯救堕落者，亲近孤独者——一句话，对于叩击她那扇友好大门的所有遭受创伤和折磨的不幸儿童，她都用同情来治愈他们的不幸，用自己的心胸为他们提供一个安乐窝。"

最后，衷心希望普天下的父母都能在富养的道路上为自己的女儿提供最好的教育，将她培养成最乐观、最出众、最自信、最坚强的女孩！

邢恩和

2013 年 12 月

目录

第3章 与女儿有效沟通的九个技巧 /045

第4章 自信，让女儿更美丽 /069

第5章 乐观，让女儿一生幸福 /081

第8章 好习惯，让女儿终身受益 /147

第9章 气质，女孩的真正魅力 /163

第10章 学习力，让女儿更上一层楼 /185

第1章

女孩心底都有一座神秘的“内心花园”

一位女士带着6岁的女儿去拜访一位教育家。这位女士问:“教授先生，我怎样才能把最好的爱给我女儿呢？”教育家没有回答她的问题，而是问她：“你了解你的女儿吗？”这位妈妈有些不以为然地说：“我是孩子的妈妈，我怎么会不了解自己的女儿呢！”教授说：“那好，让我来问你几个问题。你知道你女儿最喜欢将房间漆成什么颜色吗？你知道女儿最大的苦恼是什么吗？你知道女儿对家庭的最大抱怨是什么吗？”这位女士被问得哑口无言，因为这些问题她一个都回答不上来。

教育家接着说：“你只有先了解自己的孩子，然后才能给她最好的爱，如果连自己的孩子都不了解，其他的一切都是无从谈起的。”

细节1 女孩成长的三个关键期

相对于顽皮淘气的男孩，女孩是乖巧、安静、善解人意的，但是这也并不意味着女孩容易管教，很多父母都因为女儿而头疼不已。

我一直认为自己是一个不称职的妈妈，从女儿3岁起，我们就总是“战争”不断。

女儿三岁那年，为了她能够比别的孩子更优秀，我给她买来许多儿歌和诗词，并且一句一句读给她听。谁知女儿听了没有10分钟就烦了，吵着闹着让我带她去玩儿。我也有些生气，责备她说：“你这孩子怎么这么不听话！等妈妈给你读完儿歌再去玩儿！”女儿受了责备吵得更凶了，一边哭泣一边用小手指着我说：“坏妈妈！坏妈妈……”

等女儿上了小学后，我们之间的“战争”也开始升级。女儿常常因为不喜欢我给她买的衣服而和我发生矛盾。而我为了她的学习情况，也常常和她发生争吵。记得有一段时间，女儿特别痴迷《哆啦A梦》《美少女战士》这些动画片，我怕女儿的成绩受影响，便限制女儿看电视，结果女儿哭得非常厉害，甚至有三四天不愿意理我。

现在女儿已经13岁了，但是我们之间的“战争”不仅没有结束，反而有愈演愈烈的趋势。两天前，女儿因为我翻看她的日记和我吵了一架；今天早上，仅仅因为我提醒了她一句“别忘了带数学课本”，她就不客气地对我说：“妈妈，你有完没完啊！你不觉得自己很烦人吗？”

听了女儿的话，我真的很伤心，为什么我对女儿付出了这么多爱，她不仅不领情，还这样埋怨我呢？是因为我对她付出的爱还不够多吗？还是因为我真如女儿所说的那样，是一个不称职的“坏妈妈”呢？我实在是想不明白。

这是一位妈妈在网络上写下的日志，向大家诉说心中的苦恼和不解。她和女儿常常发生“战争”，这不是因为她对女儿付出的爱不够多，更不是因为她是一位“坏妈妈”，而是因为她没有了解女孩的身心发展规律，不知道用什么样的方式来和女儿进行有效的沟通。

孩子在成长过程中，会经历很多个独特的生理和心理发展阶段，而女孩和男孩又会因为性别的不同而有很大的差异。这些不同年龄阶段的不同生理、心理特征，构成了孩子的身心发展规律。孩子的身心发展规律和许多自然规律一样，是不可以忽视和违背的。我们一旦违背了这些规律，可能会事倍功半，甚至还可能会伤害到孩子的身心健康。因此，我们在教育孩子的时候，要根据孩子在不同年龄阶段的不同的心理状况，选择不同的教育方式和教育内容。只有这样，才是符合孩子身心发展规律的教育，也是孩子们真正需要而且喜欢的教育。

根据不同的生理和心理特征，女孩在16岁之前大致可以分为三个成长阶段。父母只要在每个阶段找对了教育重点，便会取得事半功倍的效果。

0～7岁：塑造女孩一生的关键时期

生理学家研究发现，这一阶段是女孩身体发育的关键时期，也是女孩的心理奠定期、精神奠定期以及人格形成期。在这一阶段，女孩将学会走路、说话、独立思考，并且为以后的发展奠定基础。所以对女孩来说，0～7岁是塑造女孩一生的关键时期。

对于父母来说，培养0～7岁的女孩应该把以下几个方面作为发展重点：

1. 均衡营养，让女孩的身体得到最大限度的发展

0～7岁，不仅是女孩长身体的重要阶段，也是女孩大脑发育的黄金时期。研究发现，女孩的脑力发育在3岁前已经完成了60%左右，6岁的时候已经完成了80%。所以在0～7岁这一阶段，父母一定要注重女孩的饮食结构，让女孩的身体得到最大限度的发展。

2. 开发女孩的智力

0 ~ 7 岁是女孩智力发展的关键时期，这段时间的启蒙教育直接关系着女孩一生的智力发展水平。现在很多父母都认识到了启蒙教育的重要性，但是在具体的方法上却存在很大的误区。有些父母认为，女儿能够进行复杂的数学运算、能够背诵数十首甚至上百首儿歌，这就是启蒙教育的最大收获。这种想法实际上是错误的。因为填鸭式地向孩子灌输知识，孩子不仅不能充分地理解、消化这些知识，时间长了还会让孩子产生厌学情绪。所以在这一阶段，父母可以从女孩的兴趣和爱好出发，向女孩传授一些简单的知识（如简单的阅读、认字等）和生活常识，但是不要用强迫的方式逼女孩“学习”。

3. 培养女孩对性别的认识

很多父母忽视了这一点，认为随着孩子的慢慢长大，自然会对性别有一个清楚的认识。生理学家研究发现，在 3 岁前，女孩对性别的认识是模糊的；到了 3 岁之后，女孩开始有了性别意识，并且能够通过服饰、造型等找出与自己同性别的人。这时候父母要主动地教女孩去识别性别，以培养女孩的性别意识。只有形成了一种良好的性别意识，女孩才有可能真正发挥自己的性别优势，成长为真正优秀的女孩。

4. 培养女孩良好的生活习惯

在 0 ~ 7 岁，女孩正处在模仿他人的阶段，她们常常把父母当成模仿的对象。所以在这一阶段，父母要特别注意培养女儿良好的生活习惯，并且要以身作则，为女儿树立一个良好的榜样。

8 ~ 12 岁：培养女孩学习能力的最佳时期

在 8 岁前，女孩大多是以父母为中心，她们十分在意父母是否爱她们。但是到了 8 岁之后，女孩的世界会变得开阔很多，她们不再总是缠着父母陪她们玩儿，而是有了自己感兴趣的事情，还会沉浸在与朋友交往的乐趣中。更重要的是，她们在这一阶段出现了记忆的黄金期，并且对任何新鲜事物都会产生极其浓厚的兴趣。

对于父母来说，培养 8 ~ 12 岁的女孩应该把以下几个方面作为发展重点：

1. 培养女孩的学习能力

在这一阶段，女孩的记忆力处于黄金期，是培养女孩学习能力的最佳时期。此外，父母尤其要注意的是，在这一阶段可以重点培养一下女孩的抽象思维能力，因为相对于男孩而言，这是女孩的弱项。

2. 培养女孩广泛的兴趣和爱好

在这一阶段，女孩对新鲜事物充满了探索欲望，父母可以培养她们广泛的兴趣和爱好，并从中选择一项或者两项重点培养，让它们成为女孩的特长。

3. 培养女孩的交际能力

在这一阶段，女孩会更加注重人际交往，并且喜欢与同龄的女孩一起玩儿。因此，父母应该鼓励女孩多交朋友，以培养女孩的社交能力。

4. 积极塑造女孩优良的性格

从某种意义上讲，8 ~ 12 岁的女孩已经有了独立思考的能力，所以这一阶段是女孩性格形成的关键时期，父母要积极引导女孩养成良好的性格。

5. 培养女孩的气质

8 ~ 12 岁的女孩已经有了一定的审美观，对其自身而言，她独特的气质在这一时期有着非常强的可塑性。所以这个时期的父母应该注重培养女孩的气质，以培养出一个超凡脱俗的女孩。

6. 培养女孩的品德修养

在这一阶段，女孩已经有了一定的是非分辨能力，并且开始领会到善良与邪恶的区别，所以，父母应该把培养女孩的品德修养作为一个发展重点。

此外，在培养女孩良好习惯、独立性方面，这一阶段也应该有所侧重。

13 ~ 16岁：协助青春期女孩度过人生迷茫期

进入青春期后，女孩们会发生一些变化，那个原本可爱的小公主一下子变成了世界上“最难对付”的人：她们常常喜怒无常、情绪多变，谁也猜不透她们内心的想法。这让很多父母也很苦恼和困惑。

青春期的女孩是非常矛盾的：一方面，她们时常表现出强烈的自尊；而另一方面，她们又常常陷入迷茫之中，不知道自己该做什么，该怎么做。所以，父母在这个时候一定要给予女孩足够的理解、支持和关心，协助她们度过人生的迷茫期，而不是一味地指责和埋怨女孩。

对于父母来说，培养13 ~ 16岁的女孩应该把以下几个方面作为发展重点：

1. 注重培养女孩的独立性

在女孩的青春期，她们的独立意识会更加强烈，这也是培养她们独立性的关键时期。这个时候父母要多多鼓励女孩，注重培养她们的自信心和独立自主的能力。

2. 培养女孩和异性相处的能力

在这一阶段，女孩开始对男孩产生好感，甚至还会和男孩“谈恋爱”。在这个时候，父母不要过分限制女孩和男生的交往，因为和异性相处也是一种能力，并且关系到女孩以后的择偶以及婚姻。在这个特殊时期，父母应该鼓励女孩和男生交往，并让她们把握好和男生交往的分寸。

3. 帮助女孩树立良好的世界观、人生观和价值观

在这一阶段，女孩有了非常强烈的自我意识，因此这是建立女孩世界观和价值观的关键时期。父母应该对女孩积极引导，让她们建立起自己的世界观和价值观。

此外，在培养女孩品德修养、学习能力、良好习惯方面，这段时间仍然是一个重点。

细节2 了解和发现女孩的天赋

西方有这样一句谚语：“男孩是由刀枪、蜗牛和小狗的尾巴做成的，而女孩是由糖、香料以及一切美好的东西做成的。”确实如此，即使在很小的时候，男孩和女孩就会表现出截然不同的天赋。

天赋，即天分，是一个人成长之前就已经具备的成长特性。出生在这个世界上的每一个人都具有天分，而天分在男孩和女孩身上是存在差异的，例如，女孩在语言天赋上优于男孩，但是在逻辑推理天赋上却劣于男孩等。

不过，很多父母在实际教育女儿的过程中，常常发出这样的疑惑：“我怎么一点儿也没发现我们家丫头有什么特别的天赋呢？她什么都很普通！”父母怎样才能鉴定出自己的女儿有没有天赋呢？美国耶鲁大学的罗伯特博士为我们提供了一些具体的参考办法：

很少迷路。

善于记忆诗歌和富有情趣的台词。

能注意到别人情绪的各种变化。

动作协调、优雅。

学习系鞋带、穿袜子，骑自行车很快，且不费力。

经常问雷鸣、闪电、下雨等关于大自然的问题。

喜欢扮演角色、编故事，且演得、编得很像样。

喜欢模仿各种表情和各种体育动作。

擅长画地图、描绘物体。

爱听不同的乐器演奏，并能根据音色讲出乐器名称。

……

以上这些就是孩子具有各方面天赋的特征。如果你的女儿表现出以上特征的话，她可能已显露出色的能力和才华了。

另外，父母还应了解女孩所具有的独特天赋和优势，例如，女孩在听觉、触觉、痛觉等方面具有超乎寻常的敏锐感，大部分女孩还具有很强的交际能力、观察能力、表达能力和艺术能力，而且她们都拥有丰富的感情。

一旦父母了解和发现了女儿的天赋和优势，就应该在她少年成长的关键时期，采用科学有效的办法正确引导和激发她的潜能，提高她各方面的能力，尤其是在她表现特别突出的天赋和优势方面。那么在实际教育女儿的过程中，父母应该如何正确对待女儿的天赋呢？

发掘女儿的天赋

伊蕾娜和艾芙是居里夫人的女儿。居里夫人在教育这两个女儿的时候，秉承的教育理念一直是：发掘孩子的某种天赋，而不是要求她们死记硬背那些用来考100分的死知识。早在女儿咿呀学语时，居里夫人就开始对伊蕾娜和艾芙的天赋进行发掘。她曾在自己的笔记本上这样写道："伊蕾娜在数学上聪颖，艾芙在音乐上早慧。"而当女儿上小学时，她就让姐妹俩每天放学后在家里再参加1小时的智力活动，以便进一步发掘其天赋才能。当她们进入塞维尼埃中学后，居里夫人就让女儿们每天补习一节"特殊教育课"，或由让·佩韩教她们化学，或由沙瓦纳夫教文学和历史，或由保罗·郎之万教数学，或由穆勒教授教外语和自然科学，或由雕刻家马柯鲁教雕塑和绘画。每逢周四下午，居里夫人都会亲自教两个女儿物理学。

经过对两个女儿两年的特殊教育，居里夫人发现，性格文静、专注的女儿伊蕾娜迷恋化学并立志要当科学家，研究镭。而女儿艾芙生性活泼，充满梦幻。本来居里夫人打算让她先学医，再进一步引导她研究镭，并希望激励她从事自然科学研究，但艾芙似乎对科学并不感兴趣，反而在文艺方面天赋较高。于是，居里夫人就尊重并鼓励她往文艺方面发展。居里夫人这种不断发掘女儿天赋的家教观念，最终指导着女儿伊蕾娜因"新放射性元素的合成”而获1939年诺贝尔化学奖，也使另一个女儿艾芙成为一位优秀的传记文学作家和音乐教育家。

居里夫人的家教理念和家教方法对我们有很大的启迪和借鉴作用，而且这也是父母尊重孩子及其天赋的一种最佳表现。所以，父母教育女儿的时候，不但要发现她们所表现出的天赋，同时更要仔细、谨慎地探究她们更喜欢哪一个领域，也许她很聪明，历史、数学和音乐都很好，但她可能更偏好音乐，那么就尊重她，让她在音乐的领域徜徉吧！唯有这样，女儿的天赋才能被发挥得淋漓尽致，她才能创造出更高的成就。

善待小公主的天赋

很多小女孩在幼年时期就表现出了过人的天赋，例如，她们有很强的模仿能力、表达能力，常常会一边听着音乐，一边有节奏地舞动着自己的小胳膊小腿，哼着大人都听不明白的歌曲。但并不是所有的父母都会善待和引导自己女儿的天赋，例如，有很多父母在女儿唱歌跑调时，会说:“你这唱的什么呀？简直像噪声！”或者在女儿刚刚画好了一幅画拿给父母看时，有的父母会说：“你这画得树不像树，太阳不像太阳，我看不懂。”父母这样做无疑是对女儿最大的打击，从而使她们的天赋消失在萌芽状态。

所以，当女儿在某方面显现出一定的天赋时，父母一定要正确对待、科学引导，学会欣赏女儿的天赋，然后多鼓励她在具有天赋的方面继续发展，提高她做事的积极性。

细节3 女孩更注重人际关系

和男孩相比，女孩更注重人与人之间的关系，对个人情感的需求也更加强烈。也许正是因为这个原因，很多时候，我们都会误解女孩的一些行为。

田田5岁了，相比小时候，她变得“烦人”了许多。每当妈妈洗衣服或做饭的时候，她总会跑过去“帮忙”，结果总是把自己浑身弄得湿漉漉、脏兮兮的；每天早上爸爸上班，她会拽着爸爸的衣服不让他走：“爸爸，我要和你玩儿！不许走！”甚至有一次，她还把爸爸出门穿的鞋子藏了起来，爸爸有时候被她气坏了，就会责骂她：“你这孩子怎么越来越不乖，我不喜欢你了！”

不止是田田的父母，很多女孩父母都会发现，随着年龄的增长，很多女孩会越来越“缠人”，甚至没有男孩听话了。为什么会出现这样的情况呢？因为女孩已经不再满足于看、听、触摸等行为去探索世界，而是有了更高层次的需求——心理需求。虽然男孩也有这样的心理需求，但由于女孩更注意人际关系，所以表现出的强烈程度要远远超过男孩。

确实，从小时候起，每当接触一个新的领域或人群时，女孩往往最关注的是这些问题：

我和他有关系吗？

我们之间关系是怎样的？

我在这种关系中处于何种地位？

要维持关系，我能做些什么？

可见，女孩是非常注重人际关系的。

女孩虽然不像男孩那样渴望成为“孩子王”，但是她们会渴望得到父母更多的宠爱与关注、渴望交更多的朋友，而且女孩更需要在人际关系中得到尊重和认可。

当女儿在交际上遇到难题时，要从旁给予引导

有一位妈妈曾在日记中这样写道：

我的女儿是一名小学四年级的学生，现在是班里的班长。她学习等各方面都很好，偏偏在和同学相处方面遇到了问题，这令她最近一段时间非常苦恼，甚至到了茶饭不思的地步。

一天，女儿终于把心事对我讲了：“妈妈，如果和同学闹了矛盾，自己是不是也该担责任啊？我真不知道怎样才能和大家相处得更好。”看着一脸愁容的女儿，我对她说：“同学们天天在一起，就像我们舌头碰到牙，闹矛盾是很正常的。当然，责任是双方都有的，但也能分清谁责任更大，你要尊重别人，别人才能尊重你。同学之间还要互相体谅，多站在对方的立场去想问题。”女儿听完我说的话，终于明白自己应该怎样和同学相处了。

女孩很注重人与人之间的交往，但在现实的生活和学习中，她们难免会遇到一些难以解决的人际交往问题，这时，就需要父母从旁正确引导，帮助女儿找到合理的解决方法，以便女儿在人际交往过程中能够更加顺畅。

不要做女儿人际交往的“大管家”

父母时常会担心自己的女儿不会交朋友或者交错朋友，于是面对不时出现在女儿周围的人，他们都要仔仔细细地“审查”一遍，而且会帮女儿做决定，简直就是一个“大管家”。

一位12岁的女孩就对自己的“大管家”妈妈懊恼不已：

我一直都希望有一个特别关心理解我、又温柔又和善的妈妈，但是我的妈妈却不是这样，她就像一个“管家”。从我小的时候，她就喜欢什么事情都管着我，我每天做什么、和什么人交朋友都得跟她汇报，她事事都要插手！有一次，我和几个同学约好出去玩儿，妈妈知道后死活不让我去，

还说我那些朋友都不是好孩子，不知道努力学习，就知道玩儿。平时她规定我每天下午6点必须回家，我已经照办了，为什么这次就不能允许我和朋友一起出去玩儿呢？因为她我已经失去了很多的快乐、很多的朋友，现在好不容易有几个朋友带我一起出去玩儿，她又要阻拦。我反抗了，但结果却是被妈妈反锁在家里。后来去学校的时候，准备一起春游的朋友都说我不够意思，竟然不遵守约定，害他们为了等我而浪费了很多的时间，我太不喜欢妈妈的做法了，她让我失去了朋友，以后不会再有人找我玩儿了……

其实，妈妈担心女儿在人际交往中吃亏我们是能理解的，但是“管”孩子也要有度，更要有方法。面对渴望人际关系和谐的女孩，父母千万不要让女儿觉得你是在限制她的自由，而是应该给予女儿信任、理解、尊重，并且在她遭遇人际问题时为其提供正确的建议和方法，让女儿自主决定该交哪些小朋友。

让女孩学习自己控制和制定人际交往规则

有一天，5岁的女孩到邻居家玩儿，并和邻居家同龄的男孩玩起了扮演游戏，男孩要当喜羊羊，女孩也要当。两人争当喜羊羊，还为此吵了起来。

男孩的妈妈就说：“男孩当喜羊羊，女孩当美羊羊，这样分配角色不就合适了。”没想到大人的这个建议不但没有缓解矛盾，还惹怒了女孩，女孩说：“因为我是女的，就不能当喜羊羊，只能当美羊羊吗？这不公平！”男孩的妈妈见没能帮助这两个孩子，后来也就不再介入了。

没想到几天之后，两个孩子不但又在一起玩儿，而且十分和谐。男孩的妈妈非常不解地问：“你们是怎样解决之前的矛盾的？”女孩自豪地说：“我们谁也没说服谁，最后我们决定建立一个规则——如果我到他家，他就是喜羊羊；如果他到我家，我就是喜羊羊。”

在人际关系中，孩子从5岁之后就会对规则高度感兴趣，所以他们在一起游戏时，会先建立规则，等双方达成一致后再一起玩儿。当然，他们最终会发现，真正的朋友是建立在志趣相投、相互理解和尊重、彼此关爱和相互倾听的基础上的。

女孩在制定和他人的人际交往规则过程中，父母最好不要主观强行介入，要相信她能自己解决问题，而且这也是锻炼女孩独立性、思考能力和解决问题能力的最佳机会。

细节4 女孩天性敏感

法国著名现实主义作家阿尔丰斯·都德曾说过这样一句话：“女人的眼睛总是比较敏锐的，哪怕是对世上的坏事全然无知的最老实的女人，有时也会突然闪现出惊人的睿智。”女孩天性敏感，一个细微的动作，一声无人注意的叹息，一个不经意的眼神，都可能会令女孩会错意，进而对家人、朋友乃至社会产生误解，造成无法挽回的憾事。

一位母亲就曾在网络日志中写道：

我有3个可爱的女儿，她们都很聪明伶俐，但个性又各不相同。其中上初中的大女儿细心、勤奋，照顾两个妹妹也尽心尽力，因此，我就经常表扬大女儿，试图让其余的两个女儿把姐姐作为榜样，也能成为很优秀的女孩。

可事情没有像我想象中的那样发展，另外两个女儿对姐姐非常敌视，我发现我越是赞美大女儿的行为，二女儿和小女儿就越是诋毁她们的姐姐。这到底是怎么回事呢？我虽然不断反思，可并没有发现问题的根源，于是我只好在最单纯的小女儿身上下功夫。

小女儿对我说：“妈妈，我和二姐觉得你太偏心了，只爱大姐一个，根本不喜欢我们。”听了小女儿的话我这才明白，二女儿和小女儿不理解我表扬大女儿是为了让她们学习她，而是认为我只爱大女儿，不爱她们两个，这才是她们敌视自己的父母和姐姐的根本原因。

这位母亲怎么会不喜欢自己的二女儿和小女儿呢？但由于女儿们天性敏感，让她们从母亲表扬姐姐的语言中听产生了误解。所以，教育女儿，一定要全面注意她们的心理特征，特别是她们的敏感性。

那么，对于女孩的这种敏感性，父母应该采取哪些有效的方法进行引导呢？

多给你的小公主一些拥抱

儿童行为专家表示：在幼儿出生后两年内，父母能否每天和幼儿进行至少 15 分钟的身体接触，是决定孩子此后一生与父母关系的关键。因此，对本就敏感的女儿，父母应多给她们一些拥抱，用“爱的抱抱”带给女儿更多的安全感和亲密感。

对待敏感女儿，父母要掌握好批评的尺度

妈妈新买的一件衬衫被女儿用小剪刀弄成了“残次品”。妈妈十分生气，斥责女儿说：“你这孩子怎么这么烦人……”妈妈的话还没有说完，女儿就哇的一声哭了起来，一边哭一边说：“妈妈嫌我淘气，不喜欢我了！”妈妈意识到刚才的批评伤了女儿的心，赶紧抱住女儿，抚摸着她的头说：“你是妈妈的乖女儿，妈妈怎么会不喜欢你呢？不过以后你要是再想当裁缝，要事先跟妈妈说，不要用小剪刀乱剪衣服了。”女儿点了点头，终于停止了哭泣。

女孩非常在乎父母是不是爱自己，非常介意他人是不是对她有好感，有时看似不经意的一句批评就能让她们“闻”出别样的“味道”来。所以父母在教育女儿时，一定要注重批评的方式，切忌不计后果地训斥、打骂，即使不得已要批评孩子，也要告诉她你是深爱着她的。

走进女儿的“心灵花园”，成为她的知心好友

一位母亲谈到自己的育女经验时这样说：

很多父母都认为女孩脆弱、敏感、不好相处，这是因为他们只会做孩子的父母，而不会做孩子的朋友。我和我的女儿不仅仅是母女关系，更是朋友关系，她什么话都愿意和我说。记得有一次她爸爸批评了她，她非常伤心地找到我说：“妈妈，我惹爸爸生气了，他会不会不喜欢我了？”我抚摸着女儿的头说：“爸爸怎么会不喜欢自己的宝贝呢？不过以后可不要让爸爸生气了。”女儿懂事地点点头，心中的担忧终于放下来了。

女孩天生敏感、多疑，内心深处还有很多父母所不知道的秘密，很多时候父母并不知道自己做了什么、说了什么，女儿就忽然变得伤心起来。这时，父母最好的处理方法就是用真诚的沟通架起与女儿心灵的桥梁，进而成为她的知心好友，了解她情绪变化的根本原因，分享孩子的喜悦和痛苦。

细节5　女孩天生胆小

生活中我们常常会看到小女孩紧紧抓住父母的衣角或者躲在父母的身后，怯生生地说：“我怕”“我不敢”，这时有些父母会大声斥责女孩：“你怕什么，有什么可怕的！胆小鬼！”，也有些父母会和颜悦色地去了解自己女儿害怕、胆小背后的原因。很显然，第一种父母的做法是不对的。

那么，女孩都害怕什么呢？一般来说，小女孩在5岁之后对噪声、疼痛、陌生的事物、坠落、身体的突然移动的刺激产生的恐惧程度会下降，而对黑暗、动物的伤害性威胁等会感到十分害怕。而且，这种恐惧感会给女孩造成远期的心理影响，等她们长大后也许仍然会胆小怕事。

一般来说，女孩胆小的表现有以下几个方面：

害怕生人，或者不敢在课堂上回答问题；

不敢独自一人待在家里，面对空房间会不安；

不敢单独出门办事；

晚上不敢出房门，即使很短的路也很害怕；

被其他小朋友欺负时，不懂反抗，只知哭泣和一味忍受；

……

造成女孩胆小怕黑的原因除了女孩自身的天性之外，还与父母不恰当的教育方式有关。比如父母对女孩保护过度、太过宠爱，就很容易造成女孩对父母过度依赖，变得胆小，经不起外面的一点儿“风吹雨打”。

6岁的楠楠是一个非常胆小的女孩，平常只要在家，她就跟在爸爸妈妈身后，到了幼儿园又成了老师的“跟屁虫”，老师让她跟别的小朋友一起玩儿，可是楠楠细声细气地说：“我怕。”老师问她怕什么，她却摇摇头说不上来。

后来，老师终于明白楠楠为什么这么胆小了，原来这一切都是因为她父母的过度保护和娇惯。原来楠楠是家里唯一的孩子，家里人都宠爱着她，晚上睡觉不是妈妈陪着，就是奶奶陪着，如果家人因为有事没人哄她睡觉，她就会哭闹不止。而且，她很害怕单独待在某个地方，即使在自家的客厅玩游戏，她也要爸爸妈妈陪在一旁。

像楠楠这样的情况，如果父母再不及时改变自己的教育方式，让孩子克服胆小、懦弱和过度依赖的心理，很可能会影响孩子今后的发展。

当然，面对胆小的女儿，不是一两句鼓励她勇敢的话就能让她变得勇气十足的，在女孩的一生中，她会遇到各种各样始料不及的事情，有些事情她可能难以承受，她可能会突然失去勇气，变得胆小、懦弱，因此，父母要把“勇敢”这颗种子深深埋进女儿的心底。

父母要想让女儿勇敢地面对生活中的一切困难，就要从改变女儿的教育方法开始。

引导女儿说出自己的内心需要

依晨是一个比较内向胆小的女孩。有一次，爸爸带她到儿童商场玩，就要离开时，她紧紧拽住爸爸的衣角说：“爸爸，我们再玩一会儿吧。”然后双眼却紧盯着橱窗里漂亮的洋娃娃。爸爸看出了女儿的心思，却假装不知道，故意对她说：“再玩10分钟，然后我们就得回家。”

10分钟很快就过去了，依晨终于忍不住了，她用很小的声音对爸爸说：“爸爸，我能……要……那个吗？”

爸爸鼓励女儿说：“要什么？说话别吞吞吐吐，想要什么就大声说出来！”

“我想要买一个洋娃娃！”依晨终于鼓起勇气说。

爸爸一看自己的目的达到了，自然满足了女儿的愿望，马上给她买了那个洋娃娃。

父母应该从女孩小的时候，就注意引导她说出内心的需要，因为一旦女孩心中的需要没有得到满足，她们通常会选择放弃，而放弃就意味着失去，再次遇到类似的事情时，她们就会选择默不作声或者不再去尝试争取。

任何时候都不要对女儿说“胆小鬼”三个字

当你意识到自己的女儿在怕什么东西的时候，千万不能说她是“胆小鬼”，要知道这三个字不但包含懦弱无能的意思，也直接拒绝了女儿向你寻求帮助想法。

一天，爸爸妈妈有事要离开家一个星期，于是爸爸就对10岁的女儿说：“你外婆生病了，我和你妈妈要去看她，一个星期我们就回来了。”

女儿马上说：“我也要一起去。”

“不行，你还要上学！我们不在家的这段时间，你要好好照顾奶奶，知道吗？奶奶会每天给你做饭的。”

“哦，我知道了！可是我有些害怕，万一有坏人怎么办呢？”

“胆小鬼，怕什么！”

爸爸的这句“胆小鬼”可能是为了给女儿壮胆，但却容易让女儿认为自己提出的这个问题是“蠢问题”，进而感到羞愧，或者她还会想到自己不可以胆小，遇到坏人要“硬碰硬”，而无论哪一种想法都是令人担忧的，对女孩的健康成长都是不利的。

这时，父母最应该做的就是给女儿讲解防盗的常识，以及出现了此类情况应该怎样冷静处理，先做什么后做什么，舍弃什么保全什么，等等，绝对应该避免的就是上述做法，这不仅会扑灭女儿的热情，还会让她更加没有胆量，没有自信。

细节6 女孩情绪多变

很多父母都会发现，女儿的心事真的很难猜，自己明明是想帮她，她不仅不领情，反而把火气发到自己身上。

妈妈给女儿报了一个舞蹈班，女儿刚上了一天课就气呼呼地对妈妈说：“那个舞蹈老师真讨厌，她说我身体太胖，不适合学习舞蹈。”妈妈一听也生气了：“她怎么能这样说呢？我现在就去打电话让她给你赔礼道歉。”对于妈妈的打抱不平，女儿不仅没有领情，反而把火气发到了妈妈身上：“谁让你多管闲事！”说完走进自己的房间，砰的一声把房门关上了，只留下妈妈站在原地发呆。

类似上文这样的情况是由于我们没能识别女儿的情绪表达方式所致。很多时候，女儿向我们诉说、抱怨，并不是想得到我们的指点和帮助，她们只是想找一个人倾听，发泄一下心中的不满而已。

作为父母，一定要学会识别和掌握女儿表达情绪的方式，否则就无法真正做到了解女儿，有时候还会伤害到女儿。

妈妈发现女儿最近添了一个坏毛病，时不时地会咬咬手指。如果女儿的年纪还小，妈妈也许还能容忍这些毛病，但现在女儿已经上小学六年级了，所以，每次发现女儿犯这些毛病的时候，妈妈都会大声责备她。在妈妈的严厉监督下，女儿逐渐改掉了这些坏毛病，但是却变得日渐憔悴。后来经过心理专家的诊断，确认这是因为她近期学习压力太大所导致的，而那些“坏毛病”正是她表达焦虑不安的一种方式。

看完上面这个事例，我们应该明白，女儿表达情绪的方式和成人是大不相同的，如果我们总是以自己的思维模式去教育女儿，很可能无法达到教育效果。那么，我们应该怎样去识别和对待女儿的情绪呢？

识别和掌握女孩常用的表达情绪的方式

女孩表达情绪的方式虽然和成人大不相同，但也是有迹可循的。

焦虑的情绪：吮手指、咬指甲、喋喋不休地说话、说话时发生口吃现象、晚上睡觉抱着一个枕头。

厌烦的情绪：敲桌子、跺脚、手撑着头、胡乱涂鸦、茫然地凝视。

喜悦的情绪：眼睛张大、微笑、注视。

恐惧的情绪：脸色苍白、呼吸不畅、嘴唇颤抖。

愤怒的情绪：脸色发红或者发青、面部肌肉抽搐、双眉竖立。

肯定和接受女儿的情绪

女儿：“妈妈，我养的小鱼今天早上死了。”

妈妈：“好了，别哭了，妈妈明天早上再给你买一条。”

女儿：“我不要，我就要我原来的那一条。”

妈妈：“你这孩子怎么这么任性，不就是一条小鱼吗，我不是答应给你买一条了吗？”

女儿：“好了，我不跟你说了，真烦人！”

很多时候，父母就是这样和女儿发生争吵的。其实这个女儿需要的不是另一条小鱼，而是希望父母能理解她目前的心情。对于敏感的女孩来说，如果她们的情绪得不到认同，父母所有的建议和道理她们都无法听进去，她们甚至会觉得父母非常烦，从而把消极的情绪发泄到父母身上。所以，父母要谨记，不要否定女儿的情绪，更不要盲目地提出建议，而是要肯定和接受女儿的情绪，做到了这一点，很多问题就迎刃而解了。同样的情形，我们再来看看这样一段对话：

女儿："妈妈，我养的小鱼今天早上死了。"

妈妈："难怪你这样伤心。"

女儿："我每天都喂它吃东西，昨天晚上还喂它了呢。"

妈妈："你还真够关心它的。"

女儿："妈妈，你能再给我买一条小鱼吗？"

同样一件事，由于处理方法不同，结果也大不相同。可见，当女儿情绪不好的时候，父母要尝试着肯定和接受她们的情绪，这样才能让女儿迅速地从坏情绪中走出来。

询问女儿用不用自己帮助

放学回家后，女儿气呼呼地对妈妈说："真是太气人了！明明不是我的错，但老师却批评了我。"妈妈点了点头说："被错怪确实挺让人难受的。"女儿的情绪有些缓和。妈妈接着又拍了拍女儿的肩膀说："妈妈挺想帮你的，需要妈妈和老师解释一下吗？"女儿想了一会儿，说："老师也不是故意的，还是算了吧。妈妈，谢谢你关心我。"

很多时候，女儿向我们诉说、抱怨，只是想发泄一下，并不是希望得到我们的建议和帮助。但是有些时候，她们还是需要并愿意接受我们的帮助的。如果我们弄不清楚女儿到底需不需要帮助，可以像上文一样，用"父母是爱你的（挺想帮你的），你需要父母的帮助吗"这样的句式询问一下。不过在询问之前，仍要先肯定和接受女儿的情绪。

细节7 女孩通常缺少主见

一位心理学家去一所学校调查小学生的自主性情况，他随机抽取了200名学生参与调查，结果当他问到遇到困难解决不了，应该怎么办时，这200名学生几乎异口同声地回答：“有困难当然找父母解决。”而当他问到今后想要从事的职业时，竟有80%的学生说要等到回家后问父母才能回答。

这位心理学家看着自己的调查结果，不无忧虑地表示：缺乏自主性已经成为当代青少年综合素质的一个不容忽视的弱项，尤其是女孩。

婷婷上小学五年级，一直以来她的学习成绩都非常出色，但她对任何事情都缺乏自己的看法，凡事都喜欢问别人。在家时，她经常问：“妈，我明天要不要去图书馆呢？”“妈，明天上学我穿什么衣服呢？”在学校，她也经常问老师和同学，如：“老师，你说这个节目我是参加还是不参加呢？”“玲玲，我要不要和大家一起去公园呢？”生活中也是这样，有时为了避免犯错误，别人说什么，她就“鹦鹉学舌”地学一遍……

女孩如此缺乏主见，责任在谁呢？是她们天性便如此没有“主心骨”？当然不是，一般来说，女孩缺乏主见的原因有以下三点：

第一，很多父母习惯替女儿包办一切，再加上父母在女儿心目中的权威形象，导致女儿对父母“唯命是从”，不敢做违背父母意愿的事情。

第二，女儿喜欢模仿父母，很容易盲目跟从。

第三，现实中许多父母由于工作繁忙的原因，和女儿之间缺乏有效的沟通，不理解甚至误解女儿，这些往往会造成女儿的畏惧心理，进而让她们变得不敢说、不敢做。

其实，综合以上事例和原因来分析，我们不难发现，女孩之所以常常问：“我该怎么办？”最主要的责任其实在于父母。那么，在日常生活中，父母应该怎么做才能把自己的女儿培养成一个有主见的女孩呢？

用启发式的话语代替命令

生活中，许多父母在要求自己的女儿做事时，总是喜欢使用命令句式，如“别说其他的，就这样做吧”“你该去干……了”。父母这种命令式的语气会让女儿觉得父母的话是说一不二的，而自己也会渐渐地懒于思考，习惯服从父母的命令做事。

所以，父母不妨用启发式语气代替命令式语气，如“这件事怎样做更好呢”“你是否该去干……了”，这样的表达方式会让女儿感到父母对自己的尊重，从而启发女儿独立思考，按自己的意志和想法主动去处理事情。

让女儿学会说“不”

一位母亲曾写下这样一段话：

时光飞逝，转眼间，那个还在襁褓中的小丫头已经长成一个大姑娘了，她也应该有自己的想法了。于是，我找了一个合适的时间，开始了与女儿的谈话。“如果你已经吃饱了，父母还让你继续吃饭，你会怎么做呢？”我问女儿。“嗯，我会告诉父母我已经吃饱了，不想吃了。”女儿说。

“那如果你正在写作业，父母走过来和你聊天，这时你会怎么做呢？”我又换了一个问题。女儿想了想说：“我会告诉父母我正在写作业，请不要在这个时候打扰我。”

最后，我对女儿说：“孩子，今天你的回答都很对，非常精彩。你一定要记住，不要盲目相信别人，要有自己的想法和主见，然后大胆地说出来，别人不会因为你的拒绝而不喜欢你，相反，人们会认为你是一个有主见的孩子。”

后来，很多事实证明，我这种鼓励女儿说“不”的行为是正确的。从此之后，女儿变得不再盲从，不久之后，她还当上了班长。

一个不懂拒绝的女孩，在他人的眼中总是有些唯唯诺诺，并不可爱，反而给人一种呆板的感觉，失去了女孩应有的魅力。所以在日常生活中，父母要鼓励女儿说出自己的想法，并教会她们敢于对别人不合理的要求说“不”。

第2章

父母最应掌握的教育智慧

一位病人躺在手术台上。在没有进行麻醉前，外科医生走了进来，对病人说："在手术方面，我没有接受过多少训练，但是我非常爱我的病人，我会利用常识来做手术的。"

如果你是那位病人，你是接受他的手术还是赶快逃命呢？

这是美国著名教育家吉诺特博士在其著作《孩子，把你的手给我》中讲的一个故事。他用这个故事道出了这样一个道理：父母和医生一样，仅仅有常识是不够的，仅仅有爱也是不够的，还需要学习特别的教育方法和技巧，这样才能更好地胜任自己的职责。

细节8 教出好女儿的“法宝”

在培养女儿方面，父母应该坚持这样的原则：爱护而不娇惯。爱护是指多给女儿关心和照顾，而不娇惯是指舍得让女儿做家务，也舍得让女儿吃苦。通过这样的方式，女儿会变得不娇气，也会变得更加优秀。

和男孩相比，女孩更娇弱，也更需要父母的关心和照顾。所以，很多父母把自己的宝贝女儿视为掌上明珠，不仅舍不得让女儿干任何家务，女儿有什么要求也是尽力去满足。他们认为这样做是在“爱”女儿，殊不知是在“惯”女儿，最终并不利于女儿的成长和发展。

场景一：7岁的甜甜是家里的独生女，平时妈妈把她视为掌上明珠，什么事都由着她。结果甜甜越来越骄纵、越来越难管了。饭菜不可口了，她会责怪妈妈的厨艺不行；有什么事不顺心，她会和爸爸妈妈大吵大闹；和小朋友在一起玩儿，她也总是以自己为中心，结果谁也不和她一起玩儿了。有一次，爸爸妈妈带她去超市买东西，她看上了一个价值200元的毛毛熊，由于妈妈不给她买，她竟然在地上打起滚儿来，惹得大家都过来看热闹。爸爸非常生气，抱怨妈妈说：“都是你惯的！”

场景二：琳琳已经12岁了，但爸爸妈妈仍然认为她是小孩子，什么事也不让她做，甚至连她的屋子、书包都由妈妈来收拾。她上初中后改为住校生，由于没有生活能力，她常常给妈妈打电话，让妈妈来替她洗衣服、铺床、打扫宿舍卫生，有时候她还会哭着向妈妈提出休学的要求，这让她的父母十分的苦恼。

从上面两个事例我们可以看出，对女儿太娇惯很可能把她们培养成骄纵任性或没有生活能力的人，这对她们以后的成长和发展都是十分不利的。

其实，爱护和娇惯完全不是一个概念，爱护是关心、疼爱女儿的意思，但并不是说什么事情都由着女儿。父母首先要做的，就是在思想上转变自己，要明白让女孩多劳动、多动手对她们的发展是有好处的，如果对她们过于娇惯，反而是在害她们。

“舍得”让女儿帮自己干活儿

苗苗的爸爸妈妈是做餐馆生意的，每到暑假或者寒假，他们都会要求上中学的女儿来帮忙，切菜、洗碗、给客人端饭上菜，就像个小大人一样。有些朋友认为苗苗的爸爸妈妈太“残忍”了：“你家女儿好不容易放个假，你不让她歇一歇，怎么能让她老干活儿呢？再说你家又不是缺钱，找个小工不就行了吗？”苗苗的妈妈笑着解释说：“我让女儿帮忙不是为了省钱，而是为了培养她的独立性以及生活能力。你们想想，假如我现在娇惯她，等她长大了步入社会，别人还会娇惯她吗？当然不会了，所以，还不如从小就不娇惯她。”

很多父母宁愿自己受苦受累，也舍不得让女儿帮自己干家务。其实，这是一种错误的想法，让女儿多动手，可以培养她们的独立性以及生活能力，这是有利于她们今后的发展的。

让女儿学会吃苦

14岁的惠惠是一个吃苦耐劳的小姑娘。每到周末，她帮妈妈擦地、洗碗、收拾房间，什么家务都干。和父母外出旅游的时候，她独自背着自己鼓鼓的旅行包，绝不让爸爸妈妈帮忙。惠惠能做到这些，和爸爸妈妈的培养是分不开的，她的父母从小就让她分担一些家务，并且鼓励她自己的事情自己做。他们认为，孩子在小时候不能吃苦，长大后也很难获得成功。

现在很多女孩变得娇气，就是因为她们的父母舍不得让女儿吃苦、把她们的事情都包办了。他们竭尽全力为女儿提供一个优越的学习生活环境，希望女儿将来能够有出息，一辈子都不用受苦受累。父母的愿望是好的，但却是违背生长规律的，因为孩子不吃苦，就剥夺了孩子锻炼、提高的机会，也无法培养孩子面对逆境、面对挫折的意志和毅力。俄国著名作家屠格涅夫曾经说过："要想成为幸福的人，首先就要学会吃苦。"我们现在让女儿学会吃苦，其实是为了她以后的幸福着想。

不要对女儿百依百顺

妈妈带小丽去超市买菜，小丽被那些漂亮的糖果所吸引，让妈妈买给自己。妈妈摇了摇头说："这些糖果对牙齿不好，妈妈不能给你买。"由于被妈妈拒绝，小丽非常不高兴，一路上又吵又闹，妈妈装作听不见，小丽吵了一会儿见没有效果，也就不再吵闹了。

有些父母非常宠爱女儿，常常对女儿的要求有求必应。还有些父母拗不过女儿的吵闹，最终也只得满足女儿的要求。其实这样做是错误的。美国心理学家研究认为，对于孩子提出的物质要求，只要满足其中的四分之一就可以了，如果过多地满足孩子的要求，则是在溺爱孩子，最终会让孩子变成骄纵的"小霸王"或者"小公主"。

也许有父母会问:"不答应女儿的要求,女儿又吵又闹怎么办？"其实，并不是每个女孩都是刁蛮、任性的，你要给她好好解释一番，她会听取父母的建议的。如果实在不行，还可以采用下面的方法：

9岁的女儿在超市里看中了一双鞋子，让妈妈买给自己。妈妈没有答应女儿的要求,女儿便又哭又闹地撒起娇来。妈妈拍了拍女儿的肩膀说:"你先别哭，妈妈可以答应你的要求，不过你要通过自己的劳动来换取这双鞋子。"女儿马上不哭了，问妈妈："我怎样通过自己的劳动来换取这双鞋子呢？"妈妈说："你每天晚上帮我刷碗，我每次给你3元钱，20天后你就可以买这双鞋子了，而且这双鞋子是你用劳动换来的，不是花的爸爸妈妈的钱。"女儿想了一下，非常欣喜地答应了妈妈的建议。

上面这种方法既可以让女儿在要求没有得到满足时停止哭闹，还可以培养女儿爱劳动的好习惯，值得尝试。但是这种方法只能偶尔为之，如果用得太多，会让女儿变得非常功利。

细节9　幸福的家赛过五星级宾馆

一名刚上初中的女生在日记里写道：

今天，我正在房间写作业，外面又传来爸爸妈妈的争吵声，我试着不去注意这些，尽量把所有的注意力都放在课本上，但是他们的吵架声越来越大。其实像今天这样的情况经常在家里上演，甚至会伴随着敲桌子、砸板凳的声音，而每次都会弄得我心惊胆战。我非常讨厌这种感觉，为什么别人家都是开开心心的，而我的爸爸妈妈却总是大吵大嚷呢？我真的非常羡慕那些家庭……

爸爸妈妈一直没有停止争吵，我终于忍受不了了，推开房门，冲着正在客厅吵架的两人说："你们烦不烦啊！不要再吵了，我都没法写作业了！"谁知，妈妈一见我出来了，马上说："女儿，你出来得正好，你给妈妈评评理，是不是你爸爸不对……"

结果父母又一轮的争吵开始了，在一旁冷眼旁观的我看着他们口沫横飞的样子，脑袋都要炸了。突然，我愤怒地把客厅的餐桌掀翻，屋里顿时安静了。我哭着对爸爸妈妈大喊道："别吵了！我讨厌你们！我恨这个家！"

为什么事情会演变成这样呢？因为这个女孩感受不到家庭的温暖，她感受到的只是父母的不和谐、不友好。据科学研究表明：一个家庭的和谐、稳定是孩子健康、快乐成长的首要条件。那么，父母如何才能为孩子创造出良好的家庭氛围呢？

建立和谐的夫妻关系

对于回家，小华和叶子的感觉是完全不一样的。小华心中是欢喜的，因为回到家就可以和爸爸妈妈一起聊天，一起游戏，还可以手牵着手到小区的公园里玩耍。叶子却有一种恐惧感，因为她的爸爸妈妈总是吵架。放学后，她会在街头漫无目的地走啊走，希望太阳永远不要沉下去。

和谐的夫妻关系会给女孩带来安全感。在夫妻恩爱、温馨和睦的家庭里，孩子会过得幸福快乐，而且能够得到全方位的教育。而那些夫妻不和、缺少关爱的家庭，常常会产生“问题”孩子。尤其对渴望得到父母关心的女孩来说，如果她们无法感受到父母的和睦，她们会对家庭感到绝望，继而以早恋、离家出走等消极的方式进行对抗。所以，为了自己的女儿着想，父母应建立和谐的夫妻关系。

多制造一些温馨的家庭话题

中国人常说“天伦之乐”，那何谓令人称羡的“天伦之乐”呢？我们从电视上看到的是一大家子温馨地坐在一起，愉快地聊天，开着善意的玩笑，女人们在厨房为大家准备食物，孩子们在穿梭嬉闹。这种温暖的感觉就是“家”的感觉，能让人闻到“幸福”的味道。

其实，在生活中我们完全也可以让女儿体会到这种感受，这就需要我们学会制造全体家庭成员都可以参与的话题。当然，这个话题最好是温馨的、向上的、充满善意和爱的。

例如，全家人可以一起商讨为老人准备什么样的生日礼物；周末提议“全家约会”，讨论如何做出约会的详细计划和进程；妈妈要参加一场宴会，女儿和爸爸为妈妈做“衣着军师”；爸爸出差回来，妈妈和女儿商量如何给爸爸一个惊喜；等等，这些都是不错的。

为女儿营造快乐的家庭氛围

据有关调查显示：常伴有欢声笑语的家庭，女孩的智商和情商普遍都较高。因此，作为一个家庭中最主要成员的爸爸和妈妈，应该让女儿在充满爱和欢笑的家庭里健康成长。

所以，父母首先要有快乐的好心态，具备一些幽默特质更好，多和女儿玩一些有趣的游戏，还可以去大自然中感受自然事物的美好……制造快乐的方法有很多种，最重要的是你要有一颗为女儿快乐的心。

细节10 父母要为女儿做好榜样

法国著名作家巴尔扎克曾说过："决定未来的是孩子，决定孩子的是母亲，民族的未来掌握在母亲的手中。"的确如此，母亲不仅给予孩子宝贵的生命，更对孩子的一生起着至关重要的作用。

田甜刚刚8岁，是一名小学二年级的学生。大家都说田甜随她妈，性格开朗、乐观，做事也比较细心，田甜妈妈听到大家这样夸赞女儿，总是很高兴地说："当然了，我的女儿最像我了！"可田甜像妈妈的地方不是只有好的方面，不好的方面她也学，比如妈妈比较胆小，田甜就觉得自己也应该胆小；妈妈讨厌下厨做饭，田甜也认为厨房是令人讨厌的地方；有时妈妈喜欢在背后说别人的是非，她就学妈妈在背后讲同学的坏话……

有一天，田甜的妈妈被老师叫去了学校，原因是田甜说另一个同学的坏话正巧被那个同学听到了，结果两个人就吵了起来。在办公室，老师当着田甜妈妈的面对田甜说："田甜，在背后说同学的坏话是一种很不好的行为，如果那个同学哪儿做得不好，你可以来找老师解决。"听了老师的批评，田甜一脸不服气地说："我又没说错。"这时，田甜妈妈有些生气地对女儿说："田甜，你怎么能这样说话呢！"谁知田甜振振有词地说："妈妈每次都是这样说的。昨天你在家说李阿姨粗鲁、讨厌……"此时，站在女儿身旁的田甜妈妈只剩下一脸的尴尬……

在女儿的成长过程中，与她待在一起时间最长的人就是父母了，所以父母的言行举止就成了她模仿的对象。例如，她会偷偷地穿上母亲的高跟鞋，涂上母亲的化妆品，学着父母的样子说话……作为对女儿人生影响最深刻的父母，要想扮演好自己的"父母角色"，最重要的就是做好女儿的榜样，让女儿能从自己的身上学到更多益于其人生的东西。

做不唠叨、不抱怨的父母

女人爱唠叨——似乎世界上大部分的人都这么认为。的确，在日常生活中，很多母亲总是喜欢扮演“说教者”的角色，以至于这种行为直接影响到与她们朝夕相伴的女儿。

场景一：女儿期中考试只考了60分，因此沮丧的她不想理任何人，这时，妈妈一直说：“平时让你好好学习，你不听！现在考出这种成绩，你有什么可垂头丧气的！这都是你平时不努力的结果……”女儿不耐烦地说：“妈妈，你烦不烦啊！”

场景二：一大早，面对睡懒觉而起床晚的女儿，妈妈就说：“早说让你睡早一些，你吃早饭没？不吃早饭可不行，吃了早饭再去学校。”女儿急忙拿起书包说：“我到学校吃。”妈妈马上接着说：“什么？去学校吃？学校做的饭哪有妈妈做的饭好吃，而且还不卫生，你还是吃了再走吧。我看时间还来得及……”

两个例子中妈妈的本意都是出于关爱女儿，但“唐僧式”的说教只会引起女儿的反感，久而久之，会让那些整天听妈妈唠叨、抱怨的女儿也变得消极起来。所以，在实际生活中，父母应该首先提高自己对生活的满意度，把自己爱唠叨、爱抱怨的毛病改掉，变得积极、乐观、自信起来。

做一个理性、坚强的父母

通常来说，人们都希望自己与强者为伍，这会带给他们安全感，而且也会让自己变得积极起来。所以，父母应该在女儿的面前做一个理性、坚强、勇敢的好榜样，进而让女儿受到影响，也变成一个理性、坚强、勇敢、乐观和自信的人。

做一个品行高尚的父母

父母是否有同情心和爱心、是否孝敬长辈，女儿都是最先受到影响，并且会不自觉地模仿父母的行为。

有这样一个意义深远的故事：

在一个小康家庭里，住着奶奶、爸爸、妈妈和女儿四口人。7岁的小女儿一直很好奇，为什么大家都在屋里睡觉，而奶奶只能睡在阳台上，而且平时妈妈也不准奶奶到客厅里坐？为什么过节的时候，大家都有新衣服穿，奶奶身上永远是那件蓝色的旧衣裳？为什么大家都在饭桌上吃饭，而奶奶只能坐在小板凳上端着小碗吃饭？为什么妈妈把好吃的都留给自己，却把残羹冷炙给奶奶吃？

有一次家里吃鱼，而奶奶只能吃鱼头和鱼尾，谁知小女儿突然做了一件惊人的事情——她把奶奶吃剩的鱼头和鱼刺收了起来。这时，妈妈诧异地问女儿："你收拾这些东西干什么？"女儿笑着说："我要留下，等你们老的时候拿给你们吃。"

这就是父母没有给女儿做好榜样的后果：等你们老了，我也会这样对你们的！父母是女儿学习和模仿的对象，如果你孝顺老人，对他们友善，那么你的女儿也会受你的高尚品行的影响，变成一个有孝心、有爱心的善良女孩。

细节11　夫妻联手打造最优秀女儿

实际生活中，我们常常会听到孩子们这样评价自己的爸爸妈妈：

"我更喜欢妈妈，因为她总是那么温柔、亲切，总是那么细心地照顾我！"

"爸爸是我学习的榜样，因为他懂得好多我不知道的知识，而且他还很幽默，我觉得他是一个比超人还伟大的'万能人'！"

"我妈妈的脾气总是很坏，爸爸脾气也不好，他们总是吵架，我很讨厌他们！”

“爸爸每天工作都很忙，总是很晚才回家，妈妈又整天忙家务，他们都没时间陪我玩儿，我觉得自己很孤独，有一种被抛弃的感觉！”

……

在孩子们的心目中，爸爸妈妈有着不同的形象，例如妈妈慈爱温柔，爸爸严厉强大。事实上也的确如此，母亲的教育能够让女儿变得更加有爱心、更加细腻和整洁，而父亲的教育却能让她学会勇敢、坚强、充满力量。在家庭教育中，母亲和父亲的教育缺一不可，倘若两者能够完美配合，那必将带给女儿更多的益处，反之，可能会给孩子带来伤害。

8岁的晓晨最近突然对奶奶养的一只小猫产生了兴趣。不知道她从哪儿学来的那些恶作剧手段，竟然把小猫当成了“杂技演员”。爸爸看见后，便把晓晨拉到一边，很生气地说：“你这孩子怎么能这样做，猫都快被玩死了！”但晓晨不但不听，反而撒泼说：“我就要玩儿！”于是生气的爸爸猛然给了女儿一巴掌。可想而知，这一巴掌把妈妈的心打疼了，她赶紧走过来把大哭的女儿抱在怀里，怒气冲冲地对晓晨爸爸说：“你是怎么当爸爸的？为了一只猫就打孩子！”晓晨爸爸也不甘示弱：“你又是怎么当妈的？孩子这么小就这么狠毒，没有一点儿爱心，都是你这当妈的惯的！”就这样，两人你一言我一语地争吵了起来……

上例中晓晨爸爸的出发点虽然是好的，但是却用错了教育方式，打骂和斥责并不能让女儿有效地改正错误；但妈妈过度溺爱的教育方式也不对，这只会助长女儿的气焰，让她无法真正认识到自己的问题。

那么在实际家庭教育的过程中，父母应该怎样配合，才能教育出一个更加健康、优秀的女儿呢？

父母切忌教育“脸谱化”

吃饭的时间到了，小洁却还是在客厅里又玩又闹，不好好吃东西。妈妈要管，爸爸却说："让她玩儿吧，小孩子，饿了自然就会吃的。"结果，饭后妈妈好不容易把一切收拾干净，一扭身却见女儿用一双脏手在厨房的菜盘子里抓着菜吃。妈妈当然不能允许这种情况发生，正打算去制止女儿，但在一旁的爸爸却说："饭还没有凉，让她吃吧。"于是，小洁一直认为爸爸才是自己的救星，而妈妈居然不让自己吃饭，真不是一个好妈妈！所以，从那之后，每当小洁做错了事都要向爸爸求救，只要她一用乞求的眼神望着爸爸，爸爸就会为她解围，妈妈却是一点儿办法也没有。渐渐地，妈妈在家里反倒没了地位，女儿也不再把妈妈的话放到心上了。

像这样一个"红脸"一个"白脸"的教育现象在中国家庭中非常普遍，这种表面上看似一严一宽、一硬一软的夫妻配合教育，其实对女儿的品德教育极为不利。因此，父母在教育女儿的过程中，一定要边做边学，统一认识，通力合作，切忌在孩子的面前扮演不同的"脸谱"。

夫妻矛盾要背着女儿协调

一位父亲这样讲述自己的育女经验：

我是一名体育老师，同时也是一个女儿的父亲。我的女儿小曼从小就表现出很强的运动天分，所以我希望能把她培养成一名运动健将，并准备利用周末的时间，好好锻炼女儿的体能。但孩子的妈妈知道我的想法后，坚决反对，她说："一个小女孩练得一身肌肉像话吗？她应该学学跳舞，练练钢琴。"我们彼此都不让步，于是大声争吵了起来，结果把正在睡觉的女儿吵醒了。她迷迷糊糊地走进我们的房间，问："你们在吵什么？"

这时，我马上意识到不能在孩子面前争吵，所以率先冷静下来对妻子说："老婆，对不起，刚才是我太冲动了，我向你道歉。"

妻子一看我道歉，又看了一眼站在一旁还没完全清醒的女儿，脸色也立即缓和了很多，说："老公，我也有不对的地方。这样吧，这个问题我们先放一放！"就这样，我们在女儿面前避免了一场争吵，同时，也让彼此冷静了下来。后来，我们通过协商，决定让女儿自己选择。

父母在教育女儿的问题上总是会出现意见不统一的时候，假如这时候双方各执己见、彼此都不肯让步，甚至在女儿的面前争吵，这样不但解决不了问题，还会给孩子的身心带来不良影响。

做一对心平气和的“和谐”父母

一位母亲曾这样不解地说道：

我曾多次提醒自己不要总是因为女儿的问题和孩子的爸爸争吵，但只要一遇到孩子的问题，我们两个就无法心平气和。一直以来，我对女儿的期望都比较高，希望她每次考试都很出色，如果她学习下降，我就会跟着着急上火。孩子的爸爸好像对此并不在意，他总说我对女儿管得太严了，应该让孩子自由发展。孩子这么小，怎么能给她过多的自由呢？

的确，父母一遇到孩子的问题就特别敏感，但什么样的教育方式才是对孩子最好的呢？“公说公有理，婆说婆有理”的争论并不能让女儿真正体会到父母的良苦用心，只会引起她的反感。因此，当父母因孩子的教育问题产生矛盾时，一定要冷静下来，心平气和地和对方讨论。

细节12 亲子关系的秘诀

据一项调查显示，有近3/5的孩子对父母的教育不满意，有4/5的“问题少年”与不当的家庭教育有关。造成这种糟糕状况的原因是什么呢？我们先来看一个真实的事例：

有一位父亲来到青少年心理咨询中心，对心理老师说他的女儿有心理问题，具体表现是：女儿自从上初中之后，无论是周末还是节假日，都喜欢把自己关在房间内，不愿意与父母交谈。每次询问女儿的学习情况，她都是闷声不响。

心理老师仔细了解了这位父亲教育女儿的方式。最后直言相告说："你们轮番教育女儿苦读书，孩子烦不烦；每次考试都要求女儿考第一，考不好就挨骂，孩子怨不怨；晚上你们轮番监督女儿学习，不准她看电视、听音乐，孩子累不累；你们还要擅自进她房间，寻找女儿谈恋爱的蛛丝马迹，她气不气……"

最后心理老师还告诉这位父亲："你们做父母的要好好检讨一下自己，对待孩子要学会理解、宽容、关注、尊重。"

心理老师最后的忠告虽然是对那位父亲说的，但也给所有的父母都提了个醒。父母对待女儿要多一些理解和宽容，多一些尊重和信任。

道理父母都明白，但是真到教育女儿的现实中，大多数父母还是喜欢告诉女儿应该做什么、如何做，但是却不告诉她为什么这样做，其结果往往适得其反。

父母在抱怨女儿不能理解和体恤你的良苦用心时，先要想一想你是否也应该去了解一下她的内心呢？所以，父母要学着与女儿作换位思考，站在女儿的角度上去看她的问题。

一个年轻的妈妈带着自己的女儿逛商场，可女儿不肯自己走路，要妈妈抱着。妈妈非常生气，当她气愤地蹲下去想打女儿时，忽然心里一震，因为当她和女儿一般高时，她看到了女儿的视野，在女儿眼里，净是拥挤不堪、不停扭动的大人的腿和臀部，这时妈妈心疼地把自己的女儿抱了起来。

父母要充分意识到女儿处在一个什么年龄段，并站在她的角度看问题，这样我们才能够为女儿制订出合理的、她喜欢并乐意执行的计划。

很多时候父母给予女儿的"爱"，并不是她们能够全部接受的，那些没有空间和"喘息"的爱，只会让女儿的生活变得压抑、紧张，甚至让她们远远逃离父母的爱与保护。那么，父母与女儿之间正确的感情升温方式有哪些呢？

创造与女儿进行感情交流的机会

一位爸爸深知与女儿进行感情交流的重要性：

我和妻子平时工作都非常忙，但是不管工作再怎么忙怎么重要，女儿都是我们生活的重心。所以每周我会抽出一天陪女儿，在节假日我们一家人一定会一起出去旅行。

当我和女儿单独相处时，我会把所有工作上的事情都放在一边，把手机关掉，让这一天都是属于我和女儿交流感情的时间。我会陪着她去购买学习用品；或者和她一起去图书大厦挑选她喜欢的书籍；或者去商场让她选一款心仪的玩具；或者我们干脆去动物园、游乐场痛快地玩上一天；或者哪儿都不去，我们就在家里玩智力游戏……

当然，在做以上这些事情时，我都会和女儿进行语言上的交流，并且和她积极沟通，让她为这一天的计划做个详细的安排，我会尊重她，并且尽可能配合她，自然也会给她一些合理的建议。

女儿每个周末都过得非常充实和快乐，而且她和我的感情变得越来越深，她也慢慢地学会了理解我和尊重我。比如有一次周末本来要陪她出去玩儿，但是我生病了，女儿就体贴地说："爸爸，没关系，我们可以下次再出去，今天你在家好好休息，我会好好照顾你的！"听到女儿说这样的话，我感到非常欣慰和幸福。

人们常说，女孩天性比较善解人意，喜欢替他人着想。所以只要父母真心地善待自己的女儿，多理解、多尊重自己的女儿，她也一定会更加理解和尊重你。生活中有很多性格叛逆的女孩之所以和父母关系不好，有很大一部分原因是父母不善于和她们进行交流，不能理解、尊重孩子的个性。

所以，父母应该多创造与女儿进行感情交流的机会，并且用理解、尊重和宽容打开女儿的心扉。

多给女儿一些“宽容的时间”

父母虽然大部分时间都和自己的女儿在一起，但是总有些事情是父母预料不到或者难以理解的，这当中也必定会有一些误解产生。如果父母没有给女儿多一些的时间解释，那必定在伤害父母与女儿感情的同时也让女儿对父母产生了误解。因此，父母不如多站在女儿的角度想一想，在理解和尊重她的前提下，多给她一些“宽容的时间”。

有一位妈妈在这方面就做得非常好：

一天，上初三的女儿跟我说周六要去给同学过生日，并且在同学家里吃晚饭。说实话，我并不愿意女儿大晚上还出去，但是我尊重她的决定，而且体谅她对友谊的珍惜，所以我就假装平静地答应了。

女儿出门前，我问她几点回家，她说晚上8点之前就回来。当时是寒冷的冬天，而且我们又刚搬了新家，我不放心女儿夜归，于是和她约定晚8点在公交站等她。

夜晚的寒风特别刺骨，我准时到达了公交站，等候女儿归来。可谁想1个多小时过去，还是看不到她的身影。此时我异常的焦急和气愤：女儿怎么能贪玩而失约，以后再也不能相信她了！我搓着自己冻僵的手，心里却火烧火燎。心想，如果待会儿女儿出现，我一定会狠狠大骂她一顿。

10分钟后，女儿终于出现了。隔着好远，我就可以听见她急促的喘息声。显然，她是跑着赶来公交站的。就在女儿跑到我面前的那一刻，我压制住自己的怒气，平静地问：“回来了？”“对不起老妈，我回来晚了。”看着女儿一脸愧疚，我决定先不责怪她，而是耐心听她解释。原来，那位同学家又远又不靠车站，而女儿去时迟了，人家不让早走，加上回来时又找不着车站，又等车又倒车，一番折腾下来时间就晚了。听后，我宽容地笑了，对女儿说：“没关系，谁都可能碰上特殊情况，你安全回来就行了。”

接下来，我又与女儿分析，学生过生日，选在中午比晚上好，否则该让父母多着急啊？而且大冬天黑夜里东奔西走，也不安全，岂不扫兴？女儿听了连连点头，还夸我很理解人。母女俩的感情更加亲密了。

细节13 用适合女孩的方式去爱她

女孩从出生那一刻起，父母对她们的姓名、服饰、玩具、行为要求、生活方式等都已经按性别贴上了“标签”，而从这些“标签”里女孩们逐渐理解了性别的根念，但前提要求是父母给她们贴上的是正确的“标签”。如果父母从小把女儿当男孩养，很容易形成孩子的性别意识错位，而且随着年龄的增长，性别错位的孩子会非常的痛苦和矛盾。因此，教女儿很好地认识性别和理解性别角色是父母不可忽视的。

妈妈发现,6岁的女儿对性别越来越敏感。她开始拒绝和爸爸一起洗澡；在换衣服或上厕所时要求妈妈关门；当听到大人说起有关性的问题时，竟然也会表现出不好意思；她对日常用品也表现出更高的要求，她更喜欢可爱漂亮的公主裙、芭比娃娃。妈妈这才意识到，女儿已经长大了，对孩子的性别问题再也不能淡化处理，可是她不知道如何来帮助自己的宝贝女儿认识自己的性别，这令她十分苦恼。

通常情况下，孩子到了3岁左右会对“我是谁”开始有初步的概念，他们会用“我”或“我的”来表示自己或属于自己的。这个阶段孩子会好奇为什么男女生要分开上厕所、男生为什么不能穿裙子等在成人看来很正常的问题。

到了4岁，孩子对性别的意识开始丰富，对于男女生之间的差异好奇心更为强烈，而且他们对自己的生殖器也产生了好奇心。这个阶段父母尽量以最自然的态度处理，也可借机教导女儿如何保护自己。

孩子到了5岁以后就真正开始了解两性之间的不同，如果你问一个小女孩，男生和女生有什么不一样，最开始她可能会说，“女生能穿裙子，男生不行”“女生可以留长发，男生不行”，但如果你一直追问，女孩可能会不好意思地告诉你："男生有小鸡鸡，女生没有。"

教育专家认为，性别教育就是引导和影响孩子向适合于自己自然性别特征的健康的个性、品质、行为发展的活动。对女孩的早期性别教育，父母起着至关重要的作用。那么，日常生活中，有哪些方法可以帮助父母正确引导女孩的性别意识呢？

不要把女儿当儿子养

李君的爸爸是一名军人，不喜欢女孩的那种矫揉造作，于是，从小就对自己的女儿李君严格要求，希望她长大了像男孩一样性格坚强勇敢。为此，他经常鼓励女儿："你要像个男孩子那样……"

李君小时候的玩具不是车模就是小手枪，妈妈买的衣服也都是典型的男孩式样，而且李君的发型从小就是一头"假小子"的短发。

后来，李君长大了，她也完全按照爸爸的期望办事做人一派"男人"风格，走到哪儿都是风风火火。李君上学的时候，就因为自己像男孩子的作风，被同学们戏称为"君哥"，而且和男同学的关系非常要好，女生都对她敬而远之，大学毕业工作之后，李君也依然是和男同事打成一片。

可令李君父母越来越着急的是女儿的婚姻大事，李君现在已经到了谈婚论嫁的年龄，虽然她的男性朋友一大群，可她的"另一半"却迟迟不见出现，这不免也让她着急起来了，为什么没有男孩子喜欢她呢？

李君的故事并没有到此结束，她现在面临的不仅仅是找一个男友的问题，因为她童年时期"男孩烙印"太过深刻，这对她以后的婚姻、家庭都会产生影响，而这一切她的父亲应该承担更多的责任。

女孩和男孩毕竟不同，就算父母为了培养一个更加坚强勇敢的女孩，也不应该把女孩当男孩养，而是应该在注重女孩天性的基础上，采用恰当的教育方法，让女孩能发挥出自己的潜能，充分展示她作为女孩的特质和才华。

鼓励女儿发挥“性别”优势，向男孩学习

女孩与男孩相比，在语言、书写和记忆方面的能力更强，而在数理化、逻辑推理、机械操作及解决问题等方面的能力相对较弱。不过，这并不是绝对的，更不是一成不变的。男女之间的性别本身并没有优劣，但是每个女孩都有自己的优势和劣势，比如有些女孩表达能力强，有些女孩写作能力差，有些女孩对数理化有着很大的兴趣……父母要根据自己女儿的“优势”来培养孩子，不要一直抱着“女孩这个学不好、那个学不好”的观念和想法。

宗宗虽然是个小女孩，但从小就对机械改装有兴趣，这可能是受她爸爸的影响，宗宗的爸爸是一名机械工程师。不过，从宗宗小时候开始爸爸就注意她的“性别教育”，让她学习妈妈的温柔、善良，学习爸爸的坚强和勇敢，让她既要能够“穿针引线”为爸爸妈妈补衣服，也能拿起工具和爸爸一起修理自行车。所以，长大之后的宗宗不但有很多女性好友，也有很多男性好友，而且她性格温和，做事果断，被朋友们称为“最有魅力的女孩”。

父母在培养女儿的过程中，一定要克服对女孩性别上的种种思维定式，要针对女孩的性别特点，给予孩子足够的关爱和支持。同时，父母也要让女孩正确地学习男孩身上那些好的性格和习惯，达到完善自身的目的。

细节14 丰富女儿的“精神食粮”

如何丰富女儿的“精神食粮”呢？这需要父母着重培养女儿丰富的内心、独立的人格、高雅的审美情趣和完美的品德。

下面这位母亲的教育经验就很值得女孩父母借鉴：

小茹是我的独生女，我们家庭条件很好，但这并没有养成她刁蛮任性的大小姐作风和挥霍成性的坏习惯。相反，在我的教育下，她独立自主、知书达理、性格和善，而且眼界开阔、人缘极佳。小茹还没出生的时候，我就查阅了很多教子书籍，并从里面总结出很多育女经验，最重要的一条就是：教育女儿最重要的不是物质而是精神。所以，在小茹2岁时，我就引导她读书认字、背诗、画画。等到小茹上学后，我就经常带她去图书馆、展览馆、美术馆，让女儿开阔眼界。小茹特别喜欢画画，我就专门在这方面培养她，平时只要有画展，我都会带着她去。

一个精神贫乏、人格上有依赖性的女孩是很难有快乐、安定、美好的人生的。而如果女孩父母能够像上述事例中的这位母亲一样培养女儿，那么女儿一定会更有信心去创造属于她的美好人生。这里，就给女孩父母提供一些具体的教养方法：

富养女儿的精神世界

书籍、音乐、绘画等这些都是孩子们精神世界的最佳“养料”，所以我们要富养女儿的精神世界，就要从这些方面入手。不过，父母要注意一点，那就是你不能强迫女儿去阅读、跳舞、画画，必须尊重她的喜好，并用科学的方式去培养她的兴趣。

富养女儿的精神世界，不能单靠一种方法或途径，而且父母还要多和女儿沟通、交流，让她更加理性，自主打造自己的幸福生活。

尊重并鼓励女儿保持自己的独立见解

萍萍是一个喜爱跳舞的小女孩，她的家境并不好，但当父母发现她的舞蹈天赋时，还是毅然决定花费昂贵的学费，送女儿去正规的舞蹈学校。可是萍萍只学了3次就再也不肯去了。妈妈不解地问："萍萍，你不是很喜欢跳舞吗？为什么不去呢？"萍萍沮丧地说："妈妈，芭蕾舞要立着脚尖跳舞，我觉得一点儿也不美，而且时间久了，我的脚就会变形的，我不喜欢，这不是我心目中想要的。"妈妈听了女儿的话，沉思很久。但她决定尊重女儿的意愿，于是对女儿说道："萍萍，如果你想学自己真正感兴趣的舞蹈，那你就勇敢地选择吧。"就这样，在妈妈的支持下，萍萍开始勇敢地追求自己的艺术，并最终成为一位出色的舞蹈家。

萍萍的成功和她妈妈当初对她的支持和鼓励是分不开的，正是妈妈的尊重和鼓励，让她保持了自己的独立见解，而最终实现了自己的梦想。

细节15　让女儿远离"蛋壳心理"

适宜的温度、适宜的出生环境和适当的时间，这些是孵小鸡的必备条件，一旦条件成熟，小鸡就会啄破蛋壳出来，这样它才能长大。倘若蛋壳过硬，小鸡就有可能被闷死在蛋壳里；倘若蛋壳过软，它又很容易受到侵害。父母对女儿的关爱和呵护就像这层蛋壳一样，如果软硬不适宜，很容易造成女儿不健康的"蛋壳心理"。

什么是"蛋壳心理"呢？女儿只爱听表扬，不爱听批评；敏感多疑，外表高傲，内心脆弱；凡事只能赢不能输，经受不了失败的打击；抗挫折能力极差，容易走极端……这些都统称为"蛋壳心理"，其本质就是极度脆弱，而且这种心理带给女孩的伤害很严重。下面就是因为女孩的"蛋壳心理”而发生的真实事件：

晶晶是独生女，从她出生那刻起，父母就开始无微不至地呵护她、关爱她，视她为掌上明珠。因为家庭经济条件好，凡是晶晶想要的东西，父母都会无条件地满足，从来不让她受一点儿委屈。

上学后，晶晶也很争气，每次期末考试都会捧回大红奖状，邻里亲朋都羡慕晶晶父母有个好女儿，班里同学也愿意和学习好的晶晶玩儿。可上了重点高中之后，学校里都是来自各区的优秀学生，她的竞争压力一下子大了很多。因为身边的同学都非常优秀，晶晶忽然发现自己从前的优越感全没了。在课堂上，晶晶不知道怎么解决的问题，总有其他同学似乎不假思索就能说出答案；任课老师也不像小学一样，目光在晶晶身上停留的时间少多了；第一学期的班干部选举，晶晶也落选了；数学课上，老师让她回答问题，她却答错了……

所有的一切都让晶晶开始怀疑自己的能力，她觉得就算自己再努力也比不过别人，她甚至觉得自己再也没有脸见父母了。于是，在一个黄昏，她选择了跳河自杀。幸亏有人路过，及时发现并救起了她。

出现这种情况，是因为晶晶的“蛋壳心理”在作祟。晶晶的父母对她非常娇惯，从出生到上高中前，她都一直生活在优越感和赞美声里，所以到了高中，她受不了自己的学习比别人差，见不得别人比自己更优秀。这种强烈的反差，最后竟让她不堪重负，走向绝路。那么，面对女儿的“蛋壳心理”，父母怎么做才对呢？

不要给女儿太多表扬

茹梦是一名小学二年级的学生，考试经常得第一，妈妈总夸她是“最聪明的孩子”。可是前几天，她一回家就冲进房间，还把门反锁起来。妈妈在外面劝了十几分钟，茹梦才像个泪人似的把门打开，然后把书本扔了一地，她伤心地哭着对妈妈说：“我不读书了，没意思！”

妈妈吓了一大跳，问了好久，茹梦才说："这次语文考试我没有得第一，只考了89 分！妈妈，我是不是变笨了？不是最聪明的孩子了？大家一定都会笑话我的！"

茹梦的想法和表现让妈妈觉得非常沉重，她想：难道是表扬出了问题？于是等女儿情绪稍缓和之后，妈妈对她说："茹梦，这个世界上谁都无法永远得第一，但只要你努力了，结果不是最重要的，老师同学也不会因你偶尔的失误而嘲笑你。但如果你面对挫折时自暴自弃，大家才会觉得你是'胆小鬼'。"茹梦这才慢慢平静下来。

父母应尽可能在女儿的幼年阶段协助她们体验成功，品尝失败，在失败与成功之间，引导其建立自信，平衡自己的心态。切忌一味地表扬赞美女儿，这会让她太过看重成功，继而变得害怕失败，无法正确应对失败的局面。你要让她明白，成功固然好，但失败也是不可避免的。当然，你也可以有意识地为女儿制造一些挫折，增强其抗挫折能力。

让女儿体验生活的艰辛

通常有"蛋壳心理"的女孩大多都是被父母"宠坏了"，她们习惯了"衣来伸手饭来张口"，习惯了被表扬被赞美，同时她们也无法亲身体会到生活的艰辛。因此，父母可以通过让女儿做一些力所能及的事情，让她知道任何事都要经过艰苦努力的过程。

例如，你可以让她照料一盆花，让她每天浇水，定期施肥，并且记录下这盆花生长变化的情况，而当这盆花在女儿的精心照料下，一天天成长，并最终绽放出美丽的花朵时，她就会体会到做事的不易，在以后的生活中变得更加坚强。

第3章

与女儿有效沟通的九个技巧

两个小女孩在公园玩儿，由于跑得太快，她们不小心撞在一起，两个人都摔倒在地上。第一个女孩的妈妈赶紧跑过去，关切地问："宝贝，摔疼了吧，快让妈妈给你揉揉。"这个小女孩本来没有哭，听妈妈这样一说，哇哇大哭起来："疼！非常疼！"

第二个女孩看到这个孩子哭，眼睛一红，也想哭。妈妈走过来对她说："草地上摔一下不疼，妈妈相信你会自己站起来的！"那个小女孩受到了妈妈的鼓励，真的从草地上爬了起来，若无其事地去玩儿了。

和孩子说话，也要讲究沟通的方式和技巧。方式不同，取得的效果也不同。

细节16 不把坏情绪传递给女儿

张楠是一个非常懂事的女孩，她知道家里经济条件不好，所以从来没有要求父母给她买漂亮的衣服、鞋子，每次父母要送她礼物，她也只要求买书和学习用品。

一天，张楠一脸兴奋地回到家，一见到父母就说："爸爸妈妈，今天我们班发生了一件非常有意思的事情。"

"看你这么高兴，发生了什么样的事情啊？"

"今天上课时，老师带进来一个转学生，她看起来就像一个小公主，穿得很漂亮，而且还演奏了一首优美的钢琴曲作为她给同学们的见面礼。我真想像她一样，坐在黑色的钢琴前，弹奏出动听的音乐，那一定非常棒。呵呵！"

"妈妈看得出来你非常想学钢琴。"

"是啊，那简直就是我的梦想！"

这时，妈妈有点儿为难地对女儿说："我看那些钢琴好像都特别贵，我们家……"

妈妈的话还没有说完，爸爸就愁眉苦脸地说："都怪我，是我这个一家之主没本事，不能给宝贝女儿更好的条件，我无能啊！"

张楠没想到自己无心的一番话竟让父母这么无奈和痛苦，原本愉快的气氛也变得凝重起来，她马上笑着对爸爸妈妈说："没错，钢琴我是很想学，可是现在功课这么紧，我根本没时间学习，所以根本没必要买！"

可是爸爸妈妈看得出来女儿脸上牵强的笑容，从那之后，妈妈变得整天满面愁容，爸爸也是叹息连连，张楠觉得都是自己惹的祸，所以她也开始变得多愁善感起来。

张楠是一个非常懂事的女孩，她很会体谅父母的难处和关爱她的心，但是当她每天看到父母因为她的事情变得愁眉苦脸的时候，她也会慢慢受到感染，也开始“发愁”起来，于是整个家庭就陷入了一种哀愁惨淡的氛围中，失去了原有的欢笑和活力。

父母是女儿最直接、最亲密的人，所以他们在家庭生活中的行为，尤其是情绪，对孩子的心理健康有着最直接的影响。社会学家们通过研究表明：父母在家中情绪乐观积极，有助于儿童的心理健康发展；而如果父母在家里经常愁眉苦脸、唉声叹气，甚至情绪恶劣，争吵斗嘴，那么会让儿童时常处于忧虑和紧张之中，对于孩子的心理发育极为不利。

父母要以身作则，别把坏情绪传递给女儿

下面是一位妈妈的亲身经历：

我平时工作很忙，再加上性格比较急躁，所以，有时候对女儿也没耐心。有一次，我晚上没睡好，早晨起来心情有点儿烦躁。女儿起来吃早饭时，看我没吃，就跑到里屋叫我：“妈妈，你怎么不吃饭呢？”我马上说出一句话：“哪儿这么多事，快吃完饭走你的吧！”女儿没有吱声就退出去了。我说完了很后悔，女儿又没做错事情，我为什么要那么对她呢？一大早就把坏情绪传递给了女儿。于是，我就给女儿留了张纸条：“孩子，早晨妈妈身体不舒服，也说了让你心里不舒服的话，妈妈真抱歉！”晚上下班回到家，女儿迎上来，忙着帮我拎包、拿拖鞋，关切地问我：“妈妈，你好点了吗？”我那时已经忘记了早晨的不舒服，女儿一句话问得我差点儿流出泪来。从那以后，给女儿留纸条就成了我的习惯。有什么生活、学习、思想上的事，我们常常通过纸条来沟通。女儿现在更懂事了，越来越理解大人，生活、学习也基本不用大人操心。

父母是女儿言行的标杆，因此聪明的她们总是很善于从父母的脸上捕捉一些信息，父母的心情好不好，不但会写在脸上，更会渗透到日常生活的言谈举止中，而女儿或多或少地总会受到父母情绪的影响。所以，父母应该学着将自己的坏情绪隐藏起来或者化解掉，用更加积极乐观的心态面对生活中的一切困难，这样孩子从你身上学到的更多的是自信、乐观、热情和洒脱。

这样的话父母不能说

父母心情低落时，这些话不要说：

“唉，我怎么这么没用啊，不能为你提供更好的生活！”

“我今天心情糟透了，事情是这样的……”

“生活真是愁人！”

……

父母也是凡人，自然有凡人的喜怒哀乐，有时也会愁苦不堪、伤心哭泣。但是千万不要把自己的这种情绪传递给女儿。如果女儿和父母都处于一种压抑沉闷的氛围中，不仅无益于健康，而且还会打击孩子的积极性。总之，父母千万不要在女儿面前表现出愁苦、悲观、沮丧等不良情绪，应该用自己的积极心态去培养女儿的开朗、乐观的性格。

细节17 做女儿的好朋友

一位教育专家曾说过这样一句话：“如果孩子不愿意把自己的欢乐和痛苦告诉父母，不愿意与父母坦诚相见，那么谈论任何教育总归都是可笑的。”的确，虽然在父母心里，女儿可能永远长不大，但是很多女孩在青春期到来时或者更早的时候就已经愿意把自己当成大人了。

所以，作为父母我们完全可以用成人的谈话方式站在平等的位置或者以朋友的身份和女儿谈论问题，例如和女儿谈论她的兴趣、爱好、情绪、理想、友情、爱情等。

一天，妈妈给晨晨辅导作业，一道数学题妈妈讲了半天，晨晨却心不在焉。于是，妈妈让她到自己房间去闭门思过。晨晨看到妈妈生气了，就主动去给妈妈道歉，谁知妈妈依然怒气难消。

但是，十几分钟后，晨晨的妈妈逐渐冷静了下来，推开女儿的房门，发现女儿正在房间里委屈地哭泣。妈妈走过去，注视着女儿的眼睛，温柔地说："晨晨，是妈妈不对，我太冲动了。妈妈向你道歉，以后我再也不这样了，你原谅妈妈好吗？"

此时，晨晨疑惑地抬起头看着正对着自己笑的妈妈，突然大哭了起来。妈妈抱着她，轻柔地为她擦干眼泪。晨晨说："妈妈，今天我也不对，我以后一定认真听！"妈妈也很意外，没想到自己一句温柔的话就让女儿改变这么大。接下来，晨晨主动要求自己解答问题，并且凭借自己的能力做了出来。从此之后，每当和女儿有了矛盾，妈妈都会主动放下架子，以朋友的口吻跟女儿商量。在朋友的关系中，母女俩变得无话不谈，成了关系最亲密的朋友。

试想一下，如果事例中的母亲以暴力教育来解决和女儿之间的问题，那么结果只能是彼此对抗、仇视，而这位母亲巧妙地使自己冷静了下来，然后以朋友的身份和女儿交流、沟通，并最终重新赢得女儿的信任和理解，她从和女儿做朋友的过程中得到了很多她原先可能没得到的东西，例如信任、尊重、理解、亲密的亲子关系、女儿的努力进取等。

其实，父母和女儿做朋友，能够意外地收获很多的"好处"：

和女儿做朋友，会让女儿毫无芥蒂地与你分享她的小秘密；

和女儿做朋友，会让你更快地了解和掌握女儿的苦乐哀愁，以便帮助她出谋划策；

和女儿做朋友，会使叛逆的女孩愿意听取你的意见，找到正确的解决问题的办法；

……

可见，和女儿做朋友，是走进女儿内心的最佳途径，那么父母究竟该怎么做，才能被女儿当成朋友呢？

建立沟通渠道，随时把握女孩的心理

在晓月的家里，有一个包装很可爱的“意见箱”。晓月的父母与晓月之间出现沟通障碍时，都是靠它来解决问题的。

有一次，晓月突然不开心了，爸爸就很纳闷，问女儿发生了什么事情，晓月只是摇摇头，什么话也不说，于是爸爸就写了个纸条丢进“意见箱”里：“月月，是不是爸爸哪里做得不对，告诉我好吗？”过了一会儿，晓月也丢了一张纸条进去：“爸爸，你早上教我写字，说我这个写不好，那个没写对，还说我笨！”爸爸看到女儿的纸条，马上向女儿道歉，并且保证以后再也不这样说了。

其实，很多女孩都比较敏感，而且她们比男孩的心思要难猜多了，有时就算父母看出了女儿的不对劲，但是问她们的时候，她们也不一定愿意说出来。所以，这时候，“意见箱”就成了父母与孩子之间沟通的桥梁了。

除此之外，父母在与女儿建立沟通渠道之前，一定要试着了解女儿，有想要和女儿交朋友的想法，然后采取有效的方法建立与女儿之间的信任。例如你可以尝试上面事例中的“意见箱”的方法，真诚地与女儿沟通、交流。

和你的小公主保持畅通的沟通关系

父母在和女儿做朋友时，不要总是以成人的眼光和长辈的姿态去和女儿沟通，要做到和女儿无话不谈。千万不要因为不能理解或不能接受女儿的话题，就拒绝和女儿交谈或者随意地批评、指责女儿，那会让你们的谈话失去意义，还会加深彼此的误解和矛盾。

一天，13岁的小静突然问自己的妈妈：“妈妈，爱情和面包你会选择哪一个？”妈妈心里一惊，刚上初中的女儿怎么突然问出一个成人的问题？

自己必须认真回答才行，于是妈妈想了一下说："我会选择爱情，有了爱情就会有一个共同吃面包的人，也才能去为更多的面包共同努力啊！"小静小嘴一噘，说："有了面包才有资格谈论爱情，爱情不能当饭吃。"妈妈思忖着说："先有面包固然好，但也要有人一起分享啊！"小静反驳说："可爱情是件麻烦事，我讨厌磨磨唧唧的男人。"

这时,妈妈有些了解女儿为什么突然问自己"爱情与面包"的问题了，因为她知道女儿正和一个男生交朋友，并且正为此烦恼着呢。于是，妈妈没有捅破，而是借用了一句歌词自编自唱："爱情这东西，拥有了好麻烦，没有了又拼命想，来早了添麻烦，来晚了又着急，不早不晚最香甜哪。"听完妈妈唱的歌，小静会意地笑了。

看来，这真是一位智慧的妈妈。她不仅和女儿像朋友一样聊着爱情的话题，各抒己见，而且在谈话的最后含蓄地表达了自己的意见，这自然会赢得女儿的信任和喜爱。所以，作为父母，我们应该向这位母亲学习，和女儿如同好友一样平等交流、畅谈无阻，这样才能真正走进女儿的内心世界，以便对女儿进行正确的引导。

细节18　用赞美纠正女儿的缺点

有一位教育家曾说过："当孩子犯错误时，我们应该先避开错误的实质，把孩子从错误的阴影中带出来，带他们走向温暖的阳光，打开他们的心锁。"这也就是说，赞美像温暖的春风会逐步吹掉孩子身上那些阻碍其健康发展的缺点或错误。

有一位父亲的教育经验是这样的：

女儿今年刚刚上小学三年级，因为我调动工作的原因，女儿也转到了新的学校。开学才刚刚3个星期，女儿就已经拿回家七八颗小红星了，大家都夸女儿在新学校表现好。

一天，我下班去接女儿放学，正巧在校门口遇到了女儿的班主任，于是就开心地当着老师的面问我女儿今天有没有得小红星，谁知女儿支支吾吾地不作声。

第二天，我给女儿的班主任打了一个电话，这才从老师的口中了解清楚，新学校并不给表现好的孩子发小红星，女儿拿回家的小红星都是她在手工课上自己剪出来的。

对于女儿的这种行为我很生气，我认为像孩子这种弄虚作假、不诚实的行为，应当受到严厉批评，但是妻子却认为不能这样粗暴地对待孩子。于是她给女儿做了一个“表扬本”，告诉女儿，如果女儿觉得自己表现好，就把自己的表现告诉她，她就会在女儿的“表扬本”上画一颗小红星，但前提是女儿不能再说谎。

上述事例中出现的情况在日常生活中也很常见，有些女孩会为了不挨家长批评或者为了满足自己小小的虚荣心，改掉自己的考试成绩，如果我们单纯因为孩子说了谎就责备她，只会打击女孩的自信心和自尊心，这时我们应该用善意的方法引导女孩，这样才能起到积极的效果。

当女孩犯了错误或者暴露缺点时，父母不妨参考以下教育方法：

接纳女孩的缺点，赏识其优点

“金无足赤，人无完人”，每个女孩都会有这样那样的不足，正确的做法应该是用宽容和鼓励帮助女孩建立自尊、自信和自我认同，并在宽容和鼓励的过程中赏识她，与她建立良好的亲子关系，使女孩对新事物、对学习保持高度的兴趣。

小蓉和小晴上同一所幼儿园，两个孩子都非常聪明可爱。一次，幼儿园老师给她们布置了10道简单的算术题，让她们回家做，并让父母检查。

晚上，小蓉把做完的作业给妈妈看，妈妈看完了，对小蓉说：“小蓉真聪明，一共10道题，我们小蓉做对了9道，还有一道题也只是和正确答案差了一点点。6+7等于13，你的答案是12，现在你来算算，6+7等于几啊？”

“是13。”

“不错，以后继续努力哦！”

小蓉听完妈妈的话，心里美滋滋的，同时认认真真地把做错的题改了过来。

小晴把做完的作业给爸爸看。爸爸看了一遍，非常生气地对她说：“6+7怎么会等于14？你怎么算的，这么简单的题都算错了，以后怎么办？”小晴低着头听完爸爸的训斥，一晚上都没有再说一句话。

后来，两个小女孩都上了小学。虽然小蓉和小晴的天资和努力程度都差不多，但是她们从父母那里得到的却完全不同。小蓉的成绩一直在全班排前三名，而小晴却从来没有进过前十名。

这个例子说明：宽容和苛刻造就了两个完全不同的女孩。所以，作为父母我们应该接纳女孩的缺点，赏识其优点。

不要随便否定女儿的决定

菁菁已经上小学四年级了，但是她有一个缺点——经常迷路。对于家附近的路，菁菁还是没问题的，但是到了远一点儿的地方她就找不到家。因此，妈妈限制了她的活动范围，不让她独自出门或走太远。一天，菁菁跟同学约好去新建的体育场打球，妈妈知道后阻止说：“那么远的地方，你都没去过，一定又会迷路，你不可以去。”菁菁说：“我用本子记下怎么去了，不会走丢的。”最后，妈妈还是态度坚决地不让菁菁去，菁菁生气地把自己锁在屋子里。

女孩遇到困难时，切记不要指责、挖苦，要想办法帮助她克服这些困难。我们在生活中经常会遇到像上述事例中的妈妈一样的父母，经常对女孩说“你不行”“你不可以”“这太危险了”之类的话。不能为了避免女孩犯错，就限制她的行为，这样很不利于女孩的成长；也不能纠结于女孩身上的缺点，要正确对待并有意识地、耐心地去引导女孩，在潜移默化中让其改掉自身的缺点。

细节19 拒绝女儿要讲究方法

在商场或超市，我们会注意到一个普遍现象：孩子哇哇地哭着，非要买一个玩具或某种零食不可，父母在旁边尴尬地站着，一副无可奈何的样子，最后父母只好败下阵来，为孩子的任性买单。于是孩子破涕为笑，父母气恼地一路说教着。

有的父母不忍心孩子哭闹，只要孩子一哭闹就无条件地满足他的要求。如果孩子一哭，他的欲望就得到了满足。他就会明白一个道理：哭是可以达到自己的目的的。时间长了，这一不良的习惯会衍生更多的不良习惯。所以，对孩子要适当地约束，该拒绝的时候就拒绝，这对孩子将来的成长有很大好处。

父母合理地拒绝孩子，不但不会伤害他们的自尊，而且对他们的成长是一种引导，让他们懂得了更多的道理，客观地辨识更多的现象，而且还会提升父母在孩子心中的威信。在拒绝孩子，对孩子说“不”的时候，也是有学问的，以下几个方法，可以供父母参考。

规则不能轻易打破

玲玲喜欢看动画片，从小时候就非常喜欢，上了小学六年级还是喜欢看。可是家里看电视的时间是规定好了的，写完作业7点半到8点半之间她才可以看。玲玲一向遵守得很好。可这段时间正在上演《虹猫蓝兔七侠传》，她看得如醉如痴。到了8点半，还恋恋不舍地看着。妈妈一看时间到了，就提示她："时间到了。"这时爸爸不忍心了，偷偷地小声对妈妈说："她这么喜欢看，让她再看半小时吧。"可是妈妈还是不同意，让玲玲离开电视去洗漱睡觉了。

对于家庭制定的规则，一次被打破，就有可能第二次被打破。那么，女儿就可能不把规则放在眼里，对规则不再重视，不再遵守规则。

在制定规则时，父母要与女儿充分沟通，这既是尊重女儿的体现，也能让她更好地了解父母的想法，她执行起来也会更主动。对于制定的规则，要尽量具体。例如，每天看电视的时间，几点睡觉，玩具玩完之后要自己收拾整理好等。规则一旦制定，就不要轻易地去打破，这样孩子从内心也会重视这个规则，并由开始的遵守变为一种习惯。

女儿无理取闹时，父母要平静地说"不"

婷婷的爸爸一向脾气好，可是这天却忍不住打了婷婷。原来，婷婷想让爸爸带她去画画，而爸爸因为有事，答应她明天再去。可是，婷婷却一直别别扭扭，什么事都不和爸爸配合。爸爸叫她吃饭，她也懒得答应。等到爸爸厉声喊她时，她大声一吼："管我干吗？"爸爸一听生气了："该吃饭时当然要吃饭，我为什么不管你？"

婷婷生气地从客厅又跑到洗手间。过了一会儿，洗手间传来乒乒乓乓的响声。婷婷出来之后，爸爸打开门一看，洗手间一片狼藉，原来镜子在婷婷关门时打碎了。爸爸的怒火一下上来了，打了婷婷一巴掌。

在现实生活中，有很多像婷婷爸爸一样的父母，当他们看到孩子有意地侵犯自己的权威时，就会轻易把这种愤怒表现在语言及行动上，而这样正中孩子的下怀。有时女儿会故意做出某些惊人的行为，目的就是要惹恼大人，引起大人的关注。所以，父母要理性地面对，对于女儿的无理取闹，要保持平静的心情和语气，并表达出你的想法。这样，女儿就会知道无理取闹是无济于事的。

告诉女儿拒绝的理由

当孩子提出不合理的要求时，有些父母就会编一些谎言哄骗孩子。比如，孩子站在玩具店前恋恋不舍，父母就会说："今天没带钱，明天再来吧。"这种对孩子的敷衍一般无法兑现。

其实，父母在拒绝孩子时，应该就要把拒绝的真正理由告诉孩子。当孩子知道父母在说谎，会给他带来不好的影响。父母可以直接告诉孩子自己的意见，比如：这个玩具没有太大价值，不值得去买。慢慢地，孩子会理解父母的理由。

细节20 非语言有时比语言沟通更有效

美国心理学家艾伯特·梅瑞宾曾经提出过一个公式：沟通的总效果＝7%的语言＋38%的声音＋55%的表情。在这里，声音和表情都是非语言沟通的方式。由此可以看出，非语言信息在沟通过程中起着非常大的作用。

对于敏感而且感性的女孩来说，她们非常喜欢这种非语言沟通的方式。她们喜欢父母拥抱自己，喜欢父母拉着自己的小手一起去散步，喜欢在睡觉前得到父母的吻……甚至很多女孩成年后，仍然喜欢和父母拥抱、亲吻。在教育女儿的过程中，如果父母能够巧妙地运用非语言沟通方式，往往能收到意想不到的效果。

一位妈妈曾经这样谈到自己的育女经验：

在女儿刚刚学会走路的时候，有一次，她想走到一个斜坡上去。斜坡稍稍有些陡，女儿有些害怕，便回头看着我。我当时没有说话，只是朝女儿微微笑了笑。女儿似乎从我的微笑中得到了鼓励和支持，非常勇敢地朝那个斜坡走去，尽管中途摔了两三跤，但她没哭也没闹，最终走了上去。

从那以后，我认识到了非语言沟通的重要性，并且非常注重和女儿进行非语言沟通。在女儿取得一定成绩的时候，我会给她一个会心的微笑，鼓励她再接再厉，取得更大的成绩；而当她遇到挫折的时候，我会拍拍她的肩膀或者给她一个拥抱，让她迅速地从失败的阴影中走出来；在闲暇的时候，我会拉着女儿的手，带她一起去散步、逛街……现在，我感觉我和女儿的关系更亲密了，很多时候，我不用说话，只用一个眼神，女儿便能够理解我要表达的意思。

从上面这个事例我们可以看出，巧妙地运用非语言沟通方式，不仅能够加深和女儿的关系，还能让女儿从自己这里得到鼓励、支持，从而取得更大的进步。所以，父母应该学会和掌握这种沟通方式，并且应用到日常生活之中。

非语言沟通是一种很好的沟通方式，但是父母和女儿之间首先要默契，这样才能增进双方的感情。

增加和女儿的身体接触

英国著名教育家斯宾塞在他的《斯宾塞的快乐教育》中曾经说过："如果给自己的孩子多一些拥抱、抚摸，有时甚至是亲昵地拍打几下，孩子在对外交往以及智力、情感上都会更健康。我认为，拥抱、抚摸、牵手，也是教育的一部分。"斯宾塞的话非常有道理，尤其适用于小女孩。如果父母在日常生活中常常和女儿拥抱、抚摸、牵手，不仅可以给她们安全感，也可以让她们感受到浓厚的爱意，从而拉近双方之间的距离。所以，父母应该增加和女儿的身体接触，把自己的爱意传达给她们。

学会微笑、点头，以此肯定女儿

一个5岁的小女孩正在餐桌前吃饭，她很想自己夹菜，这时，妈妈正好从厨房端了一盘女儿最喜欢吃的炒鸡蛋出来，女儿抬起头，看着妈妈把炒鸡蛋小心翼翼地放在桌子中央。

然后，小女孩拿起筷子，用征求的眼光望着妈妈。妈妈明白女儿的意思，微笑着向她点了点头。女儿高兴地夹了一块鸡蛋，津津有味地吃了起来。

上述事例中，妈妈和女儿没有说一句话，但她们之间的沟通却非常顺畅、非常温馨，相信每一位父母都希望自己和孩子之间的沟通能够如此。因此，在平时的生活中，父母应该多用微笑、点头等非语言行为鼓励和称赞女儿，这样她就会更加有信心，做事效率也会大幅度提升。

时常给女儿留一张充满爱意的便条

小亦的妈妈平时忙于工作，很少有时间和女儿待在一起。但是尽管如此，两个人的关系仍然非常亲密，因为妈妈经常用写便条的方式和女儿交流。每天早上，妈妈会把小亦的午饭做好，然后给女儿写下便条："今天的午饭是西红柿炒鸡蛋,放在冰箱了,用电锅热一热再吃。"有什么事情交代，妈妈也会给女儿留下便条："明天你有体育课，注意穿上运动鞋。"当发现女儿犯了错误时，妈妈也会给她写便条："妈妈希望你做个细心的小姑娘，不要老是丢东西。"每次看到妈妈的便条，小亦都会有一种幸福感，因为她感受到了妈妈对自己的爱。

用便条和女儿进行交流是一种不错的沟通方式，因为女孩对文字十分敏感，非常喜欢这种沟通方式，所以，父母可以经常用一下这种沟通方式，让女儿感受到父母深深的爱意。

用默默的行动来感染孩子

15岁的甜甜上初中三年级。由于马上就要参加中考，甜甜的学习任务非常重，写作业常常要写到九、十点钟。每次甜甜学习到深夜，妈妈都会给她温一杯牛奶，并把台灯调到合适的亮度。

第二年，甜甜以全班第四名的好成绩考入了重点高中。每当回忆起这段中考经历，甜甜都会感动地说："是父母默默的爱给了我学习的力量，要是没有父母的支持和鼓励，我根本不可能考出这样的好成绩。"

大爱无言，越是那种默默无闻的爱，越能打动孩子的心，让她们深深感动。所以，在女儿需要帮助的时候，我们要永远站在她们身边，用默默无闻的行动来鼓励她们，感染她们。

细节21 与女儿交流应多倾听少唠叨

倾听，是人与人之间沟通的良好方法，更是父母与孩子心灵交流的桥梁。善于倾听的父母能够让孩子主动倾诉心声，把她心里的郁闷、压力等不良情绪都发泄出来，从而使孩子变得心情舒畅、精神抖擞。而那些不善于倾听孩子，甚至不停地抱怨“女儿不愿意和我沟通”“孩子总喜欢把心事隐藏起来”的父母，并没有仔细想过孩子为什么不愿意和自己沟通。

有一个已经成年的女孩曾回忆道：

我的妈妈虽然比我大两轮，但是她是我人生中最亲密最重要的朋友。我记得很小的时候，无论妈妈多忙，她都会停下手中的事情，坐下来倾听我的心声。每当我心情不好或感到沮丧、失望的时候，她总是友好地拥抱我，并引导我把心中的苦闷向她倾诉。也正因如此，我一直感到很快乐、很轻松、很幸福，这都是我最好的朋友——妈妈给予我的。

没错，假如妈妈成了女孩最知心的朋友，那么一旦女孩在生活中遇到什么问题，妈妈就可以及时帮助她解决，让她顺利渡过一个又一个的成长难关。那么有哪些好方法可以让妈妈走进女孩的内心，成为女儿的知己呢？

运用倾听技巧，鼓励女孩说出心声

有一位上初中的女孩这样抱怨道：

我真的不太喜欢和我的妈妈进行沟通或谈话，她一点儿都不尊重我。每次我想要和她进行沟通时，她总是一边听我说话一边做别的事情，眼睛从来不看我，很多时候我真的不确定她有没有在听我说话。

像这位女孩说的现象在现实中的确常常发生，而妈妈这种不认真倾听女孩谈话的行为直接伤害了孩子的自尊心，进而让她们放弃与妈妈谈心。

那么妈妈应该如何倾听女儿说话呢？

妈妈在倾听时，首先姿态要正确，最好这样做：停下来，即暂时放下正在做的事情，注视女孩，给她表达的时间和空间；注意看，即仔细观察女孩的表情、动作、语气等；用心听，即集中注意力专心听女孩讲什么。除此之外，妈妈还应表现出听的兴趣，并且在倾听的过程中恰当地表达自己的意见，多引导孩子说出自己的想法。

要有主动倾听的意识

一位教育专家做过这样一项调查，他随机采访了很多女儿的父母，并询问了以下问题：

“你的孩子今天最想做的事情是什么？”

“女儿最喜欢你穿什么样的衣服？”

“她告诉过你为什么喜欢和隔壁班的同学交朋友了吗？”

“孩子做的每件错事你都听她申辩过吗？”

“作为父母的你每天都听小公主讲自己的事情吗？”

……

令人遗憾的是，对于以上这些问题，很多父母从来都没有注意过。所以，要想和孩子有良好的沟通，父母必须要有主动倾听的意识。

要以发展的眼光看女儿

有一位父母的育女经验是这样的：

我的女儿今年 8 岁了。我从来不会因为女儿犯了一个小错，就凭着自己了解的情况对女儿的行为作出评价和责备，更不会当女儿据理力争地申辩和解释的时候，无理由地怒斥她：“你犯了错还狡辩！”“住口，不用解释了！”

因为我可以想象到这个时候女儿该是多么委屈，我也不会揪住孩子的小辫子不放，而是给她辩解的机会，如果让孩子承受过多的委屈，对他的心理健康会产生不利影响。所以，很多时候我选择倾听，选择用更多的时间关注女儿内心的声音，尊重和理解她的行为和想法。

总之，一定要以发展的眼光来看待孩子，倾听孩子内心的声音和成长的故事，有助于他们更加健康、快乐地成长。

细节22 好女儿是夸出来的

有一次，美国著名心理学家罗森塔尔到某所普通中学考察，一位老师问他："先生，您能帮我挑出班里那些智力超常的学生吗？"

罗森塔尔非常痛快地答应了下来，然后在学生中间指点起来："你、你、还有你……"那些被点到的学生从此受到老师的关怀以及同学的羡慕，逐渐树立起了自信心，学习成绩逐步提高，成为班里的佼佼者。

一年后，罗森塔尔再次造访这所学校，问那位老师："那几个孩子的情况怎么样？"老师说："实在是好极了。"接着这个老师又有些疑惑地问心理学家："先生，我感到非常吃惊，在您来之前，那几个孩子只是普通的学生，可经您一点，他们一个个都变了。请问您有什么诀窍判断得如此准确呢？"

罗森塔尔微笑着说："我没有任何诀窍，只是随便点点而已。"

这就是一直被大家称道的"罗森塔尔效应"，它告诉我们一个深刻的道理：对孩子进行肯定的评价，能够帮他们树立起自信心和自豪感，从而取得很快的进步。和男孩相比，女孩更敏感、脆弱，更在意别人的评价，自尊心也更强。有时候父母一句肯定或者鼓励的话，常常会让她们高兴半天，并下决心取得更大的进步；而父母一句否定或者批评的话，常常会打击她们的自信心，甚至让她们产生自暴自弃的想法。

我们来看看下面这个小故事，这是一个大学生的家教日记：

暑假，我找了一份家教，教一个刚上小学一年级的小女孩。

这个小女孩的学习成绩非常差，每次我提问，即使是一些很简单的问题，她也会不假思索地说："老师，我不会，您再给我讲讲吧。"后来我问她："这些题目你还没看，怎么就知道自己不会呢？"她有些沮丧地说："我太笨了。"我有些好奇地问她："你为什么觉得自己笨呢？这是谁告诉你的？"她低下头说："妈妈经常这样说，她说我反应慢，是个天生的笨蛋。"

我很吃惊，其实我觉得她并不笨，她能背好多儿歌，甚至有一首很长的儿歌，她也能一字不错地背下来。现在我知道她的学习成绩为什么这么差了：是妈妈说过的偏激的话对她产生了消极的影响，从而让她失去了进取的信心。

在以后的日子里，我把教学重点放在了恢复孩子的自信心上。每次她再说"我不会"的时候，我会鼓励她："你再想想，老师相信你能把这道题做出来。"当她迟疑着说出一部分答案时，我便表现出非常惊喜的样子："你真是太聪明了！这道题就应该这样思考。"同时再引导她说出全部的答案。慢慢地，这个小女孩逐渐找回了自信心，敢于思考问题了，也重新爱上了学习。

这两个月里，我带她把所有的课本都温习了两遍，课本里面几乎再也找不出她不会的问题。她的妈妈对我的教学成绩非常满意，她认为我能够把这样一个"笨"孩子教到这个程度真不容易。我告诉她说，并不是她的女儿笨，而是她对女儿的一再否定让女儿变"笨"的。这时候，她才突然醒悟了过来。

从这个事例我们可以看出，肯定、鼓励孩子比否定孩子所产生的力量更大，也更能够促进孩子取得进步。所以，父母一定要多多肯定和鼓励自己的女儿。和男孩相比，女孩是脆弱敏感的，所以她们需要更多的鼓励和肯定。父母一个鼓励的眼神、一句肯定的话，都是孩子自信的种子。但是，中国的父母比较含蓄，一般不愿意表扬自己的孩子，而且怕他们以后会变得骄傲。其实这是不对的，我们千万不要吝啬自己的赞美，这对女儿的成长非常重要。当然，过犹不及，表扬女儿也要有一个度，如果表扬太多，就无法达到预期的效果了。

不要拿女儿和别的孩子比较

某家报刊曾经做过一次调查，问孩子们“最不满意父母的做法是什么”，其中有一项便是“老拿我和别的孩子进行比较”。在现实生活中，很多父母出于攀比的心态，总是拿自己的孩子和别人的孩子进行对比，如果自己的孩子占据优势，则心中欢喜；如果自己的孩子被对方比了下去，则闷闷不乐，回家骂孩子不争气。这样的做法很不好，不但会给孩子造成很大的压力，还会伤害到孩子的自尊心。所以，父母千万不要总是拿女儿和别的孩子进行比较。

鼓励女儿的闪光点

凡凡的妈妈是某报社的主编，她希望自己的女儿能够成为一个“小小文学家”。有一次，凡凡写了一篇日记让妈妈看，妈妈看完后对女儿说:“真是太棒了！妈妈在你这个年纪可没有你写得好。”女儿受到鼓励后很高兴，更爱读书、写作文了。在以后的日子里，妈妈常常对女儿提出鼓励，并且给她一些很好的建议。在凡凡14岁的时候，她就出版了自己的第一本小说。

一位教育家曾经说过：“你要想让孩子在哪方面做得好，就在哪方面常常鼓励他。”这句话非常有道理，我们的肯定和鼓励会变成女儿前进道路上的动力，从而让她们的优点逐渐放大。

女儿受挫折时多给她鼓励和支持

敏敏是班里的学习委员，学习成绩向来数一数二，但是最近一次考试却考得非常糟糕。敏敏难过极了，她从来没有受过这样的打击，好多天都没有从这次考试失败的阴影中走出来。

有一天，爸爸看到女儿愁眉不展地坐在书桌前，拍了拍她的肩膀说：“女儿，还在为那次考试难过吗？”

“是啊，我是班里的学习委员，但是却考了全班的倒数几名，真是太丢人了。”

“你不要那样想，每个人都有失败的时候，只要好好总结失败的经验，就已经是一个成功的人了，”爸爸抚摸着女儿的头说，“爸爸相信你下次一定能够取得好成绩。”

“爸爸，我一定努力学习，把第一名的宝座抢回来。”女儿终于舒展了眉头，充满自信地对爸爸说。

当女儿受到挫折时，她们最需要父母的鼓励和帮助。在这种情况下，如果父母再对她提出批评，会非常打击她的自信心，让女儿越来越不相信自已。所以，当女儿遭受挫折时，父母应该给予她鼓励和支持，帮助她尽快从失败的阴影中走出来。

细节23　批评女儿要讲究技巧

和小男孩相比，小女孩更乖巧、听话，也很少会惹父母生气。但是当女儿犯错的时候，父母却普遍遇到一个教育的难题：批评轻了，女儿根本听不进去；批评重了，又怕伤害女儿的自尊，女儿哭哭啼啼地闹个不停。很多父母都是因为没有掌握好批评女儿的方法和技巧，结果不仅没有起到很好的教育效果，还让批评变了味。

6岁的梅梅常常一边写作业一边看电视。每次遇到这种情况，妈妈都会说：“先写作业，等写完作业再看电视。”梅梅嘴上虽然答应，但是依旧我行我素，完全把妈妈的话当成耳旁风。

有一次，妈妈生气了，把电视关掉后狠狠地批评女儿："你这孩子怎么回事，我都说了好多次了，你怎么就是不听？"妈妈的话还没有说完，梅梅就哭了。这一下妈妈慌了神，赶紧把电视机打开："你看吧，妈妈不管你了。"梅梅不说话，仍是哭个不停。妈妈掏出10元钱，塞到梅梅手里："乖女儿不要哭，到小卖部买个你最喜欢吃的冰激凌好不好？"这下梅梅才止住了哭声。

从那以后，梅梅仍是一边写作业一边看电视，而妈妈再也不敢管她了。

这个故事中的妈妈批评女儿的方式是错误的，她不仅没有让女儿改正错误，甚至还让女儿产生了一种误解：一边看电视一边写作业不仅是正确的，而且还会得到妈妈的奖励。

批评是一把"双刃剑"，用得好了，能够起到积极作用；用得不好，反而会起到消极作用。父母在批评女儿的时候，一定要选对方式，并尽量少批评女儿。很多时候，小女孩一被批评就哭哭啼啼，是因为她们敏感、自尊心强，在乎自己在父母心目中的地位。其实，我们完全可以根据女儿的这一心理特征，对她们进行正确的教育和批评。一些教育者认为父母应该用七分鼓励、三分批评，这是有一定道理的，可以适当借鉴。只有这样，才能让批评发挥功效，更有利于女儿改正错误、健康成长。

赏罚要分明

我们批评女儿，是为了让她们改正错误，明白一定的道理。但是在很多时候，女儿一哭鼻子，父母就不忍心批评她们了，还会用买食物、买玩具等方法哄她们不要哭。其实这样做是非常错误的，它容易让女儿产生一种误解：自己做的是正确的，要不然父母怎么会"奖励"自己呢？结果那些错误不仅得不到改正，还会越犯越多。

如何避免这种弊端呢？这就需要父母一定要做到赏罚分明，某种规矩一旦制定，就一定要严格地执行下去，该赏的时候一定要赏，该罚的时候一定要罚，否则以后的规矩也会被女儿打破，从而无法对女儿产生约束作用。

批评女儿时要给她“留面子”

若菲今年上一年级，和小姑特别亲近。有一次，小姑来家里做客，妈妈在厨房里做饭，若菲就和小姑在卧室里聊天。妈妈想到卧室拿东西，她听见若菲对小姑说：“小姑，现在我的学习成绩可好了，上次语文考试我还考了100分呢。”妈妈意识到若菲在说谎，因为上次语文考试她只得了70分，根本不是100分。妈妈没有揭穿女儿的谎言，而是在小姑走后，给女儿写了一张纸条：“希望若菲能够做一个诚实的小姑娘，因为小姑不喜欢撒谎的孩子。”

若菲看到纸条后非常惭愧，每次看到妈妈都欲言又止的样子。妈妈看得出来，若菲是怕妈妈把她说谎的事告诉大家，尤其怕小姑知道这件事。过了些日子，若菲发现妈妈没有和任何人说起这件事，心中对妈妈充满了感激，并且改掉了说谎的毛病。

女孩的自尊心非常强，所以在批评她们的时候一定要给她们“留面子”。尤其在人多的情况下，父母最好不要批评、揭穿她们，因为这样会深深伤害她们的自尊心。如果女儿犯的错误不太严重，父母只要稍稍点一下就可以。这样做既可以保护女儿的自尊心，还会让她们对你充满感激，从而努力地去改正自己的错误。

细节24　幽默式教育更能吸引女儿

教育孩子虽说是父母的一项严肃的责任，但孩子的天性本就是爱玩、爱寻找快乐，所以父母为什么不在教育中加点儿幽默呢？

10岁的大女儿与7 岁的小女儿总是为看电视而争执，她们都有各自喜欢的电视频道，一到黄金时间档，姐妹俩就吵来吵去，父母对此烦透了，想尽各种办法来调停，但是一点儿用都没有。

一天晚上，当姐妹俩的吵闹声又从客厅传来时，爸爸突然有了一个主意，他从盥洗室拿了一管牙膏冲进客厅，直接走到电视机前，两个女儿惊讶地看着爸爸。爸爸啪的一声关了电视，拔出电视机的电源插头，然后夸张地摇摇牙膏，把牙膏喷满电视屏幕，宣布“今晚电视机死了”。

两个女儿一下子都愣住了，目不转睛地看着爸爸。突然，两个小丫头笑得在沙发上打滚儿。这时，爸爸又用怪模怪样的腔调说：“下一次，我要喷黑漆了。”

这位爸爸爆发出的幽默不但娱乐了女儿，而且传递给孩子们一个非常清晰的信息：爸爸不允许她们每天为电视频道而争吵。相信两个女儿在明白了这一点后，争吵频率就会降低。如果两个孩子又为此争执起来，爸爸就可以自言自语地说：“我把那罐黑漆放哪儿了？”相信争吵就会变成孩子愉悦的笑声。

在教育女儿的过程中，父母少给女儿一些脸色，多给她一些幽默、轻松，相信你的女儿一定会更乐意听从你的建议或命令。那么父母要如何实施自己的幽默教育呢？

多用幽默的暗示，效果更佳

同样一句表扬或鼓励的话，如果你对女儿说了太多遍，她也会感到厌烦的，并且这种赞扬会渐渐失去它应有的作用。所以，你的表扬方式一定要有新意，例如女儿把自己的房间收拾得干干净净，书桌也整理得整整齐齐，这时你不妨对她说：“是哪个小女巫骑着扫帚来到这里，把这里收拾得这样干净？”或者“是田螺姑娘来过了吗？”这比死板地对女儿说：“啊，你的房间整理得真漂亮”，更让女儿拥有一份劳动后的成就感和自豪感，也让她在没有心理压力的情况下强化好行为。

有一位母亲这样写道：

我4岁的女儿非常痴迷武侠剧，虽说是个小女孩，但整天冲冲杀杀的，还说要做个侠女去闯江湖，这让我非常担心。一天，女儿又在商店里看中了一支新式玩具步枪和一把塑料宝剑，非缠着要买，而家中的兵器玩具早就堆积如山了。我对女儿说："女儿，你的江湖开支也太大了，现在是和平时期，咱们裁减点儿江湖银两如何？"女儿扑哧一声笑了，从此，再也没有要我买过兵器玩具。

幽默是父母与女儿沟通的有效方式。在教育女儿时，如果父母能够经常想到"寓教于乐"，那么再顽皮、再固执的女儿也会转变的。毕竟，这个世界上没有谁会拒绝快乐。

用幽默的方式保护女儿的自尊

幽默就像春天里的鲜花一样，在家庭教育中散发着独特的香味。如果将幽默式教育渗入到家教的点点滴滴之中，那么这种教育方式不但会使女儿具有更多新奇的想象力和创造力，而且幽默的方式会很好地保护她们的自尊，让她们在受到教育的同时，感到自己是被理解和被尊重的，进而变得开朗自信起来。

在一次家庭聚会上，妈妈给来访的客人准备了很多食物。她的小女儿在大家品尝前偷吃了蛋糕。妈妈知道后，微笑着问女儿："蛋糕是为客人准备的，是不是你的好朋友布布（玩具的名字）偷吃了蛋糕？"女儿不好意思地回答："一定是她，她看到蛋糕时嘴馋了。"妈妈继续温和地对女儿说："哦，那么请帮我转告布布，下次想吃蛋糕时，请提前告诉我，好让我为她也准备一份！"

假如这位妈妈直接问女儿："是你偷吃了蛋糕吗？"女儿一定会感到很尴尬，甚至可能撒谎为自己开脱。而这位妈妈用幽默的方式既保护了女儿在客人面前的自尊，又巧妙地对孩子进行了教育。

第4章

自信，让女儿更美丽

有一个乞丐，坐在画家工作间的马路对面。透过窗户，画家为这个屈服于生活的压力、灵魂深处透出绝望的人画了一幅脸部肖像素描，他在乞丐浑浊的眼中加了几笔，使双眸闪现出追求梦想时的坚毅；他拉紧了这个男子脸上松弛的肌肉，使之看上去充满钢铁般的意志和坚定的决心。画完后，他把那个乞丐叫进来，让他看那幅画。

乞丐并没有认出画上的人就是自己。“这是谁？”他问画家，画家笑而不语。接着乞丐好像看到画中人和自己有几分相像，犹豫着问道：“这个人会是我吗？”“这就是我眼中的你。”画家回答道。

乞丐挺直了腰杆，回应道：“如果这是您眼中的那个人，那他就是将来的我。”

细节25 帮女儿扫除自卑的阴影

一个女孩在给心理专家的一封信中这样写道：

从很小的时候起，我打骨子里就有一种与生俱来的自卑感——总觉得自己不如人，做事总是畏畏缩缩，说话总是躲躲闪闪。我特别害怕别人取笑。取笑对我来说，就是嘲笑、挖苦、贬低、伤害。有时别人根本不是取笑，我也认为是取笑。虽然我各方面条件都不差，可我心里总觉得比别人低一等。我内心软弱，总怕别人看到自己的缺点，从小就封闭自己，不与人交往。我的父母都是很老实、很软弱的人，都不善交际。你说我这种自卑感与他们有没有关系？我总觉得别人不对劲，不可理喻；其实我也知道不对劲和不可理喻的正是我自己。

其实，自卑感一直是阻碍女孩成功的障碍之一。据相关调查显示，有65% 的女孩都具有不同程度的自卑感，这些自卑感不但影响她们的生活、学习，也会影响她们日后的婚姻生活。

不过，自卑并不是生来就有的，它是在外界环境的影响下形成的。一般来说，女孩自卑的原因有以下几方面：

1. 父母太强势，对女儿期望过高，往往会使女孩产生自卑。能力特别强的父母，一般对女儿的要求也很高，追求十全十美，如果孩子做不到，久而久之她自然会产生自卑感。

2. 家庭不完整，容易使女孩产生自卑。单亲家庭或者缺乏父母关爱的女孩会觉得自己被家人和社会抛弃，当她们看到别人的幸福家庭生活时，就会更加伤心，感到自卑。

3. 父母粗暴、专横的教育方式。由于父母不能以理服人，常常对女儿采取打骂教育，严重地伤害了女儿的自尊心，并让女儿产生自卑心理。

4. 父母自身有自卑情绪，容易使女孩产生自卑。自卑的父母会影响女儿，让她们也开始怀疑自己的能力。

那么，怎样消除女孩的自卑阴影呢？

告诉女儿“你能行”

缺乏自信的女孩由于长期处于这种状态，已经在心里建立了消极的自我预言，即“我很没信心”“我是没用的”等，这种心理让女孩不敢尝试新事物，变得没信心。因此，父母在平时的生活中可以有意识地忽视女儿缺乏自信的表现，而在女儿表现出自信的时候及时给予积极的表扬和鼓励，让女儿逐渐树立起“我也行”的心理。

这方面不如别人，但是完全可能在其他方面超过别人。这时，父母还可以教女儿运用积极的自我暗示法进行自我激励，如：“我一定能行的”。“我书法能学好，其他的肯定也能学好！”“我真是一个写作文高手呀！”这些积极的自我暗示可以让女孩逐渐找到自信的感觉。

因此，父母要多鼓励女儿参加课外活动，让她们在学业之外，培养其他的兴趣与爱好；鼓励女儿参加社区义工活动，让她们多接触那些需要别人关爱帮助的人群，这些都能提高女孩的自信心与自尊心。

允许女儿犯错误

对于父母来说，怎样对待女儿的过失或者错误呢？那就是允许女儿犯错误。美国心理学家莱顿说：“讲述你自己曾经犯过的过失，承认过失，向孩子们解释为什么你会犯这个过失，告诉他们，你下次将会去避免重犯。”一个女孩难免会犯错，在改正错误之后，女孩会获得成长。

心理学家塞奇斯对父母说：“从犯过失的痛苦中走出来，不要老是盯着孩子的过失不放，应该去赞扬孩子们尝试活动的努力和勇气。”“把孩子最近的成果与他自己以前的成果相比较，而不是与别人相比较。如果孩子拥有一个充满爱的家庭，他们几乎可以从所有的过失中得到益处。”

因此，父母在日常生活中要用全面、发展的眼光看待女儿。有了这样的观念，就不会一叶障目，也不会因女儿一时表现欠佳而大发雷霆。

细节26 教女儿接受并喜欢自己

在学校的心理咨询室里，一位女中学生正在向心理辅导老师倾诉她内心的苦恼:“上初中以来，我越来越苦恼，作为一个女孩，我不如人家漂亮；作为一个学生，我的成绩平平，体育、音乐、美术，哪一样也不行。我觉得任何人都比我强。我什么都不行。”

正确认识自我，对女孩的行为有着很重要的调节作用。女孩子最初是通过别人,特别是她心目中的权威人物对自己的评价而认识自己的。这时，别人的评价具有很强烈的暗示作用。父母的言行在女孩人生道路上的起点上起着至关重要的启蒙作用。

众所周知，自我欣赏是一种充满自信的行为表现。一项调查表明，当今的少年儿童对自我的发展和自我的力量有较充分的估计，对自我发展充满信心。如对自己的长相表示满意的占 76.8%；对自己的健康状况表示满意的占 80.5%；对自己的性格表示满意的占 71.3%；对自己的学习状况表示满意的占 70.0%；认为“自己在各处都能起作用”的占 66.0%。显然，他们对自身存在的价值给予了肯定。这项调查还表明，当今少年儿童有76.2%表示对未来充满了希望，尤其对学历的期望水平较高，希望接受硕士研究生教育和博士研究生教育的分别占到 10.2%和 40.9%。

这个数据的确令人欣慰，但是父母要想培养和引导女儿学会自我欣赏，首先就要表示出对女儿的欣赏，然后教会她学会自我欣赏。

让女儿感觉到“我重要”

有一位母亲的教育经验是这样的：

女儿虽然只有5岁,但是在我们家里她的地位很“重要”,而这种“重要”是我有意给女儿的，因为我希望女儿有一种家的主人翁的感觉。例如家里要新添一张桌子，我会询问女儿的意见，问她买什么颜色的好看，什么形状的比较适合,这时女儿就会给出她的意见。真正地参与到家庭生活中来，让女儿有一种被尊重、被信任的感觉。而且每当女儿说出她的意见和选择时，我就会给予一定的肯定和表扬，这时女儿就会很兴奋，她觉得自己在整个家庭里很有分量，因此也就会做得更出色。

通常情况下，女孩从 2 岁多的时候就已经愿意表现自己。如果女儿为你拿了一张报纸,或者扔一张废纸时,你应该表示出满意的微笑和一声“谢谢”，这会让女儿感觉到自己的作用。

当然，随着年龄的增长，父母应要求女儿有意识地帮助家中做一些力所能及的事情，如洗洗手帕，擦擦桌子，并形成习惯，一方面可以让女儿感觉到她是家庭的一员，她在家中也应尽一点儿义务；另一方面，让她感觉到自己在家中的位置和作用。

让女儿感觉到“我能干”

在生活中，简单的命令式“这不能动”“那个你不行”之类的话，会让女孩感到自己无能。即使有些物品女孩不能随便动，父母也得很耐心地告诉她:“现在你年龄小，还不懂如何开关(如煤气灶等)，而且又有危险，等你长大后就会了。”应该创造一些能让女孩做的事，当她通过努力完成了，父母就夸她“真能干”。

周末的时候，妈妈决定给女儿缝制一个布娃娃，充满新奇感的女儿一直坐在旁边。突然，妈妈的线用完了，她就对女儿说：“宝宝能帮妈妈从柜子里拿出线来吗？”小女孩高兴地答应了，因为她不用干坐着，终于可以帮助妈妈做些事情了。可是放线的柜子有点儿高，怎么办？小女孩就想了一个办法，把板凳垫在脚下。妈妈马上称赞她说：“宝宝真聪明！”小女孩听了妈妈的夸赞，开心地笑了。

细节27 教女儿认识自我、悦纳自我

一位少儿心理专家曾经接待过很多对自己没有信心的孩子，其中女孩占多数。她们诉说的情况几乎如出一辙，都是对自己认识不够清晰，不能以正确的心态来接纳自己，比如：

“因为我的学习成绩不好，老师和同学们都对我印象不好，连我的父母都认为我给他们丢脸了，他们在家里都不愿意理我。”

“我长着小眼睛、大嘴、头发少而黄、说话声音也不够甜美。很多人都笑话我,我真想不通,我爸妈都长得很好看,为什么我就长成这个样子？”

“我家里比较穷，穿的、吃的都不如同学们好，他们肯定都看不起我，我真恨自己，为什么不生在有钱人的家里？”

……

认识自己和接纳自己是两个过程。首先要认识自己，每个人都喜欢看到自己好的一面，而刻意忽略自己不好的一面。其实，这是认识自己的过程中最大的误区，人只有清醒地看到自己的缺点，然后勇敢地接受并改正这些缺点，才会不断进步。

其次，就是要接纳自己，既然已经认识自己了，就要试着接纳自己。很多人就不愿意接纳自己，总是自我否定，有的否定自己的相貌，有的否定自己的能力，有的否定自己的家庭，还有的否定自己的全部。其实，每个人都有优缺点，我们不能只看到自己不足的地方，而是要看到自己好的一面，将好的一面展示出来，同样会获得成功。

父母要让女儿正确地认识自己，这对女儿的行为和想法都有着很好的调节作用。女孩一般对别人的评价十分在意，有时会把别人的评价当成是真实的自己，这时，妈妈要帮助女儿及时摆脱心理束缚，正确认识自己，接纳自己，并且挖掘出自己的长处，以长补短，促进自己的发展。

让女儿学会接受自己的不足

有一个女孩，在她十几岁的时候，因为一场火灾被严重烧伤。虽然经过全力抢救保住了性命，但却变得面目全非。当她在医院第一次看到自己被烧毁的脸时，头脑中闪现的第一个想法就是死，几次自杀未果后，她变得麻木了，不再挣扎，放弃了和命运的抗争，终日不说一句话。

但是她的父母却没有放弃，妈妈每天都会找一些名人励志的故事读给她听，开始时，她没有任何反应，甚至极其排斥。但渐渐地她听了进去，有一天，她突然开口问妈妈："你为什么只给我读这些健全人的奋斗经历，而不讲那些不健全的人，就像我一样。"妈妈很平静地对她说："难道你没有听出来吗？这个世界上本就没有健全人。"她惊讶地看着妈妈，一副不可置信的样子。"世界上那么多健全的人，残疾人才有多少？你怎么骗我呢？"妈妈笑了笑说："你所认为的健全，单纯指肢体上的，其实，心灵上的健全更为重要。这些伟大的人物在他们开始醒悟和奋斗之前，有可能是一些心灵不健全的人，但是他们都欣然接受了自己的不足之处，并战胜了这些缺点。其实，心灵不健全和身体不健全同样可怕，如果你妥协了，就永远失去了战胜它的机会。这就是世界上成功的人如此之少的原因。"听到这里，女儿的眼睛里闪烁出了从来没有过的光芒。自此，她开始和命运抗争，后来，她以优异的成绩考上了大学，当她在大学的礼堂里面对全校同学演讲的时候，人们看到的不是她残缺的脸，而是一个阳光、活泼的女孩，她赢得了同学们和老师由衷的钦佩。

在女儿面对自己的不足时，父母要教会女儿不回避、不妥协、不放弃，要勇敢地面对、接受并且努力弥补自己的不足，创造出属于自己的美好生活。要想生活得幸福，接受自己是首要条件，如果一个人整天对自己不满意，心里充满了抱怨，那么他注定不会拥有成功和幸福的人生。

让女儿体会到"我能干"

父母教育女儿不能说以下的话，比如"这个你做不了""你别添乱"

等话，这会让女儿感到自己是无能的，进而会对自己产生错误的认识。生活中，即使有些事是女儿完不成的，父母也要耐心地告诉女儿，要等她长大后才可以，绝对不能直接否定。

洋洋才 5 岁，但是好奇心很强，一天，妈妈在给她编织毛衣，她也要织，妈妈虽然认为女儿学不会，但是她不想打击女儿的积极性，就一边鼓励女儿，一边教她最简单的编织方法。在妈妈的鼓励下，3 天后，洋洋竟然自己编织了一个小包。

这种“我能干”的鼓励方式会让女儿充分地认识到自己的潜在才能，会提升她的自信心，让女儿对自己的能力更加认可。

细节28 给女儿心中播一颗自信的种子

美国作家爱默生曾说“自信是成功的第一秘诀”，而拥有自信的女孩不但能够获得成功，同时更让自己具有一种自信的魅力。

上小学二年级的默默是一个很没有自信心的女孩。有一次，班里选班干部，她的票数是全班最多的，但是她说什么都不愿意当。她的妈妈知道这件事情之后，就问她不当的原因，默默扭捏着说：“我怕我当不好，到时候大家都不会喜欢我了。”默默妈妈于是一边鼓励默默尝试，一边给她分析怎样做好一个班干部，同时在学校里老师和同学们也都不断鼓励默默，希望她能当班干部。

后来，默默在众人的支持和鼓励下担任了班里的文艺委员。默默妈妈在女儿当上班干部之后，每天都会询问她在班里工作的情况，然后从旁给她一些鼓励和支持，后来默默不但变得越来越开朗，越来越自信，自主性也越来越强，还组织同学们在校庆日上表演了节目，获得了老师们的一致称赞。

默默的转变是令人欣慰的，她从一个缺乏自信心的女孩变成了一个自信独立的女孩，这中间的转变和她妈妈的鼓励是分不开的。其实，父母是女儿自信心的助推器，而自信心是女儿展示自己魅力，克服各种困难走向成功的力量来源。所以，我们要让女儿做一个充满自信的人，信心满满地去面对人生的机遇和竞争，然后面带微笑地迎接真正属于自己的成功和幸福。

父母要想让自己的女儿成为一个充满自信的女孩，就要把自信的种子种进女儿的心中，让女儿在自信的陪伴下健康、快乐地成长。

不要否定女儿

我们每个人都有被肯定的心理需要，孩子当然也不会例外。心理学家研究发现，孩子对自己的评价大多源于周围的人对自己的评价。如果周围的人给他的评价是肯定的、积极的，他就觉得自己能行，并且会在生活中逐渐树立起自信心来；如果周围的人给他的评价是否定的、消极的，他就会觉得自己一无是处，从而在心理上产生自卑感，甚至会有自暴自弃的想法。对于生性敏感、注重人际关系的女孩来说，更是如此。所以，父母千万不要用“你真笨”“你不行”这样的话来否定自己的女儿，而是要多给她们鼓励和支持。

发现并培养女儿的专长

姗姗是一个没有自信的女孩，因为她相貌平平，学习成绩也一般，更没有什么特别的才艺。父母发现这一点后，给姗姗报了一个舞蹈班，让女儿学习舞蹈。

后来，每当大家聚会的时候，父母都会让姗姗给大家跳支舞。由于有了自己的特长，并且常常得到大家的夸奖，姗姗逐渐建立起了自信心。

孩子的兴趣爱好是各不相同的，在天赋和能力方面也各有千秋。但是进入小学后，很多父母衡量孩子的标准往往聚焦在学习成绩上，那些学习成绩优异的孩子常常受到表扬，而学习成绩较差的孩子常常受到批评。由于常常受到批评，那些学习成绩差的孩子就会产生自卑心理，从而丧失自信心。

要避免这种情况，父母就不能“以分数论英雄”，而是要发现孩子的闪光点，多给孩子积极的评价。此外，我们还可以培养孩子的特长（如唱歌、跳舞、绘画、运动等），孩子在某方面有了竞争优势，他就会逐渐变得自信起来。

让女儿从不断成功中获得自信

不断地获得成功是培养孩子自信心最重要的一种方法，因为过多的失败会一再打击孩子的自信心，让他们开始怀疑自己的能力，进而产生自卑感。如果你的女儿做一件事情是在不断自我否定的情况下进行的，那么成功只会离她越来越远，所以父母要让女儿品尝到成就感，在一次又一次的成功中获得自信。

燕燕是一个很早熟的小女孩，虽然只有7岁，但是妈妈从她的眼睛里发现她对周围的人产生了一种戒备心理，好像害怕别人走进她的世界一样。平时家里来客人了，也不爱和客人打招呼，总是一个人怯怯地躲进自己的房间。妈妈担心她心理上有什么问题，于是带她去了医院，但是医生说这个孩子只是极度缺乏自信，小小年纪就有很强的自卑感。

为了让女儿拥有更多的自信，妈妈通过观察发现燕燕很喜欢玩模型，于是就买了几个特别简单，能够由孩子自己组装的玩具模型，让燕燕自己来组装，而且每当燕燕组装好一个模型时，妈妈就表扬燕燕。一段时间后，燕燕脸上的笑容越来越多，人也越来越自信，还主动交了几个好朋友。

细节29 激励女儿敢于追求梦想

每个人都有梦想，它是深藏在人们内心中最深切的渴望，能激发生命中的全部潜能，是成就未来的原动力。人世间的一切奇迹都是梦想成真的结果，一个女孩儿时的梦想往往能改变她的一生。

《一个都不能少》是张艺谋导演的代表作，也是大家广为熟知的一部电影。片中女主角的扮演者魏敏芝是一个普通的农村女孩，然而她正是因为自己的梦想大胆地走向舞台，而获得了张艺谋导演的青睐，并且从此改变了自己的人生。

张艺谋导演到河北某偏僻农村拍摄影片，当地人没见过拍电影，都跑出来看热闹。张艺谋对着围过来看热闹的村民说："你们想不想拍电影，要想就站出来。"他一连问了几句，村民们没有一个人吱声，甚至还后退了几步。

这时候，一个女孩站了出来，大声说："我想去。"这个女孩长相并不漂亮，红红的脸蛋上透着一种山区孩子特有的淳朴。

张艺谋盯着她，问道："你会唱歌吗？"

女孩非常大方地说："会。"

"那就唱一首。"

"行！"女孩开口就唱，"我们的祖国是花园，花园的花朵真鲜艳……"

由于唱歌跑调，并且在最后还忘了词，村民们哄堂大笑起来。但出乎村民们的意料，张艺谋指着这个女孩说："就你了。"

这个女孩就是《一个都不能少》中的女主角的扮演者魏敏芝。后来这部影片大获成功，魏敏芝成为媒体关注的人物，变得家喻户晓。7年后，她考入西安某电影学院学习编导，后又出国留学，现在已经拍摄了自己的电影和电视剧。

女孩的梦想可能是荒唐的、怪异的、难以实现的，但它是孩子童心上长出的“幼苗”。如果父母对女儿的梦想多一分欣赏、多一分呵护、多一分激励，它就可能长成参天大树。

不要嘲笑女儿幼稚的想法

每个女孩心底都有一个梦想，父母不要嘲笑孩子的幼稚，而要帮女孩插上梦想的翅膀，这样才能尽早树立远大目标，并为之不懈努力，早日获得成功。

帮助女儿插上梦想的翅膀

很多年前，一个牧羊人领着他的两个儿子在山坡上放羊。这时，一群大雁鸣叫着从他们头顶飞过。小儿子问：“爸爸，大雁要飞到哪儿啊？”牧羊人说:“冬天要来了，为了躲避严寒，它们要飞到一个温暖的地方安家。”大儿子眨着眼睛羡慕地说:“如果我们会飞就好了。”小儿子应和道:“是啊，如果我们有翅膀就不用在这儿放羊了，可以去任何我们想去的地方。”牧羊人摸摸两个儿子的头说：“只要你们想，你们也能飞。”

两个儿子使劲地挥动胳膊，可是没有飞起来。他们疑惑地望着爸爸，牧羊人试了几下，也没有飞起来，便对孩子们说：“我是因为年纪大了才飞不起来，你们还小，只要不断努力就一定能飞起来，到时候就可以去任何你们想去的地方了。”

后来，兄弟俩慢慢长大，一直没有忘记父亲的话，并不断地努力着。终于，他们制造出世界第一架飞机“飞行者一号”。没错，他们就是美国著名的莱特兄弟。

孩子的梦想受周围环境影响很大，父母要学会激发、引导女孩的梦想。莱特兄弟取得成功离不开父亲的引导和激励，使他们从小就有了远大的理想和坚定的信念。梦想是一盏明灯，它能照亮一个人前行的道路。信念是一支火把，它能最大限度地激发一个人的潜能，使人生的火花更加绚丽多彩。

第5章

乐观，让女儿一生幸福

有个故事："乐观"和"悲观"是一对孪生兄弟，父亲比较喜欢"悲观"，给他买了很多玩具，但却把"乐观"锁进了一个堆满马粪的马棚里。

第二天清晨，父亲听到"悲观"在号啕大哭。爸爸安慰他说："别哭了，快玩我昨天给你买的玩具吧。"

"悲观"哭着说："不行，那些玩具很快就会玩坏的。"

父亲又去马棚看"乐观"。他发现"乐观"正在兴致勃勃地掏马粪，便问他在干什么。"乐观"有些自豪地说："马粪里面说不定有一匹小马，我要把它掏出来。"

两个人性格不同，人生和命运也会不同。查·霍尔曾经说过："有什么样的思想，就有什么样的行为；有什么样的行为，就有什么样的习惯；有什么样的习惯，就有什么样的性格；有什么样的性格，就有什么样的命运。"

细节30　打造积极乐观的阳光女孩

众所周知，乐观是成功的催化剂，它对一个人的成功有着举足轻重的作用。乐观的女孩即使遭遇挫折，她还是坚信有能力改变现状，会拿出自己最好的状态与挫折作斗争。因此，乐观的性格是女孩应对人生中悲伤、不幸、失败、痛苦等的有力武器。

一般来说，女孩的乐观首先来源于父母的乐观自信和幽默豁达，所以，父母应当切实地帮助女儿正确对待并战胜困难，将自己的乐观精神传递给孩子。这样，当女孩在以后的生活中碰到困难挫折时，她也能始终保持健康的心态，具有强大的心理承受力。

那么，有哪些方法可以帮助我们让女儿乐观起来呢？父母可以采用以下几种方法：

创建温馨、愉悦的家庭气氛

小楠刚上小学不久，就经历了一场变故，她的父母离婚了。小楠舍不得爸爸，更离不开妈妈，她想改变父母的状况，却没有能力。小楠终日闷闷不乐，每做一件事，她总是先想到最坏的结果：电视上正在上演一部电视剧，小楠就对妈妈预测结局："他们两个最后肯定会分开，像你和爸爸一样。"有时，窗外下起了雨，小楠就会呆呆地站在窗边，一言不发。随着年龄的增长，她变得越来越悲观……

一般来说，生活中开朗乐观的人不仅身体健康，而且婚姻生活较为幸福，人际交往更顺畅，事业上也更容易取得成功。而一个家庭的气氛、家庭成员之间的关系，在很大程度上会影响女孩性格的发展。因此，父母要给女儿创造温馨、愉悦的家庭气氛，这样才利于培育出一个阳光女孩。

为女儿的生活“减减负”

现代家庭中独生子女越来越多，父母把所有的希望都寄托在唯一的孩子身上，结果从很小的时候就让女儿学习外语、绘画、钢琴等，也不管孩子是不是喜欢、能不能承受得住，把孩子每天的生活都安排得很紧凑。

为女儿减减压，给予她自由的选择权。是上午练钢琴、下午学书法，还是晚上学英语，都由她自己选择，她不愿意去做，也不要强迫，否则容易让她产生倦怠情绪，变得消极。

引导女孩学会自我调节

在家庭中，父母随时注意引导女儿学会自我调节，以便及时消除不良情绪，变得积极、乐观。

有一位母亲是这样做的：

一天，女儿从学校回来就闷闷不乐地回到自己的房间，并把房间的门关上。我感觉她不对劲儿，便在吃晚饭时问她：“今天学校有什么高兴的事呀？”“没有高兴事，但是有伤心事。”女儿不高兴地回答。“什么伤心事，能告诉妈妈吗？”我问道。

“今天老师让同学们选一个人当班长，同学们大多数都选了高越，只有少数的几个人选了我！”女儿伤心地说。“大多数同学选高越当班长，说明高越身上有很多优点。你要向他学习，然后比他更积极地表现，说不定下学期，同学们就选你了！”我开始引导女儿。“可是，我现在就想当班长！”女儿有些着急了。

“现在你在同学们中间没有太高的威信，就算你当了班长，同学们也不会服你的。如果你用这段时间好好表现自己，下学期不要说当班长，还有可能会被评为三好学生呢，你说是不是？”我问道。

“嗯，是。”女儿同意了我的看法，开始高兴地吃起饭来。

女儿有了苦恼，父母要让她尽量诉说，发泄不良情绪，与此同时，要注意回避女儿敏感、忌讳的话题，或者转移她的注意力，帮助其减轻心理压力等。

细节31　帮女儿走出不良情绪的阴影

女孩心思细腻，容易受到一些外界不良情绪的影响，再加上父母对女儿百般呵护，很怕孩子受一点儿委屈，所以就导致了一些女孩没有心理承受能力，外界一些很小的事情都会导致女孩情绪波动，又因缺乏自我调节能力，致使负面情绪长时间地占据女孩的心灵。所以，父母要懂得，教育女儿不是用你的羽翼将女儿层层包裹起来，给予她保护，而是要教会她与外界形形色色的人和事打交道，在这个过程当中学会控制自己的情绪，让自己的内心变得强大起来。

安妮刚满9岁，由于家里生活条件不富裕，她要一边上学，一边帮妈妈做家务、照看弟弟，她比别的女孩少了很多童年的快乐，这一切导致了安妮的脾气很不好。

一天，妈妈埋怨安妮没有把弟弟照顾好，安妮狠狠地踢了一下弟弟的婴儿床，飞快跑回了房间……

父母在教育中要注意孩子的每一种不良情绪，一旦发现孩子正在被某种不良情绪所控制，或者出现这种苗头，都要马上给予疏导，让孩子正确处理不良情绪，免受影响。

在合理的范围内，允许孩子充分发泄自己的情绪

古代治水有个很重要的经验，就是疏优于堵。教孩子掌控情绪，首先要教孩子学会把不良情绪排遣出去，不良情绪就像人身上的毒素，这种毒素能腐蚀人的内心世界。长此以往，会对人的发展造成不良影响。

彤彤上小学三年级，是一个很好强的女孩，平时认真学习，还是班级的班干部。每次无论期中还是期末考试，彤彤的成绩总是班级的前三名。但是这次期中考试，彤彤却没有考好，只考了第六名，原因是一道题目有

两个问题，彤彤竟然忽视了第二个问题，这样白白丢了8分。

回家的路上，彤彤的心里一直不是滋味，埋怨自己。到家后，她把卷子拿出来，把那道数学题抄了好多遍，每抄一遍，都在下面写上“让你再马虎，这次抄写一百遍，下次要是再这样，就抄一千遍、一万遍”。妈妈看到后，立即阻止了女儿的做法，她对女儿说：“妈妈知道你是在用这种方法告诫自己，不要再犯马虎的错误。但是，你要知道，人都有犯错误的时候，在告诫自己的同时，还要坚强地面对，这样人不仅能改正错误，还能收获一份坚强豁达的心态。”彤彤对妈妈说：“嗯，妈妈你说得对，我这个样子并不好，可是我确实很生气啊！”妈妈说：“走，咱们到海边去，你大喊几声，好好发泄发泄。”说着，妈妈和彤彤出门了，来到海边，看着湛蓝的海水，彤彤大声地喊叫着，发泄着心里积郁的闷气。喊完后，彤彤的心情再也不郁闷了，又恢复了以往快乐的样子。

当女儿遇到不高兴的事情时，妈妈最好让女儿充分发泄掉心中的不良情绪，在这个过程中，女儿会逐渐感受到母爱的伟大，而忽略了别的事情。教育女儿的核心，在这个时候不是简单地阻止，而是一种引导，引导孩子认识到更美好的东西。

正确引导孩子发泄自己的情绪

孩子在很多时候会通过一些不合理的方法来发泄自己的情绪，比如，言语不礼貌、摔砸物品，甚至对家里的宠物发脾气。这时，妈妈不应因所谓的爱而视而不见，也不能进行粗暴的阻止，而是要让女儿知道发泄是要有一定范围和限度的，不能无休止，发泄情绪的前提是不能损害他人的利益。

欣欣长得可爱又漂亮，一天，她穿着妈妈买给她的新裙子在家附近显摆。邻居阿姨都说她就像个小天使一样，她希望每个人都能看到，并且都说她漂亮。可是不一会儿，她就回家了，脸上挂着泪，而且手还使劲地扯着裙子，好像要把裙子撕烂。妈妈问她是怎么回事，她哭着和妈妈讲了原委，而且越说越委屈，小手更用力地撕扯着裙子。原来，附近的几个男孩看到她后，不但没有说她漂亮，还说她是丑陋的妖精。

妈妈听完后，心疼地用手抚摸着女儿说：“你出去的这段时间，都有谁说过你丑呢？”欣欣想了想说：“就那几个男孩，别人都说我漂亮。”妈妈又问：“那么你认为自己是漂亮还是丑呢？”她很坚定地回答说：“漂亮。”“哦，你认为自己漂亮，很多人也都认为你很漂亮，你现在还生这么大气，还把妈妈给你新买的裙子扯坏了。你说你做得对吗？”欣欣不好意思地低下头，小声对妈妈说：“妈妈，我错了，我不该扯裙子。”

父母教会孩子用语言来表达自己的情绪，不论遇到什么事情，讲道理是最重要的，胡乱发泄不会解决任何问题。

很多时候，女儿向父母诉说、抱怨，甚至发脾气，不是希望为其打抱不平，而是需要有一个人可以倾听她们的心声，发泄一下不满而已。教出好女儿，是需要妈妈能做一个好的倾听者、建议者，面对被负面情绪所困扰的女儿，妈妈应该多给予关心和爱，以满足女儿对爱的需求。父母的爱是女孩心中最重要的基石，只要这个基石是坚固的，那么女孩的内心就会逐渐变得强大。

细节32 让女儿保持一颗快乐的童心

父母最想给予自己女儿的除了一个健康的身体之外，还有一生的快乐。他们最想看到的是女儿的脸上能够常常挂满笑容，而这一切除了家庭为女儿创造一个轻松愉悦的氛围之外，最主要的还是靠女儿自己的乐观，因为只有乐观的女孩才能找到快乐的钥匙，而一个乐观的女孩也更容易获得大家的好感，更能展示自己的魅力和收获幸福。

月月是一个自尊心很强的女孩，但是每次面对自己的父母她都有些抬不起头来。她的父母都是名牌大学毕业生,对她的学习要求标准一直很高，而且每次她考试成绩不好的时候，父母总是唉声叹气地说她，慢慢地总觉得有一种悲观的情绪伴随着自己，认为自己无论怎样努力学习，父母的脸上都不会展露笑容。

天性敏感的女孩就像温室里的花朵，哪怕一点点负面的“风吹雨打”都有可能令她们陷入不良情绪之中。所以，女孩的父母一定要注意在日常生活中不要让自己的不良情绪影响到孩子，而是用乐观的生活态度来感染和影响自己的女儿，让她们在积极的生活态度下茁壮快乐地成长，要知道一个乐观的女孩所展现出来的魅力，远比聪明漂亮更大。

所以，为了让我们的小公主能够一生幸福、快乐，我们必须对她们进行正确的引导，让她们成为乐观开朗的孩子。

不要让自己的消极情绪影响女儿

依娜的妈妈是一家大公司的文秘，每天都有忙不完的事情，有时候还会受到老板的批评。每天回家，她都会抱怨连连：“工作太忙了，我都快累死了。”“每天都要看老板的脸色行事，做这份工作真不容易！”“今天又让老板批评了，真不想干这份工作了！”

由于受到妈妈的影响，依娜小小年纪就学会了唉声叹气。例如，每次写作业，她都要抱怨说：“天天都有这么多的作业，我都快累死了，人活着真累啊！”

随着生活压力的增大，父母也会有苦恼、抱怨的时候，但是发泄这些情绪的时候应该尽量避开女儿。前面我们讲过，小女孩非常敏感，而且善于模仿，如果我们过多地让女儿体验到挫败、失望、忧伤和愁苦等负面情绪，她们就很容易形成悲观的性格，并且会以消极的态度来面对生活。所以，父母要学着给女儿树立一个良好的榜样，积极乐观地来面对生活。

及时排除不良情绪对女儿的干扰

女儿放学回来，情绪一直不对劲儿，把自己关在房间里不肯出来。妈妈敲开了女儿的房门，关切地对女儿说："宝贝女儿，妈妈看你今天心情很不好，能和妈妈说说是怎么回事吗？"

"没什么事。"女儿显然不想和妈妈说。

"妈妈看到宝贝女儿不高兴，心里也非常难受，如果宝贝女儿有什么事需要妈妈帮助，尽管和妈妈说好了。"妈妈装作要退出房门，其实是在等女儿开口说话。

"妈妈，"女儿有些委屈地说，"今天班里竞选班长，我没有连任成功。"

"这两年来，我女儿的班长还是做得相当出色的，以前你们班的学习、卫生成绩都排在学校的后几名，现在已经排到学校的第二名了。"

"是啊，要不我怎么会失望呢！"

"其实你也不要伤心失望，在这两年里，你不是也学到了许多管理经验吗？另外还交了不少朋友。只要你在以后的日子里好好表现自己，在下次竞选的时候，一定能够把班长的宝座夺回来的，妈妈相信你有这个实力。"

"嗯。"女儿点了点头，心情好了很多。

和男孩相比，女孩更加敏感，也更容易受到不良情绪的影响。所以我们要多留心她们的情绪变化，当她们烦恼、忧愁、闷闷不乐的时候，要多和她们聊聊天、谈谈心，让她们把心中的烦恼说出来，重新变得快乐起来。

对待女儿要宽严相济

这里所说的"宽"，指的是对女儿的管理方面。如果父母对女儿控制过严，这个不允许那个不同意，女儿就如同锁在笼中的小鸟一般，很难高兴起来，更别提以乐观的心态面对生活了。所以，我们要给予女儿一定的选择权，例如，在穿衣、吃饭、看电视等方面，我们可以让女儿自己选择。女儿从小就享受到了选择的快乐，自然会乐观而且独立。

这里所说的"严"，指的是对女儿的物质生活方面。一个普通的女孩，父母只要给她买一个玩具、一件衣服甚至一本书，她都会觉得高兴。而那些物质生活过于优越的女孩，这些东西已经很难让她们满足了。所以，在物质生活方面，我们不要过分娇惯女儿，这样，她们才会感受到更多的快乐。

细节33 教女儿及时戒掉浮躁心理

在学习和生活中，很多女孩会变得心神不定，做事难以专心；急功近利，整天幻想“天上掉馅饼”；没有耐性，缺乏恒心和毅力；急于求成，见异思迁；缺乏脚踏实地的艰苦奋斗精神，奢望侥幸成功……如有的女孩看到歌星挣大钱，就想当歌星；看到企业家、老板神气，又想当企业家、老板，但就是不愿意为了实现自己的理想而努力学习。还有的女孩兴趣爱好转换极快，做什么事都是三分钟热度，三天打鱼两天晒网，忽冷忽热，一事无成。

一般来说，女孩的浮躁心理通常表现为“想不到”“坐不住”“听不进”“管不牢”“忙不停”“写不完”“长不了”等。

想不到：在自己支配的时间内，不知道该做什么，不知道什么先做什么后做，甚至手足无措，一会儿看看这本书，一会儿又看看那本书；

坐不住：在课堂上找各种借口挪位子，或是东张西望，交头接耳；

听不进：对课堂上老师讲的知识无兴趣，或自搞一套，或呵欠连天，根本不管老师讲什么；

管不牢：废话连篇，管不住自己的嘴；

忙不停：兴头上来时，马上动手去做，乱忙一气，希望“快刀斩乱麻”，一下子把事做完，却常常忙中出乱，甚至殃及他人；

写不完：跟老同学或笔友交往过密，整天沉迷于信件往来，并乐此不疲；

长不了：在老师批评之后或考试后，短时间内能意识到自己的错误和不足，也能付出一定的努力，但几天之后，依然我行我素，虎头蛇尾，不了了之。

如果上述这些浮躁心理不及时克服，那么势必会影响女孩的身体健康，造成生理功能紊乱、睡眠障碍、心理紧张、烦恼、易怒，注意力和思维能力降低等。

那么，造成女孩心理浮躁的原因有哪些呢？一般来说，内部原因分为个体的神经类型、人格特征、个人认知3种；外部原因主要是社会环境、家庭教育和学校教育。浮躁心理很容易使女孩失去对自我的准确定位，导致随波逐流、盲目行动，对个人和整个集体都极为有害。

那么，父母如何帮助女孩克服浮躁心理呢？

引导女儿思想上认真、专注

世界上任何事情都怕“认真”二字，认真是医治所有困难的良药。如果能教会女儿安下心来做事情，那么就等于教会了女儿一种能力。这种能力比学会奥数、舞蹈、演讲要重要得多，因为这是一种伴随终身的能力，它能为成功打下一定的基础。

小茹复习功课时，一会儿去趟厕所，一会儿吃点儿东西喝口水，完全心不在焉。当发现妈妈在看着她时，才会把目光落到学习资料上，却坚持不了几分钟。面对这样的情景，小茹的妈妈没有严厉地批评她，而是走到她面前，用温和的语气对女儿说：“小茹从来都不会让妈妈失望，什么事情都会努力做好，学习就更没有问题了，一会儿妈妈要看小茹复习功课的效果，小茹要加油哦！”听了妈妈的鼓励，小茹心里甜甜的，面对妈妈的信任，小茹决定一鼓作气，心无杂念，专心地复习功课。从此以后，小茹走神的毛病真的改掉了，慢慢地，即使妈妈不在旁边，她也能认真地学习了。

活泼好动是孩子的天性，女孩虽然不会像男孩那样，闹起来“翻天覆地”，但是也会有她们自己的小动作，当女儿做这些小动作时，妈妈应采用正确的方法及时予以制止和纠正，有意识地培养女儿专注做事的好习惯。

告诉女儿，成功没有捷径，浮躁是最要不得的

很多女孩兴趣转换得很快，今天喜欢这样，明天喜欢那样，做什么事情都是三分钟热度。在这种浮躁情绪的影响下，孩子终将一事无成，只能

白白浪费自己的宝贵时间。

静思在学校参加了书法小组，可是没学几天就不学了，转去了绘画小组；又过了几天认为绘画太难，就改学钢琴了；可是一段时间后，她认为自己没有学钢琴的天赋，去改学舞蹈了；到了舞蹈班才一天就不去了，她认为学舞蹈太累了。就这样，几个月后，静思什么也没学会，因为她总在想，有没有什么特长可以很快学会呢？

谁都想快速地学会东西，走走捷径，孩子更是如此。告诉孩子，要想做成一件事情，首先要学会坚持，只有坚持才会有所收获。

细节34　帮女儿走出抑郁的阴影

13岁的女孩依依聪明伶俐，学习成绩一直很好，每次考试都是优秀，全家人都为有这样的孩子而骄傲。可是，依依初一上学期期中考试时，患上了重感冒，为了不耽误考试，她坚持来应试。由于身体不适、精神不振，再加上心情紧张，依依英语只得了60分，其他科的考试成绩也不好。

对于一向成绩优秀的依依来说，这无疑是沉重的打击，她从此变得沉默寡言、精神萎靡，连吃饭也提不起精神，甚至害怕去学校见老师和同学。

依依因为失去了面子，心理压力过大，产生了一定程度的抑郁症状。这样的孩子大多一帆风顺，在赞扬声中长大，再加上父母的过度期望和不适当的教育方式，使其意志力薄弱、抗挫折能力差，禁不起一点儿打击。

一般来说，孩子的抑郁大多表现为情绪低落、闷闷不乐、思维迟缓、反应迟钝等。抑郁的女孩很容易在认识上表现出负面的自我评价；在生理上表现出明显的不适感，食欲下降或是食欲猛增，失眠或是过度嗜睡等；

在动机上表现出对各种事物缺乏兴趣，依赖性强。如果女孩过分抑郁，则会导致抑郁症。那么，作为父母，如何帮助女儿将“抑郁”赶走呢？

引导女儿转移调节

所谓转移调节就是根据自己的要求，有意识地把已有情绪转移到另一方面上，使消极情绪得以缓解。简单来说，就是当女儿情绪低落的时候，父母寻找一些令孩子开心或是振奋的事情。例如给她讲笑话，带她出去运动、旅游、踏青等，让愉快的活动占据女儿的时间，用积极的情绪来抵消消极的情绪，随着时间的推移，她心中的抑郁也会被转移和调节。这样一来，女儿就不会一个人闷在自己的世界里，或陷入情绪的“死胡同”而无法自拔了。

对女儿进行目标激励

有一位母亲向儿童心理医生讲述了女儿的情况：

我女儿上小学三年级，我发现这段时间以来，她不做作业，不去辅导班上课，也不想去学校。不仅如此，女儿的脾气也变大了，动不动就和家人大吵。有一次，我送她去上学，结果她竟然绕过我不愿进学校。老师家访时，她就说头痛。我带着她到医院检查身体发现没有任何器质性异常，医生认为我女儿得的是心病，确切地说，就是儿童抑郁症。

由此可知，当女儿受到抑郁情绪困扰时，她就变得什么也不想做，什么也不愿想，没有目标和方向，完全处于一种迷茫状态。这时，父母应为女儿树立目标，最好是一个短期目标，使女儿有方向感，不会感到无事可做。当然，父母在引导女儿树立目标的时候，一定要根据女儿的实际情况而定，帮她树立在近期内能够完成的目标，否则效果也不大。

教女儿宣泄出自己的负面情绪

罗兰在《罗兰小语》中写道：“情绪的波动对有些人可以发挥积极的作用。那是由于他们会在适当的时候发泄，也会在适当的时候控制，不使它们泛滥而淹没了别人，也不任它们淤塞而使自己崩溃。”所以，教女儿学会适当地宣泄负面情绪对她会有很大帮助。

宣泄情绪的方法有很多种，比如哭泣、高喊、倾诉、运动等。适度的宣泄可以让女儿将心中的不愉快释放出来。所以，当女儿心中抑郁、烦闷时，父母要教导女儿向老师、同学、家长以及兄弟姐妹诉说，也可以用写日记的方式进行倾诉，当然也可以大哭一场，或者什么烦恼的事情都不想，出门运动，出出汗，使自己精神振奋。

不过，父母一定要告诉女儿，在宣泄自己情绪的同时，要注意时间和场合，不要伤害到别人。

细节35 别让忌妒伴随女儿左右

忌妒心理在女儿中间是普遍存在的，再加上现在独生子女比较多，她们很容易形成以自我为中心的心理，认为所有的人都应该向着自己、关注自己，好东西都应该是自己的。心理调节能力差、社会经验不足、过分羡慕他人、渴望得到师长重视和周围人的羡慕等，这些都是造成女儿忌妒心理的因素。

很多女孩，当她们看到别人有自己所没有的东西，包括衣服、玩具，甚至是受欢迎程度和能力比自己强等，都可能会诱发忌妒心理。有些父母认为，这种表现会随着孩子年龄的增长而自然消失，但教育专家指出，过分忌妒会影响女儿正常的心理发育，使她们在自己与别人的对比中感到自卑，妨碍孩子的自信心和自尊心的建立。

通常来说，只要很好地教育引导，便可以将女儿的忌妒转变为动力，激发她发奋上进，培养其健康的性格和良好的品德。相反，如果不能很好地引导，就会影响孩子的健康成长。更有相关研究人员指出，有忌妒心的孩子性格怪僻，难以与同伴相处，若不及时纠正，人格会进一步扭曲，甚至会失去理智、泯灭良知。那么，父母应如何帮助女儿远离忌妒呢？

尽量不要拿女儿与别的女孩对比

很多父母可能注意不到，你在谈论其他孩子时，一句无心的话，或者只是一个微笑、一个眼神、一个耸肩的动作，甚至抬一抬眉毛，都可能被女儿解读为“比较”。尤其当她们自认为在某方面没有别人做得好的时候，就很容易诱发对他人的忌妒。

有一位母亲就曾遇到这样的情况：

一天，我跟秋秋妈妈说，秋秋的卷发很可爱，可惜我女儿的头发是直的。没想到，第二天，我女儿就要求我带她去美发厅把头发烫成卷发！我一下子意识到是自己的评价引发了女儿的忌妒心。从此之后，我再也没有评价过女儿的头发，同时非常注意不拿女儿和别的孩子作比较。

帮助女儿发现自己的长处

缺乏自信心的女儿总喜欢强调自己的弱点，而那种低人一等的感觉更容易引发她们的忌妒心理。因此，父母必须帮助女儿建立自信，帮助她发现自己的长处，让她有为自己骄傲的资本。如女儿在音乐方面有天赋，父母就应该多多鼓励；每当女儿自己解决了一个问题或者取得了一点进步，哪怕只是背会了一首唐诗，父母也应该让她知道你注意到了，并且为她而骄傲。

有关专家指出，当女儿为自己感到骄傲的时候，她就更容易接受别人在某方面得到比自己更多的关注。这种自信不但可以帮助女儿克服忌妒心理，更有利于她们塑造自我，这才是真正值得别人艳羡的资本。

第6章

坚强成熟，赋予女儿无穷的人生动力

一个5岁的小女孩稚气未脱地问妈妈：“妈妈，人生是什么？为什么电视中老是谈到‘人生’两个字？”妈妈抚摸着女儿的头说：“孩子，你还小，还不用知道人生是什么。”

过了三四年，女儿又问起这个问题。妈妈说：“你年纪太小了，等你长大了，妈妈再和你谈这个问题。”

在妈妈眼里，女儿一直是个孩子，所以她一直也没有和女儿谈起这个问题。等女儿长到二十几岁后，妈妈想和女儿谈谈人生的问题，但是女儿已经不需要了，因为她已经开始自己探索人生了。

孩子长大其实是一眨眼的事儿。所以，在生活中，我们不妨和孩子谈谈人生，让女儿坚强、成熟，从而让她能够更好地把握自己的人生。

细节36 教女儿勇敢面对困难和挫折

所谓的挫折教育，就是在孩子的成长之路上，用人为的因素给孩子制造一些挫折，让他们从中体验到苦难，从而激发孩子战胜苦难的潜能，以达到孩子能够以奋斗者的心态面对生活的目的。真正聪明的家长，对孩子负责任的家长，都会让孩子接受一定的挫折教育，让孩子有一颗扛得住打击、经得住风雨的坚强的心。

曼丽从小学到中学每年都是三好学生、班级第一，同学们给她取了一个外号叫“常第一”。她经常参加区里、市里举办的作文和演讲比赛，每次都名列三甲。学校自然很看重她，大队长、中队长的职位始终都由她担任。曼丽也是父母的骄傲，只要是她提出的要求，父母都会尽力满足。因此，在曼丽心中，只要学习好，就没有做不到的事。渐渐地，曼丽由自信变成了自负，她不允许别人比她强，也不允许别人说她不好。

后来，曼丽以优异的成绩考上了重点高中。可是上了高中后一切都发生了变化，学校里人才济济，她不再是学校的尖子生了，学生会干部也轮不到她。她努力过一段时间，可是根本赶不上别人。为此，曼丽的自尊心大受打击，原来的上进心也没有了，学习的热情也消失了，她在痛苦中向父母提出了退学的请求。

一些女孩原本很优秀，是父母的骄傲，因此父母不舍得说，不舍得管，认为自己有一个好女儿，无须自己多操心，结果从来都是一帆风顺的孩子，一旦遭遇到挫折，自尊心很快就会崩溃。他们很难重新振作，因为他们缺少挫折的历练。所以，教出好女儿，就一定要让女儿多经历些挫折，只有经历挫折才是女儿形成坚强性格的有效途径。

让女儿先经历些风雨

彩虹永远都在风雨的后面，人生也是一样，幸福往往都在挫折的后面。面对外面世界的风风雨雨，父母不可能为女儿遮挡一辈子，所以，父母应该让女儿遭受一些挫折，以培养和提高女儿抗挫折的能力。

别看9岁的田田年纪不大，可这个小丫头身上却有种超乎寻常的韧劲儿。从田田很小的时候开始，妈妈就十分重视对她的挫折教育，每隔一段时间就要给女儿出点儿“难题”。

4岁时，妈妈给田田买了一个她很喜欢的玩具狗，可是她刚玩了两天，妈妈就把玩具狗藏了起来，田田再想玩时，却怎么也找不到了。开始的时候，田田急得大哭，央求妈妈帮她找，可是妈妈告诉她：“那是你自己的玩具，现在不见了，理应你自己找，而且它肯定就在家里的某个地方，只要仔细找，是一定能找到的。”田田见妈妈不帮忙，就开始自己找。可是，年纪很小的她记不住她找过哪些地方，总是把找过的地方又找了一遍，而一些地方却根本没找过。后来，田田想了一个办法，把她的玩具都拿了出来，在找过的地方放上一个玩具，做个标记，这样就不会找重了，这次她很快就找到了玩具狗。

这种看似简单的挫折训练方法，其实对女孩是有很大锻炼的。在这个过程中，田田不仅做到了控制自己的情绪，还想到了做标记的方法，更重要的是，田田没有放弃，而是锲而不舍地把玩具找到了。

让女儿学会在逆境时调整心态

逆境是人生中不可避免的，没有哪个人能躲避。那么，逆境时要怎样面对，就是对一个人抗压能力的考验了。

慧慧在小学三年级时转学了，她在原来的学校时学习特别好，还是班干部。可是来到陌生的学校，有些不适应，在课堂上几次溜号搞小动作被老师发现，遭到老师严厉的批评。慧慧很失落，认为新老师对她的印象不好，已经开始讨厌她了，为此她的学习热情降了下来。妈妈了解情况后，对女儿及时进行了开导，她对女儿说："现在对你来说是一个困难时期，新老师、新同学、新环境，但是，妈妈知道你是优秀的，不应该被困难打败，应该勇敢地面对困难，用努力、用实力向同学和老师证明自己的能力。"听了妈妈的话，慧慧对自己的现状有了新的认识，也重新获得了信心，在接下来的日子里，她努力学习，很快又成为品学兼优的好学生。

当挫折发生时，父母不能让女儿设法躲避，而是要让她迎着困难前进，设法去战胜困难，这才是教出好女儿的正确方法。

细节37 困难面前，教会女儿说"我能行"

人生总会面临许许多多的困难和挑战，每次困难和挑战都要用坚强的心来面对，要时刻告诫自己不能妥协、不能放弃，只有坚持才是取胜唯一的机会。

坚强说起来容易做起来难，谁都知道坚强的可贵，但是却没有几个人能做到真正的坚强，特别是女孩更是如此。究其根源，是女孩在小的时候没有接受过意志力的培养。父母出于对女儿的爱，在女儿面对挫折和困难时，他们站出来为女儿遮风挡雨；在女儿面对失败时，又是父母出面帮女儿重新找寻道路……不可否认，父母的目的是出于对女儿的爱，但是这种爱容易导致女儿形成懦弱、胆小的性格。父母可以认真想一想在培养女儿的过程是不是经常出现这样的场景：

女儿参加学校组织的书法比赛，失利了，没有拿到名次。女儿很灰心，说以后不再学书法了，此时妈妈没有给女儿正确的引导，而是安慰女儿拿不到名次没什么了不起的。

女儿制作手工，做了几次都做不好，最后生气地把手工用品都扔到了一边。妈妈看到了，就直接帮女儿做了一个作品。

……

类似这样的事情，几乎每个家庭都会发生，这些看似不大的事情，都是造成孩子缺少坚强性格的因素。其实，孩子的任何一种性格的养成都和日常生活息息相关，如果父母平时多做一些能够让孩子学会坚强的事情，那么，孩子的性格就会慢慢变得坚强起来。

培养女儿的勇气

为了使女儿芳芳变得更加勇敢、坚强，爸爸经常带她去参加体育锻炼，并有意加入勇敢者游戏等训练勇气的项目。芳芳很喜欢在游戏里和爸爸较量，在较量中她不但增长了力气，还学会了保护自己。

当然，她也有不小心受伤的时候。一次，芳芳在玩滑梯时，不小心把膝盖蹭掉了一层皮。当时，她抱着膝盖，眼泪马上就要掉下来了，爸爸没有大惊小怪，而是一边帮助她处理伤口，一边对她说："你在爸爸眼中一直是个坚强的女孩，这点儿小伤还不至于哭鼻子，会被别人笑话的。如果你承认自己的坚强和勇敢，那么对我笑一下。"于是，芳芳含着眼泪笑了起来。

从此之后，芳芳受一点儿小伤不再大惊小怪地告诉父母，甚至她自己都学会了包扎伤口。

女孩的勇气并不是天生的，通过后来的训练她是可以让自己变得勇敢、坚强的。因此，父母应该寻找机会，注重对女儿勇气的培养。

通过现实事例来磨炼女儿的意志

现实是最能磨炼人的意志的，同时现实也是最真实的，它能让人更直观地感受到坚强的意义。

12岁的玛莎不幸被一颗炸弹夺去了双腿，双手也被严重烧伤，面对突如其来的灾难，玛莎一家陷入痛苦之中，玛莎再也没有了往日的欢乐，取而代之的是每天的哭声。

玛莎的妈妈虽然心里也很难受，但是她决心让女儿勇敢地面对人生。一有时间，她就给女儿讲述那些身残志坚者顽强奋斗的故事，开始的时候，玛莎听不进去，但渐渐地，玛莎的情绪稳定了下来。一天，她问妈妈："我还能像从前那样吗？我喜欢蓝天，喜欢大海，喜欢花香。"妈妈慈爱地对女儿说："人是不是真正快乐，是由人的内心决定的，只要心是快乐的，人就是快乐的。""可是，我现在的样子，怎么也快乐不起来。"女儿很失望地说。妈妈继续开导女儿说："一个人是不是快乐，要看这个人是不是足够坚强，这个世界上，人人都会有痛苦的时候，只有坚强才会让人渡过这些难关，找到属于自己的快乐。玛莎，妈妈相信你，如果你是足够坚强的女孩，你也会战胜现在的自己，寻找到自己的快乐。"

听了妈妈的话，玛莎仿佛又看到了人生的希望，她想要快乐，想要幸福。于是她开始坚强面对自己的人生。每天坚持练习用两只残疾的手洗脸、刷牙、穿衣服、写字等，很多时候艰苦的训练让玛莎难以承受，但是在妈妈的鼓励下，她始终没有放弃。已经被医生判了"死刑"的双手逐渐恢复了功能。现在的玛莎每天都写作，还参加很多项运动，她的生活又变得多姿多彩，甚至比很多健全人都充实快乐。

绝大多数人遇到的磨难都比不过玛莎，既然这种极端苦难都可以被玛莎征服，而我们平时所面临的种种困难就更不该成为人生的拦路虎。父母要教育女儿，学会坚强，就一定会把所有困难都踩在脚下。

细节38 告诉女儿责任心很重要

一位妈妈曾经这样谈到自己的女儿：

一直以来，我和老公都把女儿当作家中的“小公主”“小太阳”，但现在我们发现，这种做法是完全错误的。因为我越来越发现我的女儿是一个自私、冷漠的人。虽然她在这个家庭中已经生活了十几年，但是这个家庭却仿佛和她没有关系一样。有时候，家里的笤帚倒在地上，她宁可“跳”过去，也不肯扶起来。每次吃完饭，她放下碗筷就玩自己的去了，从来不帮我收拾一下。前一阵子，老公常常犯胃病，她不仅没有问候一声，还嫌爸爸不能带她去玩儿。9月份，女儿上中学住了校，似乎和这个家庭更疏远了，她除了每月回家拿钱外，从来也没有关心过我和老公。现在我们非常后悔，当初真不该那样娇惯女儿。

从这个事例可以看出，正是父母的娇生惯养，让女儿变得自私、冷漠，甚至连自己的父母、家庭都漠不关心。试想一下，如果一个人连自己的父母、家庭都漠不关心，他又怎么会关心其他的人和事呢？又怎么会尽职尽责地做好自己的工作呢？当一个人自我意识过于膨胀时，他的责任心和责任感也就消失不见了。

对个人来说，责任感是一种高尚的情操，它能让人言行一致、勇于承担；对社会来说，责任感更是一种极为宝贵的态度，无论是家庭还是社会团体，都喜欢那些责任心强、敢于承担责任的人，而那些没有爱心、没有责任意识的人，在哪里都不会受到欢迎。所以，我们要从小培养女儿的责任感，让她们成为一个有爱心、有责任心的女孩。

不能泯灭女儿天生的责任感

每个家庭的女儿都是小公主，父母都希望给女儿最好的生活，为此，妈妈几乎包办了女儿生活中的一切事务。在这个过程中，女儿会变得越来越以自我为中心，缺乏自理能力和应有的责任感。

童倩已经上初三了，从小就乖巧懂事，很招人疼爱，妈妈更视她为掌上明珠，只要她提出要求，妈妈都会尽力满足。但是，现在妈妈发现女儿越来越自私，不懂得心疼父母，对家庭没有一点儿责任心。比如，童倩在家里一点儿家务活都不干，进到家里门都不关，家对她来说就像旅馆一样。有时妈妈实在看不过去，说她几句，她就和妈妈顶嘴，一点儿也不顾及妈妈的感受，在童倩的心中，自己才是家里最重要的人。

后来，妈妈静下心来仔细想想，女儿现在的自私是自己一手造成的。在童倩小时候，每当吃饭时，童倩都会把好吃的夹到妈妈的碗里，让妈妈吃，可是妈妈又重新夹给女儿，还强令女儿都吃掉，要好好补身体。有时童倩想帮妈妈干点儿活，妈妈马上让她去学习，家务活一点儿也不用她干。到了亲戚朋友家，妈妈怕女儿吃亏，每次在临去前，都要叮嘱女儿，无论什么事能争就一定要争，不然就吃亏了。在妈妈的“教导”下，童倩变得越来越自私了。

教出好女儿，父母要尽快纠正类似这样的错误的教育方法，否则既耽误了女儿，又让自己追悔莫及。

让女儿明白责任来自被信任

现在有很多人害怕责任，认为责任会给自己本来轻松的生活带来压力。这是一种十分狭隘的想法，这些人只看到了责任的后果，而没有想到责任的来源，为什么自己要负责任。其实，任何责任都来自信任，只有你被别人信任，你才会有承担责任的机会，换句话说，责任只挑有能力的人托付。

上初一的依依是班里的文艺委员，她的舞跳得很好，在省里和市里比赛都获过奖。

过段时间，市里要举办“小火炬杯”舞蹈大赛，要求每个中小学都要组织队伍参赛，节目自选。校领导就把本校的舞蹈排练工作交给了一位音乐老师和依依。依依开始的时候很兴奋，每天都和老师一起带领同学们编舞、排练，有时训练到晚上九点多才回家。但是，工作的热情很快就被现实消磨了。由于同学们都没有经过专业训练，导致排练的进度很慢，眼看着比赛的日期日益临近，老师和依依都有些急躁。

一天，老师因为排练进度慢而责备了依依，依依觉得自己很委屈，一气之下就跑回家了。依依回家就和妈妈哭诉：“同学都太笨，怎么练也不会，以后再也不管学校的事了。”妈妈很耐心地对依依说：“如果你现在不管，到了比赛的时候，她们会跳得更不好，不是给学校丢脸吗？学校要是丢了脸，你能高兴吗？还有学校那么多老师，她们都那么信任你，才把这么重要的事情交给你，你要是因为这么点儿困难就退却了，以后谁还会信任你，就连同学们都得说你没有责任心和荣誉感。”妈妈停顿了一下接着说：“爸爸上个月获得了公司的表扬，原因就是爸爸有责任心，公司下达的任务，无论难易他都能出色完成，从来不会因为困难就放弃，所以老板很多事情都交给你爸爸去做。”依依听了妈妈的话，知道自己错了，马上又回到学校，向正在训练的老师和同学道了歉。

女儿没有责任感，很多时候是因为不知道责任感的重要性，当女儿知道了责任感的重要性，她就会真正地去努力。因此，父母一定要先让女儿知道责任感的重要性，让她意识到，没有责任感，所做的任何事情都难以取得成功，还会失去别人的信任。

细节39 让女儿有自己的原则

女孩非常注重人际关系，心地又十分善良，所以当别人向她们提出一些要求的时候，哪怕她们不是十分情愿，也不好意思拒绝别人。

场景一:佩玲是某中学的住校生。有一次，佩玲的一个朋友对佩玲说："你能借我点儿钱吗？我的生活费花光了。"当时已经到了月末，佩玲手中的钱也不多了，如果把钱再借给朋友一些，自己这个月的生活费就不够了。她本不想把钱借给朋友，但又怕朋友说自己小气，最后还是把钱借给了朋友。因为自己手中没有了钱，她只好打电话让妈妈给自己送钱来。

场景二：妈妈看到这两天女儿心情非常不好，每天都皱着眉，便问她发生了什么事。女儿有些害羞地说："班里有个男生说喜欢我，想和我谈恋爱。"妈妈说："那你怎么想呢？"女儿说："现在正是需要努力学习的时候，当然不能谈恋爱了。"妈妈松了一口气，对女儿说："那你拒绝他不就行了吗？""可是"，女儿有些为难地说，"我这样做会不会伤害到他的自尊呢？"

从上面这些事例可以看出，女孩因为不敢于说"不"、不会拒绝别人，常常让自己的正当权益受到损。所以，对于女孩来说，我们要早些教育她们学会说"不"，这样，她们在别人提出不利于自己的要求时才懂得拒绝，从而也能够更好地维护自己的正当权益。

要想让女儿维护自己的正当利益，敢于拒绝他人，父母就要培养女儿的自信心及自我价值感，并且鼓励女儿坚持自己的原则。这样，当别人的要求损害到她们的利益时，她们就敢于说"不"了。

培养女儿的自信心以及自我价值感

英国著名教育家伊丽莎白·哈特利–布鲁尔在其著作《自尊女孩手

册》中曾经说过："自尊可以给女孩以力量，让她对朋友、对某个怪异或令人害怕的成年人说不。"的确是这样，当一个女孩有了充足的自信后，她才能坚持自己的原则，向那些损害自己正当权益的行为说"不"。另外，伊丽莎白·哈特利—布鲁尔同时指出，那些"一直被认为是'好孩子'的女孩以及只有得到他人的认可才感觉被人接受的女孩"更难向别人开口说"不"，因为她们害怕遭到别人的取笑、斥责和冷落。所以，我们在培养女儿自信心的同时，还要培养女儿的自我价值感，不要让她们在别人身上才能找到认同感，而是让她们自己来认同自己。

让女儿有自己的原则

14岁的敏菲是一个非常漂亮的女孩。因为长相漂亮，很多男生不是给她写情书就是送她小礼物。敏菲给自己订下了一个原则：无论是收到情书还是小礼物，马上就原封不动地还给人家。因为敏菲非常坚持自己的原则，很多男生都放弃了追求她的想法，不再去打扰她的学习了。

不管是大人还是小孩，我们每个人都要有自己的原则，这样，我们才能维护自己的正当权益。女儿的年纪小，也许还没有自己的原则，所以，我们在平时生活中要把一些原则告诉她，例如，不能随便跟陌生人走、不能随便接受男孩的礼物、不能随便去和男生约会……有了这些原则后，女儿就不会因为不懂得拒绝别人而伤害到自己的正当权益了。

让女儿学会委婉地拒绝别人

一位母亲曾经这样谈到自己的育女经验：

有一天，女儿回家后非常不开心，我便问她发生了什么事。女儿皱着眉说："文珊想和我换座位，她眼睛非常近视，座位又在后排，看不清黑板。"我说："文珊是你的好朋友，你眼睛又不近视，你就和她换换吧。"女儿说："我眼睛倒是挺好的，但是文珊的座位在大后排，我个子矮，如果我换到她的座位上，前面的同学就会挡住我的视线，我就看不清黑板了。"我说：

“那你就把这个原因告诉文珊，不同意和她换座位。”女儿有些为难地说：“我和文珊是最好的朋友，我这样说她会不会不高兴？”我对女儿说：“不会的，因为这是你的正当权益，再说你说的也是事实，文珊会明白的。另外你还可以和文珊一起去找老师，让老师帮忙想想办法。”女儿点了点头，第二天把自己的想法告诉了文珊，并和文珊一起去找了老师，让老师帮忙调了座位。

女孩非常注重人际关系，在别人，尤其是一些比较熟悉的人提出要求时，即使她们不是很愿意，也会勉强答应。所以，在日常生活中我们既要教会女儿体谅别人，也要教会她们维护自己的正当权益，委婉而又礼貌地拒绝别人。

细节40　鼓励孤芳自赏的女孩走出家门

有一位妈妈遇到了这样的难题：

我14岁的女儿活泼、外向、聪明、漂亮，很招人喜欢。在校学习成绩优异，总能保持班里前三名，又能弹一手好钢琴，老师以及亲戚朋友都很喜欢她。可是，就是因为周围人们对她的喜欢，让她看上去太自负了，认为自己处处比别人强，总是瞧不起别人，有时甚至对大人也傲慢无礼。还有就是当我们在她面前称赞别人时，她会很不高兴。我很担心这样下去会对她的成长不利。面对这种情况，我们应该怎么办呢？

家里有一个出色的女儿，是每个父母都引以为傲的事情。当别人称赞自己的孩子聪明、漂亮时，做父母的总会喜形于色。但是当我们对女儿具有的某种先天优势，比如智慧、才貌过度称赞时，久而久之，很容易让孩子产生两种不良心理：一是孩子容易自负，变得孤芳自赏起来，觉得自己比别人强，别人处处不如自己，因而得意忘形，目空一切；二是会让孩子感到压力，当她发现别人比自己强的时候，会产生很强的挫败感，不能容忍父母在她面前称赞别人。

纠正女孩的自负和孤芳自赏的心理，父母起着很重要的作用，可以从以下几个方面入手：

耐心教导，让女儿正确评价自己

女孩出现自负情绪往往是过高地估计了自己，认为自己比谁都强，只看到自己的长处，看不到自己的短处，拿自己的长处与别人的短处相比。因此，她们往往狂妄自大，大都以“自我为中心”，想干什么就干什么，不会设身处地地替别人着想。作为父母应耐心地教导女儿，让女儿学会正确地评价自己，既认识到自己的优点，又看到自己的不足。父母还需要规范女儿的行为，督促她们克服自负情绪，告诉女儿在交友中应该做什么和不应该做什么，并加以训练和指导，使其养成良好的行为习惯，这样，她们才会受到大家的欢迎。

有一位母亲是这样做的：

女儿上了小学之后，我发现她变得自恋起来，总是认为自己很了不起，别人都比不上她。例如她常常说：“我们班李梅的牙齿难看死了，没有我的牙齿白，更没有我的牙齿齐。”“今天老师提问的问题太简单了，但是竟然没有几个人能回答上来，那些题对我来说都是小菜一碟。”“真是想不通，明明是我比较优秀，大家为什么都选陈佳当班长，真是没眼光。”……听着女儿的这些话我实在是有些无奈和担忧，我害怕长此以往女儿的自负会害了她。所以，我让她多看看别人的长处，多想一想别人美好的一面。或许是我的方法起到了作用，女儿对他人的嘲讽和轻视少了很多。

表扬时感情流露要“浓淡”适度

有些父母望女成凤心切，女儿稍微有点儿进步就欣喜若狂，赞不绝口，久而久之，必然助长女儿的自满情绪。

孙佳原本是有些自卑的小女孩，自从父母运用过度的赏识教育以来，她的自信心上去了，但是上去的速度有点儿快，让她变得有点儿飘飘然，以至于什么人都不放在眼里了。

孙佳父母这种对女儿过度的表扬肯定是不对的。正确的做法应该是：在表扬女儿时，高度重视感情的作用，尽量做到“浓淡”适度。有时对女儿轻轻的一个微笑，也会起到许多赞美之词难以起到的作用。同时，父母应尽量少在外人面前夸奖女儿，因为小孩子的自我评价能力还很差，看到那么多人肯定自己，往往会产生错误的认识，认为自己真的很优秀，从而产生自负情绪，变得孤芳自赏起来。

细节41 生命教育，让女儿理解生命的价值

生命教育，主要是成人帮助孩子认识并珍爱、尊重自己和他人的生命，并在此基础上珍爱世间万物的生命，与自然、他人、社会和谐相处。

生命教育是孩子健康成长的一个重要组成部分。作为父母，我们应该教会女儿理解生命的价值，并且给予她们正确的指导。

有一位母亲的教育经验是这样的：

一天，我正准备杀一条活鱼的时候，4岁的女儿突然大哭起来。细问之后才知道，女儿是因为不忍心看着这条活蹦乱跳的鱼死掉而哭泣。所以我马上决定放弃做这道菜，把鱼留给女儿来养。

可见，很多时候父母对待生命的态度，将对女孩产生最直接的影响。上述事例中的女孩的善良得到了保护，她的母亲教给她一个对待生命的规则：美味可口的食物绝没有鲜活的生命更重要。

反观现在，我们时不时都会在报刊、电视等信息渠道看到这样的新闻，

如“少女轻生”“不爱惜花草树木和动物”等。而这些都与家庭教育有关，因此父母必须重视女儿的生命教育这一重要“课程”。

让女孩正确认识生命的价值

一位聪明的母亲的育女经验是这样的：

有一次，上初一的女儿突然好奇地问我：“妈妈，人为什么要活着呀？”我想了一下，笑着说：“你这个问题问得非常好。妈妈认为，人是因为爱而活着的。举个例子来说，妈妈是因为有你爸爸、有你，还有外公和外婆的爱活着的。因为你们爱我，所以我才活得有希望、有成就感。”

女儿突然调皮地又问：“那我们要是都不爱你了呢？”

我仍然笑着说：“假如真有那一天，我也会把自己无私的爱奉献给你们，让你们能因感受到我的爱而活着。”

女儿动容地搂着我说：“妈妈，我知道了，我也要为了爱而活着。”

很多女孩都会和上例中的女孩一样，对“人为什么活着”存有疑惑。或许很多父母会说，这个问题多好回答——人可以为了家庭而活着、为了事业而活着、为了衣食住行而活着……

没错，你可以告诉女孩千万种人活着的理由，但无论是哪一个答案，这个答案都必须是乐观的、积极的、向上的，因为只有这样，才能让女孩们正确认识“人来到这个世上是为了什么”，才能让她们充满希望和热情地为未来打拼。

用恰当的语言向女孩表达和描绘死亡

“死亡”两个字并不可怕，但是很多中国父母却把这个词语渲染得很可怕，例如人死后要下地狱等，这些都会让女孩对“死亡”产生误解。

因此，父母必须正确地对女孩进行生命教育，用恰当的语言向女孩表达和描绘死亡，让她们认识到死亡是一种客观存在的自然现象，是一个人人都会遇到的“平常事”，然后鼓励女孩更加珍爱生命。

让女孩学会坦然接受生命的终结

女儿倩倩一直都是她外婆从小带大的，所以她们的感情非常深厚，但外婆因为得了重病，最终离开了人世，这让女儿难以接受。当时她在学校寄宿，我们为了让她安心学习，就没有告诉她外婆去世的消息。

女儿知道这个消息后，非常伤心，整个假期都异常消沉，饭也吃得很少，还经常把自己锁在房间里偷偷哭泣。

我实在看不下去，就决定和女儿好好谈一谈："倩倩，妈妈知道外婆的去世令你很难过，妈妈也和你一样伤心，但悲伤并不能让外婆重新回到我们身边。"

"妈妈，你说的我都知道，可是我总觉得外婆没离开我，她还会回来的。"

"乖女儿，妈妈了解你的感受。不过，外婆确实是去世了，有一天妈妈也会不在，这是大自然的规律。你想一想，如果妈妈活到几百岁，岂不成了'老妖怪'？"

"妈妈才不是，无论你多老都是我最漂亮的老妈。"说完，女儿破涕为笑，绽放了久违的笑容。

现实生活中，女孩们常常会接触死亡，如心爱的小兔子死了、邻居的老爷爷去世了、在马路上突然遇到一只死去的小狗……这些都是父母对女孩进行生命教育的绝佳时机，但前提是你不能说谎，而是真诚地告诉女孩一切，让她们学会坦然接受生命的终结。

细节42 帮助女儿判断是非，不轻信

一位父亲无奈地对朋友这样讲述道：

我女儿已经上小学了，可是判断是非的能力很差。平时就喜欢跟着爷爷奶奶去评判别人，甚至像个小鹦鹉，长辈说是对的她就认为是对的；别人说这个人是坏人，她也说人家是坏人。这孩子长大以后怎么办，说不定别人两句话就把她骗走了。我们该怎么教育她啊?

事实上，女孩在3岁以前判断是非是很困难的，因为这个阶段的孩子心理发育水平有限，还不能理解判断事物的好坏曲直。大多数女孩的道德观念是在3岁之后才逐渐形成的，并且随着社会交往的增加，而逐渐内化形成自己的道德标准。

现实中很多父母告诉女儿，世界是如何美好并且执意让女儿相信，但这种表面迷人的说法，只会使女孩失去分辨力，这样的孩子将来也很难成为一名成功者，因为轻信只会让孩子变得愚蠢和无能。那么有哪些方法可以帮助女孩判断是非呢?

培养女儿的独立个性，避免盲从

一味盲目地从众，会扼杀一个孩子的积极性和创造力。而能否减少盲从行为，运用自己的理性判断是非并坚持自己的判断，是孩子将来能否取得成功的一个决定因素。

有一次，日本著名指挥家小泽征尔成名前去欧洲参加指挥家大赛。在决赛时，评委交给他一张乐谱。演奏中，小泽征尔突然发现乐曲中出现了不和谐的地方，本以为是演奏家出错了，就指挥乐队停下来重奏一次，但仍觉得不自然。

这时，评委都郑重声明乐谱没有问题，而是小泽征尔的错觉。面对国际音乐权威，小泽征尔不免对自己的判断产生了怀疑。但是，他考虑再三，坚信自己的判断没错，于是坚定地说道："不，一定是乐谱错了！"他的话音一落，评委们立即向他报以热烈的掌声，祝贺他大赛夺魁。原来，这是评委们精心设计的"圈套"，以试探指挥家们在发现错误而权威人士又不承认的情况下是否能坚信自己的判断。

当对情境不了解或出现认知偏差时，此时的从众就是盲从。而经历尚浅的女孩更容易由于认知偏差导致盲从，另外，女孩自身个性的不完善也是容易盲从的一个主要原因。研究表明，具有独立个性、良好自我观念的女孩，自我评价较高，自信心较强，具有较强的判断力，她们的从众率较低。因此，培养女孩独立的个性和立场独立性有助于避免盲从。

让女儿不要轻信陌生人

女孩为什么会轻信陌生人呢？一方面是因为她们生活阅历不足，另一方面是因为她们对身边的人缺乏是非辨别能力，分不清哪些是好人，哪些是坏人，也不知道社会上有些人总是戴着"假面具"出现，利用花言巧语引诱纯真的孩子受骗上当，最后酿成悲剧。

据媒体报道，一个6岁的小女孩被一个陌生人用甜言蜜语欺骗，带着她去找妈妈，在小巷里转了几圈之后，这位看起来面色和善的"叔叔"突然拉下了脸，把小女孩关进一间黑屋子向其父母进行敲诈。小女孩吓得又哭又闹，这个"叔叔"担心罪行暴露，竟然用手紧紧捂住孩子的口鼻，最后将小女孩活活捂死。

现在这个社会，虚假的东西太多，而小女孩又年幼无知，根本无法理解自己身边会有坏人出现，就容易上当受骗。所以，我们应该通过电视、新闻或者一些安全教育图书，启发和提醒女儿注意身边的人和事，不要和不认识的人交往，更不要轻信陌生人。

细节43 教会女儿凡事都再坚持一下

荀子说“不积跬步，无以至千里；不积小流，无以成江海”，如果父母在教育女儿的过程中，能够教会孩子凡事都再坚持一下，那么就会更加接近成功。

美国心理学家威蒙曾对100多名较高智商的成功人士作过研究，发现这些人的成功与三种性格品质有关：一是自信，二是坚持力，三是善于为实现目标不断积累。由此可知，持之以恒的坚持力对一个孩子将来的成功是多么重要。

一般来说，具有坚持力的女孩在学习时，会比那些缺乏坚持力的孩子更认真对待每一节课和每一次作业，自然会取得更好的成绩；而那些缺乏坚持力的女孩无法坚持做完一件事情,在学习和生活中会遇到更多的困难。

一位父亲谈起自己的女儿颇有些无奈：

我的女儿虽然已经上初中了，但是做事还是不能持之以恒，总是一会儿做这个，一会儿又做那个。学习更是如此，虽然每天放学回家就开始做作业，但是，总是语文作业还没做完，就想着要去做数学，数学还没做完又觉得应该先背英语单词。她做作业时，虽然一直待在房间里，却往往无法坚持学习半小时,总是刚拿起这本书,又翻开那本书,而且一会儿听音乐，一会儿又躺在床上，真拿她没办法。

可见，缺乏坚持力的孩子在学习时总不能认真、专注。坚持力是孩子未来成功的关键因素之一，因此，父母一定要对女儿的坚持力进行训练，当然父母也要为孩子树立良好的榜样。

例如，在平时生活中，父母可以利用身边的小事来锻炼女儿做事的坚持力。比如洗碗、收拾房间等，刚开始，父母可督促女儿用心做事，直到她做完一件事，在这个过程中要让女儿明白：做任何事都要坚持把它做完。除此之外，也有其他方法可以帮助父母教会自己的女儿学会坚持。

读懂女儿放弃的"弦外之音"，多鼓励和理解她

父母要注意仔细观察女儿的日常行为，并且真正读懂女儿内心的想法，很多时候她可能并不需要你提出具体的解决办法，而需要的仅仅是你的鼓励和理解。

例如，有时女儿会说："我不想考一百分""我不想去比赛，但我又不想弃权""我不想当班长""我觉得我肯定不行"……这时，你可能会想女儿怎么这么不求上进，怎么这么胆小，怎么这么没自信。或许出色的你还会拿自己的"丰功伟绩"去刺激女儿，怪她为何不像你小时候那么聪明、懂事。如果你这么想或者这么做了，那么你就错失了理解女儿的机会。

有一位母亲的教育经验是这样的：

每当女儿跟我说，她不想做什么或者不敢做什么的时候，我从来不认为这是她内心真正的想法。

比如她说不想考一百分，其实我知道她非常渴望满分，但是害怕拿不到才会这么说，这时我就对她说："不考100分没关系，只要你认真仔细做题就可以。"还有一次，她说不想参加演讲比赛，害怕自己说不好，我就对她说："你已经演讲得很好了，只要按平时训练的水平去比就可以，拿不到冠军也没关系。"

我发现每当我对女儿说完这些理解她、鼓励她的话，她就显得很放松，然后兴致勃勃地去做那些她嘴上说不愿意做的事情。

所以，我们应该学会听女儿的"弦外之音"，这样才能真正理解她们。理解她们之后，她们的很多问题也就迎刃而解了。

帮助女儿确定行动目标，培养其积极心态

女儿时常会在行动过程中遇到各种各样的困难，而且因为困难的强度而影响了其行动的坚持力。因此，我们应该在孩子的活动过程中，帮助她

们确定行动目标，然后不断地鼓励、支持她们，帮助她们克服困难，让她们坚持做完每一件事。当她们能顺利地克服困难，并且更加接近行动目标时，就会越自信，坚持力也会越强。

很多女孩并不善于独立地给自己确定行动目标，对于年龄较小的女孩，父母可以帮助她们确定行动目标，培养女儿做事先认清目标的习惯；对于年龄较大的女孩，父母要懂得启发女儿自己提出行动目标，使她们能为达到目标而坚持行动。

例如在女儿动手玩积木前，让她说说想建造什么东西。不要对她提过高的要求，而是让她经过努力就能达到；如果她遇到困难，你要和她一起想办法解决，让她体验到成就感，变得自信、乐观起来。

帮女儿养成凡事坚持到底的习惯

一位妈妈是这样描述自己幼时的经历的：

有一天，我和小伙伴一起做游戏，由于不小心，手指被同伴弄出了血，剧烈的疼痛让我的眼泪马上就要掉下来了。但是，我在心里告诫自己，一定要坚持住！最后，我忍住了眼泪，装出一副若无其事的样子，继续和小伙伴玩儿，因为我知道，一旦我的眼泪掉下来，同伴们就会认为我是娇气包，以后再也不愿和我一起玩儿了。现在，我也告诉我的女儿，在遇到困难的时候，要坚持一下。再坚持一下，你就是强者！

没错，胜利往往来自再坚持一下的努力之中！如果我们的孩子在遇到困难的时候，能够有足够的意志去再坚持一下，那么他就更容易取得成功。

当然现实中很多事情往往开始比较顺利，但后来遇到了困难，可能就很难达到预期的目标了。这时，我们一定要鼓励女儿千万不可轻易放弃、不可半途而废。因为坚持下去事情很可能会朝着好的方向发展，即使结果仍不理想，努力坚持做完一件事本身就是一种成功，更磨炼了孩子的意志。

细节44 女儿骄纵任性要不得

一般来说，孩子因为年龄小，心智发育不成熟，缺乏自控能力，所以多少都会有些任性，会在任性的驱使下做出一些过分而又蛮不讲理的行为。比如，哭闹、摔东西、言语粗鲁，甚至在地上打滚儿等，这是孩子发泄心中不满情绪的方式，父母要给予正确的理解。针对女儿的这种情况，既不能放任、迁就，那样女儿会认为她的这种方式是有效的，以后会变本加厉；也不能以粗鲁的方式对待孩子，比如责罚、打骂等，那样虽然可以从表面上阻止孩子的任性行为，但是却容易导致孩子形成叛逆的个性。

专家分析，女孩骄纵任性主要与以下三个因素有关。

第一，父母的过分娇惯和迁就。在很多家庭中，父母都把女儿放在中心位置，在女儿提出不合理的要求时，父母也不忍心拒绝她们，而是放任、迁就她们。慢慢地，女儿就形成了骄纵任性的心理以及行为定式。

第二，孩子对他人的模仿。当几个孩子在一起时，如果一个孩子出现了任性的表现，并且达到了他的愿望时，其他孩子就会进行模仿。

第三，父母对孩子不尊重，粗暴地对待孩子。有些父母对孩子要求非常高，孩子无论怎么努力都达不到父母的要求，慢慢地，孩子会产生逆反心理，从而变得任性起来；还有些父母动不动就斥责自己的孩子，孩子为了保全自己的面子，就会做出任性、对抗的行为。

我们不能过分放纵女儿的任性，否则会对女儿的性格造成消极的影响，甚至会影响到她以后事业的成功，因为一个任性的人往往把自己放在中心位置，很难和他人友好地合作与协商。

谁也不希望自己的女儿成为刁蛮、任性的“小公主”，最后连一个朋友也交不到。所以，当女儿任性时，父母要及早给予正确的引导。这样，才能让她们远离骄纵任性。

不能娇惯女儿

很多时候，孩子的任性都是父母的娇惯放纵造成的，当女儿提出无理的要求时，父母首先要分清是非，不能一味地宠着孩子，答应她的要求。另外，当孩子看到别的小朋友用哭闹的方式逼迫父母答应自己的要求后，她也学会用同样的方法。所以，父母要及时阻止孩子的这种行为，并告诉她这样做是不对的，要求是有限度的，不能太过分，更不能在要求不被满足时，就采用一些无理取闹的方式。

妈妈带着5岁的丽丽到超市买东西，出门之前妈妈答应丽丽，这次给她买一只玩具熊，丽丽心里特别高兴。可是，刚到超市门口，丽丽又缠着妈妈要吃肯德基，妈妈告诉她，这次只能给她买小熊，别的要求不能答应。丽丽见妈妈不同意就闹起了情绪，赖在原地不走了。无论妈妈怎么劝，她都不听。

这时，一个女孩的哭声传了过来，妈妈循声望去，原来和自己的情况一样，那个小女孩也是要求妈妈带她吃肯德基，因为妈妈不同意，她就大哭不止，显然她的妈妈很生气。丽丽妈妈蹲下来和女儿说："乖女儿，你看看，那个小姐姐因为要吃肯德基又哭又闹，那么多路人看她，多不好啊！好孩子，妈妈既然答应你买小熊就一定会买，你也要讲诚信，不再提其他的要求。"这时，另一边的那个妈妈很生气地将女儿强行拉走了。丽丽看着眼前的情景，再想想妈妈说的话，不好意思地低下头说："我错了，我不该再要求吃肯德基，这次我是来买小熊的。任性的孩子很不好，我不要做任性的孩子。"

无论女儿的要求多么任性，行为多么过分，聪明的妈妈都会想办法让孩子心平气和地接受自己的正确建议，而不是娇惯放纵孩子的行为，更不是粗暴地呵斥和阻止。

父母双方要行为一致

现在很多家庭都是几个大人共同培养一个孩子，那么，几个大人间就会因为教育孩子的观点不同，而导致教育的方式方法不同。有的家庭是妈妈批评，爸爸护着；有的家庭是爸爸批评，妈妈护着；还有的家庭是爸爸妈妈教育孩子，爷爷奶奶袒护。

7 岁的晗晗最喜欢日本动画片《哆啦 A 梦》，光盘、书妈妈都给她买了，她像宝贝一样收藏着。有一天，妈妈接晗晗放学，发现女儿明显不高兴，到家后妈妈问："晗晗，一路上你都不高兴，和同学闹矛盾了吗？"晗晗回答说："林佳今天拿了一本《哆啦 A 梦》到班里，是新版的，向同学炫耀，气死我了！妈妈，我也想要新版的，你给我买一套吧！"

妈妈听了板起面孔说："不行，你已经有一套了，不能再买新的了。"晗晗见妈妈不同意，马上大哭起来。爸爸见宝贝女儿伤心的样子，很心疼地说："明天放学后，爸爸去接你，带你去买，好吗？"他还回头对晗晗的妈妈说："女儿就要一套书，有什么呀！你还不同意，看把女儿伤心的……"

故事中爸爸的做法显然是不对的。孩子是很聪明的，也是很会"投机"的，一段时间后，她就会在家里找到一座"靠山"，当在父母一方的面前受阻时，就会找另一方发泄，久而久之，就会养成任性的毛病。所以要教出好女儿，就要求父母在教育孩子的时候，一定要保持一致性，不能给孩子钻空子的机会。

第7章

把女儿培养成才的能力教育

鹰妈妈和鹰爸爸哺育了两只小鹰，并且把鹰窝搭在了悬崖上。当小鹰长到了一定年龄，鹰爸爸把小鹰赶到了悬崖边上，强迫它们跳下去。望着万丈悬崖，两只小鹰都非常害怕，不断向鹰妈妈求救。鹰妈妈有些可怜孩子，对鹰爸爸说："孩子的年龄还小，你就不要逼迫它们了。"鹰爸爸说："我这不是在逼迫它们，而是在教它们生存的能力，如果它们不学会飞翔，就不能生存下去。"

最后，鹰爸爸把两只小鹰赶下了悬崖，两只小鹰被迫扇动翅膀，慢慢地学会了飞翔。

细节45　提升女儿的表达能力

语言是思维工具，语言是交际工具。一个女孩的表达能力直接影响到她的所思所想和人际关系，对青春期女孩来说，更是如此。

有一个妈妈就遇到了这样的事情：

我上初二的女儿从小就是一个“话很多”的女孩，但她总是说不到点子上，这让听她讲话的人总是感觉不知所云。有一次，她在学校里做了一件好事，受到了表扬，回到家，她就想把这件事情告诉我，以便再次得到称赞。所以她开心地对我说：“妈妈，今天在教室的时候，我和同桌在做游戏，我们玩儿的是‘小蜜蜂’,后来另外两个同学也要一起玩儿,我一开始不同意，后来我又同意了。我们玩着的时候……”女儿讲了30 分钟我也没明白她到底是想告诉我什么，于是我不耐烦地说：“你一下子说了这么多，但我一点儿都听不懂，听你说话真费劲。我还有事要忙，你先去写作业吧！”后来我通过女儿的班主任了解到，原来女儿那天在学校捡了一个同学的小钱包交给了老师，受到了老师的表扬。

看吧，像这样不知道如何正确表达自己思想的女孩，有时候真让妈妈头痛。其实，女孩表达能力的发展要比同龄的男孩早一些，当男孩只能简单地讲几句时，女孩就能像个“大演说家”一样侃侃而谈了。

女孩虽然有强烈的表达欲望，但有时因为她们表达能力弱，让听她们讲话的人不知道她们在讲什么，反而会给人一种啰唆和不知所云的感觉。因此，我们应该努力提高女孩的表达能力。

培养女儿的表达能力

和男孩相比，女孩更具有语言天赋，当同龄的小男孩只会含含糊糊地说出几句话时，女孩甚至已经能够和父母聊天了。有些父母甚至会觉得女儿非常烦，因为她们一说起话来就没完没了，一会儿也不肯停下来。但是细心的父母也许会发现，尽管女儿说的话很多，但是表达能力却相对较弱，我们经常听到一些父母抱怨说：

“我女儿总是没完没了地说一大堆话，但是没有一点儿条理，说了半天我也没听明白。”

“昨天女儿给我打了一个电话，费了好大劲儿才把事情说明白。”

……

我们要想培养女儿的好口才，首先就要培养她们的表达能力，因为表达能力是口才中相当重要的一部分。在培养女儿的表达能力方面，父母可以让她们朗诵诗歌、背诵绕口令，还可以教她们复述故事或者电影、电视剧。通过这些练习，她们会变得吐字清晰、语言流畅，说话再也不会没头没尾了。

锻炼女孩当众说话的胆量

12岁的晓灵是一个口才很好的女孩，上个月还在学校的演讲大赛上获得了一等奖。很多和她同龄的女孩在人多的场合下会羞怯、怕生，但她却不一样，在什么样的场合下她都不慌不忙，照样能够把话说得圆圆满满。晓灵能做到这一点，和妈妈对她的培养是分不开的。

在晓灵很小的时候，妈妈就注意培养她的表达能力，例如，鼓励女儿当众朗诵古诗等。等她稍大一些，妈妈就有意带她去一些公共场合，鼓励女儿去和商店的服务员、路边的老奶奶、游乐园的孩子等主动说话，妈妈还会带女儿参加一些公益电视节目，晓灵见识了这些“大场合”，遇到其他场合自然就不羞怯、怕生了。

很多青春期女孩在熟悉的人面前表达能力很强，但一到公共场合就开不了口了。所以，妈妈要想让女儿拥有超强的表达能力，就要锻炼她们当众说话的胆量。

鼓励女儿多读书、多和人交流

要培养女儿的好口才，我们还应该鼓励她们多和人交流，特别是和那些有智慧、有思想、表达能力强的人交流。经常和他们在一起聊天，时间长了会受到他们的影响，自己的口才也会得到提升。另外，父母还要鼓励女儿多读书，因为良好的口才和渊博的知识是紧密相连的，一个知识丰富的人，说出来的话自然有文采，也更具有感染力。

细节46　让女儿拥有完美的好人缘

心理学家研究发现，那些社交能力强的人因为朋友多，自身的才华也得到了广泛的肯定和认可，更容易获得人生的幸福。而那些社交能力差的人不愿意与人接触，过着孤独甚至离群索居的生活，苦闷、寂寞的情绪常常包围着他们。所以，一个人社交能力的强弱直接关系到他能否过得幸福。

社交能力是一个人立足社会必须具备的一种基本能力，需要从小就着重培养。但是很多父母没有意识到这一点，致使孩子非常欠缺社交能力，甚至出现了一些心理问题。

场景一：6岁的晶晶已经入园2年了，但她在幼儿园里没有交到一个朋友。每次老师让大家自由活动的时候，她既不和同学一起玩儿，也不和同学说话，只是一个人坐在座位上摆弄自己的文具盒。

场景二：15岁的嘉怡是一个学习成绩非常优秀的小女孩，但是却非常内向。老师看她学习好，就让她来当班长。但是嘉怡仅仅当了2周的班长就向老师提出了辞职，因为她根本管理不了大家，而她自身也不愿意和大家接触。老师没有办法，只好换另一个同学来当班长。

和男孩相比，女孩的社交能力相对较弱，也更容易出现内向、拘谨、胆小、羞怯和怕生等问题。也许有些父母想不明白：为什么非常注重人际关系的女孩的社交能力反而不强呢？这是因为女孩缺乏冒险意识，她们不喜欢和陌生人打交道，而更喜欢过那种安全、一成不变的生活。

心理学家研究发现，儿童在6岁前的社交活动将会奠定他们以后的社交习惯的基础。所以，我们一定要把握住培养孩子社交能力的敏感期，把我们的女儿培养成为社交高手。

鼓励女儿多交朋友

一位优秀的母亲曾经这样谈到自己的育女经验：

我9岁的女儿是一个孤僻的小女孩。她在班里没有一个朋友，也不愿意和同学在一起玩儿。我在大学时读过一些心理学书籍，对这种情况非常担心。据心理学书中所说，当一个人习惯孤独、寂寞后，尽管他仍会感到痛苦、烦闷，但是很难再向其他人敞开心扉了。所以，我一定要改变这种情况，要不然女儿一辈子都可能生活在孤单、寂寞中。

一个周末，我对女儿说："宝贝女儿，今天妈妈想热闹一下，你能找几个同学过来吗？咱们办一个聚会。"女儿听说要办聚会，便同意了，给班里几个女生打了电话。那一天，大家玩得都很高兴，女儿也感到了和朋友相处的快乐。等女儿的同学走后，我对女儿说："妈妈感觉欢欢这个女孩不错，你平时可以邀请她来咱家一起写作业。"我的暗示让女儿对欢欢产生了好感，女儿开始和欢欢接触，并和她成了朋友。在以后的日子里，我经常鼓励女儿带同学来家里做客、写作业。慢慢地，女儿交到了很多朋友，也愿意和同学交往了。

现在，很多父母都在孩子的交友方面进行干涉和管制，还有些父母嫌过分吵闹,所以不愿意孩子把朋友带到家。这些做法都是不对的。多支持、鼓励孩子交朋友，不仅能够培养他们的社交能力以及合作能力，还会让他们体验到和朋友在一起的快乐。至于担心孩子交上坏朋友，父母可以给他们提醒和建议，但不能剥夺他们交朋友的权利。

多带女儿参加各种社交活动

多带女儿参加各种社交活动，既可以让她们学到一些基本的社交礼仪,还可以让她们获得良好的社交经验。当女儿接触到了各种场合和人群，她们就不会再害怕和他人打交道，社交能力也自然会得到很大的提升。

14岁的嘉嘉是一个社交能力非常强的女孩。从小学到初中二年级，她一直担任班长的职务，并且把班级管得井井有条。她现在所在的班级是一个有名的“刺儿头班”，有几个调皮的男生连老师都管不了，但他们却听从嘉嘉的安排。嘉嘉能够体现出这样高的社交能力,和母亲的教育是分不开的。

从嘉嘉四五岁开始，父母就经常带她参加音乐会、画展以及朋友间的聚会，让她熟悉各种场合的社交礼仪以及交往方式。在闲暇的时候，父母还会带她到超市、邮局、商场走一走、转一转，让她接触一下不同的人群。每到嘉嘉生日的时候，父母还会帮助女儿策划一个生日会，让女儿当生日会的主人，以谦让有礼的态度去接待客人。由于父母有意识的培养，嘉嘉的社交能力比同龄的孩子要强很多。

让女儿多和陌生人交往

和男孩相比，女孩一般比较怕生，甚至向陌生人问一下路都不敢。因此，我们要重点培养一下女儿和陌生人交往的能力。

一位母亲曾经这样谈到自己的育女经验：

我4岁的女儿非常怕生，有时候家门口走过一个陌生人，她就赶紧跑到屋里去。为了锻炼女儿的社交能力，我经常鼓励女儿和陌生人交往，并且给她提供了很多机会。例如，带女儿出去玩儿时，若是遇到其他的小朋友，我会对女儿说：“你看那边有一个小哥哥，你快去和他打个招呼一起玩儿吧。”到超市买东西时，我会对女儿说：“妈妈想给宝贝女儿买一瓶不伤头发的洗发水，你快去问一下导购员阿姨有没有这种洗发水？”慢慢地，女儿接触的陌生人多了，也就不再害怕陌生人了。

细节47　教会女儿如何与人合作

合作能力是女孩在未来适应社会、立足社会不可缺少的重要素质。欧洲著名心理学家阿德勒认为：假使一个儿童未曾学会合作之道，他必定会走向孤僻之途，并产生牢固的自卑情绪，严重影响他一生的发展。

一位在某中学当班主任的老师曾经抱怨说："我们班的女生天天爆发'宿舍大战'，现在的小女孩根本不懂如何与人合作。"确实如此，现在很多女儿都欠缺合作的能力。

因为父母的娇生惯养，很多女孩的自我意识都很强烈，完全不懂得体谅、宽容他人，所以不懂得把自己融入到集体中。因为自我意识过于强烈，这让她们丧失了很多朋友，与人合作的能力也越来越差。

场景一：校园合唱团的音乐老师发现了这样一个问题：在训练时，女声部总是唱不齐。于是，老师把女孩们集合起来，让她们反复练习，但效果依旧。老师仔细分析其中的原因，发现并不是女孩们不懂唱歌技巧，而是她们太想展现自我，太想在集体中突出自己的声音，于是各唱各的，把曲子演绎得乱七八糟……

场景二：上初中二年级的向雪是一个学习成绩非常优秀的女孩，但是向雪的人际关系非常差，她在学校不仅没有一个朋友，甚至连宿舍的舍友都不喜欢她。在宿舍里，她不许别人碰她的东西。有时候，同学上厕所惊动了她，她也会不客气地说："注意点儿不行吗，人家睡觉呢！"因为不懂得体谅、关心他人，大家谁也不愿意和她交往。

从上面的事例可以看出，女孩这种唯我独尊、不容他人的想法正是其合作能力差的原因。

一位教育家曾经说过："从小培养孩子平和地与人相处和体贴别人的

情操，是父母送给孩子这一生的瑰宝。”这句话说得非常有道理，那些合作能力强的人会有一个好人缘，也会交到很多好朋友，进入社会后更会受到肯定和器重；而那些合作能力差的人会受到大家的冷落和排斥，个人的发展前途也会受到限制。所以，一个女孩是否具有与他人和谐相处的能力，直接关系到她的人际关系，甚至她的未来。作为父母，我们一定要培养女儿的合作能力，让女儿成为一个懂得如何与人相处的人。

让女儿学会与他人分享

父母要想让女儿懂得如何与他人合作，就要让女儿学会体谅他人，并学会和他人分享。

一位优秀的妈妈曾经这样谈到自己的育女经验：

我女儿在幼儿园里有很多朋友，大家都非常喜欢她，因为她是一个懂得与人分享、不自私的人。有了好吃的，她会带给其他小朋友尝一尝；有了好玩的玩具，她也愿意和朋友们一起玩儿。正因为女儿懂得与人分享，她的朋友非常多，人缘也非常好。

其实，这和我从小对她的培养很有关系。在女儿很小的时候，我就让她学着给爷爷奶奶夹菜，把自己的东西拿出来和大家一起吃。有时候，给她买了玩具，我也鼓励她和别的小朋友一起玩儿。坐公交车的时候，我教育她把座位让给老爷爷老奶奶。正是生活中的这些小事，让女儿成为一个懂得分享、体贴他人、关心他人的小姑娘，同时也让她受到了大家的欢迎。

可见，要想教会女儿如何与人合作，先要教会女儿懂得和人分享。现在大多数的孩子都是独生子女，父母出于对他们的爱，把好吃的全留给了孩子，即使有时候孩子想和父母分享，父母在感动之余，却说：“你自己吃吧，我们不喜欢吃。”这样的做法强化了孩子的独享意识，慢慢地，他们会成为一个不懂得分享的人。

所以，我们一定要对女儿进行正确的引导，让她们从小学会与他人分享。这样，才能让女儿迈出与人友好相处的第一步，进而成为一个受大家欢迎的人。

让女儿多参加一些团体活动

父母可以鼓励女儿多参加一些团体活动，比如乒乓球比赛、英语短剧大赛、辩论赛等。通过这些团体活动，不仅可以培养女儿的学习兴趣，还可以让她们认识到团结合作的力量，从而让自己更好地融入到团体之中。此外，父母也应该告诉女儿团结合作的重要性，让她们知道一个人的力量是有限的，集体的力量才是无限的。等她们认识到了团结合作的重要意义后，自然愿意把自己融入到集体中去了。

教给女儿一些与人合作的方法

孩子的年龄小，不懂得如何合作，需要我们对她们进行指导和帮助。例如，几个孩子在一起搭积木时，父母可以让他们一起商量，确定分工；再比如孩子们遇到矛盾的时候，父母可以让他们发表自己的想法，然后选出大家都比较满意的解决方案；当孩子们争抢玩具时，父母可以让他们轮流玩儿或者一起玩儿。通过这样的方式，孩子能够学到如何与人合作，从而也愿意去和其他人进行合作。

细节48　教女儿学会选择，懂得放弃

有这样一个故事：

一只凶猛的老虎在山里奔跑的时候，一不小心踩上了猎人放的捕兽夹。它的一只前爪被夹住了，疼得嗷嗷直叫。就在此时，它听到猎人们拿着刀叉和弓箭走过来的声音。万般无奈之下，老虎奋力折断了前爪，跑掉了。

等到回到了自己的洞中，老虎非常难过，它心想："可惜呀！我的那只威力无穷又漂亮的前爪，现在我成了一只瘸老虎了。"但是，不久它又想：

“虽然我失去了前爪，但我得到了生命，如此选择和放弃不是最好的结果吗？要不然等猎人到了，我就会被抓住，性命不保，就成他们的下酒菜了。”想到这里，它不由得又为自己保住性命高兴起来。

这虽然只是一个寓言故事，但却深刻揭示出在某些时刻学会选择与放弃是多么重要。因此，作为父母，我们应该教会女儿如何做选择、如何放弃。

当然，身处复杂多变的社会，就连我们成人有时也无法做出正确的选择，更别说阅历尚浅的女孩了。无论是成人还是孩子，要想做出明智的选择，都需要积累大量经验之后，才能获得某种技巧。所以，我们要学会先放开自己女儿的手，让她自己去做决定，即使错了也没有关系，因为只有我们不断给予女儿锻炼选择的机会，她才能积累更多的经验，并在以后做出准确的判断和决定。

下面这些方法都值得女孩父母借鉴：

让我们的女儿勇于放弃

有一位母亲的育女经验是这样的：

女儿进入小学二年级的时候加入了少先队，并当上了小队长。当女儿兴高采烈地把这个消息告诉我后，我夸奖她说：“我上学那会儿，可从来没当过干部，你真了不起！”女儿听了乐滋滋的。

可是几天过后，女儿的热情就降了下来，并且苦闷地对我说：“我不想当小队长了，我想辞职。”我问为什么，女儿说，自从当了小队长，她更加严格要求自己，不仅每天按时到校，上课认真听讲，而且还尽最大能力帮助同学，维持秩序。可是，一些调皮的同学不但不配合她，还给她起难听的外号，再加上女儿责任心太重，所以和同学之间产生了很深的矛盾。了解了女儿的想法后，我很干脆地对女儿说：“不适合自己的，就要舍得放弃。既然你想好了，那就去找老师谈吧！”

在我的鼓励下，女儿“辞职”了，但随之而来的失落感又让她有了情绪，这时我对她说：“拿得起放得下是一种境界，很多人只想着如何得到，要他放弃已经属于自己的东西很难。而妈妈却希望你在觉得应该放弃的时候，就明智地放弃，而不是违背自己的意志，强求拥有什么东西……”这件事让女儿懂得了，如何根据自身的能力进行取舍。

很多时候我们鼓励女儿奋发上进、努力争取，但如果不适合她不如劝她放弃。这样她就会明白世界上的事物并不一定都要抓在自己手里，也没必要事事追求十全十美，而是应该用辩证的眼光看问题，用豁达的心态面对一切，既要勇于争取，又要敢于放弃。

引导女儿学会选择

儿童教育专家建议，父母可在自己接受的范围之内，给孩子一定的选择权，但同时要让孩子树立信守承诺的观念，即父母在尊重孩子权利发展的同时，坚持对孩子有利的原则。

6岁的佳佳无论是在家里还是在幼儿园，她都表现得非常乖巧听话，大家也都非常喜欢她。在家里，爸爸妈妈让她做什么，她就做什么；在外边和小朋友玩耍的时候，也总是按照别人的意愿做事，十分服从他人的领导，很少表达自己的想法。

不过，最近佳佳的父母从幼儿园了解到佳佳有个缺点：每当老师教给大家一种解题的方法时，她就不再尝试别的方法了。女儿这种毫无主见的情况让佳佳的父母非常担心。

佳佳缺乏主见的情况的确令人担忧，但并不是没有方法改善这种情况。其实，要解决佳佳的问题最好的方法就是有意给她一定的选择权，然后让孩子遵守自己的诺言。例如，当佳佳不知道该如何选择穿哪件衣服时，妈妈可以鼓励说：“佳佳，别着急，对着镜子多试几件，妈妈相信你一定能选出最适合自己的。”这样，女孩慢慢就会相信自己的选择能力了。

细节49 培养女儿处事果断的能力

我们在日常生活中，会发现这样一个规律：凡是从小就有较强的决断能力的人，长大后往往也都有果断的决策能力。所以，父母应当注重培养女儿的决断能力，让女儿学会在关键时刻当机立断，为她以后形成坚决果断的性格打下坚实的基础。

什么是决断能力呢？就是指在面对任何事情的时候要当机立断，不思前想后，瞻前顾后，不前怕狼后怕虎，缩手缩脚。我们都知道，现代社会是一个高速发展的社会，要想在这个社会上取得成功，必须具备遇事果断处理的能力。一个人决断能力的提高，需要靠日积月累的培养和锻炼，而这种培养和锻炼最好从小就开始。

因为心理不成熟以及缺乏生活经验，女儿不能迅速地明辨是非，及时地做出决定，所以往往在面对一件事情时显得犹豫不决。作为父母，绝对不能放松对女儿决断能力的培养，一定要适时引导和加强她对新事物的认识、辨别能力，然后教导她对认准的事情就要快决定，快行动。

那么，怎么培养女儿的决断能力呢？

为女儿创造自己拿主意做决定的机会

有的父母经常说："女儿太有主意不好，应该多听大人的。"实际上女儿有主意是件好事，应该多给女儿创造机会，让她学会自己拿主意。

一位母亲在育女日记中写道：

我的女儿6岁了，我对女儿的态度是：一方面，女儿的事就由女儿自己决定。例如，她有什么样的兴趣爱好，我就尊重孩子的这一爱好，从不强迫女儿去适应我们的安排。因为兴趣是最好的老师。另一方面，我不包揽、不干预那些本属于女儿自己的事情。例如，让她做力所能及的家务事；

至于文化学习方面的事,从来都由女儿自己安排和完成,这样,不仅我省心,也锻炼了女儿的决断能力。

鼓励女儿当机立断，不要优柔寡断

心怡原来做事经常没有主见，犹豫不决。妈妈带她去超市买一件夏天穿的T恤，她先挑一件白的，在身上比一比，觉得不满意，放下；又拿起一件红的，还是不满意。半小时过去了，心怡也没有选好一件，只好让父母替她做了决定。

后来，妈妈明确地告诉心怡："许多事情是必须你自己解决的，不能依靠别人的帮助。要知道，你今天不想面对，明天还是一样需要你去直接面对。"从此，妈妈故意为女儿制造一些选择的机会，并鼓励她当机立断。比如，一起买东西时，妈妈不再为女儿出任何主意，只是在一旁告诉女儿要相信自己的直觉，喜欢哪个就买哪个。做事不要力求完美，不要考虑太多。渐渐地，心怡做事越来越果断了。

当女儿遇事犹豫不决，向父母征求意见时，父母不要马上给出答案，而是要引导她提出自己的意见。哪怕她说出的意见没有多少价值，也要先予以鼓励，然后再帮其完善。这样一来，女儿的决断能力就会逐渐提高。

家庭的事要让女儿也参与进来

家庭的事也是女儿的事，这一点在很多父母看来是不可理解的。很多父母往往会说："孩子这么小，她们懂什么？"其实，这种观点是不对的。女儿也是家庭成员之一，她们也有权参与家庭事务的决策。

一位母亲在她的博客中写道：

我平时很注意锻炼女儿晴晴的决策能力。比如：我们一家人准备晚上到饭店吃晚饭，那么到哪一家饭店呢？我们在决定之前常征求女儿晴晴的意见，她说喜欢润泽居，我们就采纳了；到了饭店点菜时，我也让孩子点一个自己喜欢的菜；家里要添置什么日用品（比如烤箱），买什么品牌、什么型号,我们也会征求孩子的意见。尽管晴晴可能还不一定能说出所以然，但我知道，当我们征求女儿的意见时，她就会对我们所提的问题进行思考、分析、比较,然后做出自己的决断。这正是我们对女儿决断能力的一种锻炼。

通过让女儿参与家庭事务的决策，不仅可以让孩子感受到作为一个家庭成员参与决策的主人翁的责任感和幸福感，而且也能让女儿的决断能力得到锻炼和提高。

细节50 教女儿做事有计划、有条理

培根曾说过 :“敏捷而有效率地工作，就要善于安排工作的次序，分配时间和选择要点。只是要注意这种分配不可过于细密琐碎，善于选择要点就意味着节约时间，而不得要领地瞎忙等于乱放空炮。”

是的，做事有计划是一个很好的习惯，一个从小做事没有计划、没有条理的人，无论从事哪一行都很难取得很大的成绩。对于女孩来说，做事有计划同样是非常重要的。

有一位母亲的教育经验是这样的 :

女儿做事非常磨蹭，本来没有多少作业，却非要拖到很晚，熬得我又气又急。有一次，我想了一个办法。我跟女儿约定，做作业的时间只有半小时。然后，我把闹钟上好，同时，女儿开始做作业。半小时一到，闹钟就响起来,女儿还差两道题目没做完。虽然女儿向我投来求助的眼神,但是,我毫不犹豫地说 :“时间到了，你不要做了，睡觉吧。”

第二天，我把女儿没做完作业的原因告诉了老师，老师也支持我的做法。这天晚上，我又上好了闹钟，女儿一开始做作业就很抓紧时间，效率明显提高，居然顺利地在半小时内做完了作业。

从这以后，女儿做作业的速度和质量都提高了。而且，做其他事情的时候，她都会有意识地给自己设定一个时限，有计划地去做了。

可见，教女儿做事有计划、有条理，父母要采用正确的方法，就会取得显著的效果。

那么，怎样培养女儿做事的计划性和条理性呢？

引导女儿向做事有条理的人学习

许多女孩做事没有条理，当父母跟她强调需要有条理地做事时，她往往很难接受父母的意见。事实上，女孩需要身边的榜样来引导。

有一位母亲就是这样做的：

我一直都为女儿做事没条理而烦恼。女儿现在已经上小学二年级了，却经常乱放东西，自己的房间一团糟。

有一次，我跟同事说起了这件事情。同事对我说："我女儿英姿以前也是这样，有一次，我家里来了个小客人，她做事非常有条理，每次都帮助我女儿整理东西，教她怎么整理自己的房间，结果，我女儿现在做事很有条理。要不，你带你女儿到我家住两天，让我女儿教教你女儿好了。"

于是，我就把女儿带到了同事家。两个女孩玩得很高兴，一起玩拼图、玩棋类游戏等。两人玩得差不多了，英姿便很自觉地收拾东西，并放回到原来的地方。女儿看着英姿收拾，也帮忙收拾起来。第二天，女儿学会了主动去收拾东西。女儿从同事家回来后，就把自己的房间整理得井井有条，再也不乱放东西了。

教女儿做事之前定计划

德国人非常注意做事的计划性，在子女教育问题上，他们也十分注重引导孩子做事讲究计划。

如果一个女孩对妈妈说："妈妈，我周末想去郊游。"她的妈妈不会直接说"好"或者"不好"。她会问女儿："你的计划呢？你想跟谁一起去？

到什么地方去？怎么去？要带什么东西去？”如果女孩说：“我还没想好。”妈妈就会对她说：“没想好的事情就不要说。如果你要去，就要先做计划。”这样，德国孩子做事一般都比较严谨，做事之前往往会有周密的计划。

所以，当女儿提出某项请求时，父母可以问女儿：“你的计划呢？”当女儿逐步习惯了在行动之前做计划后，她就会养成先计划后办事的好习惯。作为父母，你可以耐心地与女儿讨论她的计划，并使计划趋于完善，那么，女儿做事的计划性和条理性就会逐渐培养起来。

细节51 培养女儿的自我管理能力

也许我们常常羡慕一些这样的父母：也没有见他们怎么管教孩子，他们的孩子却非常懂事，每天早上自己按时起床，放学后不用父母催促就能把作业工工整整地做完，至于他们的房间以及各种物品，更是收拾得干干净净、整整齐齐，根本不用父母费心。为什么我们费尽全力也没有做到的事，这些父母不费吹灰之力就做得非常好呢？是我们的孩子不如人家的孩子，还是我们的教育方法存在问题呢？

下面是一位妈妈的“育女感言”，我们读完后说不定会有所启示。

我女儿的自制力非常差，每天放学第一件事就是看动画片，要是没有我和老公的催促，她连作业都写不完。每天晚上，我和老公都会催促女儿四五次，这让我们不胜其烦。

有一天晚上，我对正在看动画片的女儿说：“妈妈以后不再提醒你写作业了，妈妈相信你自己就能把作业写好。”没想到我的话起到了“神奇”的作用，1天、5天、10天、1个月……女儿不用我们提醒就能把作业写好了。

有了以上的经验，我和老公再也不做女儿的“拐杖”了，而是把“自由走路”的权利还给了女儿。自从我们开始培养女儿的自我管理能力后，女儿不仅把自己管理得井井有条，而且取得了不小的进步。

看过上面的事例后，很多父母也许会突然间醒悟：不是我们孩子的能力差，而是我们的教育方法出了问题——我们总是害怕孩子做不好、出错，所以总是提醒、帮助他们，慢慢让孩子养成了不能自我管理、处处依赖父母的习惯；而那些聪明的父母会着重培养孩子的自我管理能力，让孩子自己管理自己，这样父母自己不仅省去了很多力气，孩子也容易取得更大的进步。那么，我们应该做哪一种父母呢？这个答案不言自明。

心理学家研究发现，在取得成功的过程中，情商比智商的贡献更大。而情商中最核心的部分，就是我们常常提起的“自我管理能力”。自我管理能力是一种非常优秀的能力，它能够让孩子自己管理好自己、自己照顾好自己，让父母不再担心他们的学习和生活。尤其在孩子步入社会后，如果他们仍不具备自我管理的能力，处处都依靠别人的提醒、帮助，最后只能被社会淘汰，不能成为真正的人才。所以，我们应该从小就着重培养女儿的自我管理能力，为她们以后的成功打下坚实的基础。

适当地放手

现在的孩子自我管理能力差，最大的原因就是父母“不放手”。很多父母总是担心孩子不会管理自己、不会照顾自己，所以总是提醒、帮助他们，甚至本该由孩子做的事情也由父母一手操办。不知道我们想过没有，不管我们多么关爱自己的孩子，总有一天他们要离开我们的怀抱，我们是不能照顾他们一辈子的。所以我们应该适当地放手，从小就培养他们的自我管理能力，如果他们能够管理、照顾好自己了，我们还有什么好担心的呢？

在生活中培养女儿的自我管理能力

孩子的自我管理能力是在生活中慢慢形成的。我们在培养孩子自我管理能力的时候，可以从生活中的一些小事着手：小一点儿的孩子让他们学着穿衣、吃饭、洗手、洗脸；大一点儿的孩子让他们学着打扫自己的房间、整理自己的玩具、独立完成作业、按时起床、上学等。当孩子取得一定进步的时候，我们要对他们提出表扬，这样可以激发他们自我管理的兴趣，慢慢地由“要我做”变成“我要做”。当孩子能够独立地解决生活中的小事时，他们的自我管理能力也会得到很大的提高。

培养女儿的判断力以及取舍能力

蕊蕊是一个喜欢看漫画的小姑娘，她让父母给自己买了很多漫画书，一回到家就手不释卷地看起来，最后连作业都忘了写。有一天妈妈对她说：“妈妈知道你非常喜欢看漫画，但如果你光顾看课外书而忘了写作业，你的学习成绩就会受到影响。你看这样好不好，你回家后先看20分钟的漫画，然后认认真真地写作业，等把作业写完后，你就可以安心地看漫画了。”蕊蕊接受了妈妈的建议，看漫画和学习都没有耽误。

很多孩子管不住自己，是因为他们要做的选择让他们犯难。例如，有些孩子既想写作业又想看动画片，最后动画片没有看痛快，作业也没有写好。在这种情况下，父母要培养孩子的判断力以及取舍能力，让他们能够抵制住诱惑，做出正确的选择。另外，父母还要教育孩子做事要有计划，这样，他们在遇到选择的困惑时，才能更好地解决矛盾、管理自己。

细节52 培养女儿的理性思维能力

有人说：“男人是理性的，女人是感性的。”这在一定程度上反映了男性和女性思维方式的不同，相对来说，男性更注重理性思维，女性在判断问题时有时会受主观情绪及外界环境的影响。

心理学家研究显示，男孩和女孩在智商方面是平分秋色的，唯一不同的是两者在思维方式上大相径庭。

所以，对于父母来说，培养女儿的理性思维能力是非常必要的。一个善于理性思维的女孩，不仅会在学业上更优异、更突出，在面对人生的众多选择时，她也能够做出正确的判断，将命运把握在自己手中。那么，怎样才能培养女儿的理性思维能力呢?

鼓励女儿多提问题

在女儿小的时候，她们一般会有很多问题，总是不停地向父母提问。有些父母觉得女儿非常烦人，不是敷衍她们，就是批评、训斥她们。其实，这样做是不对的。当女儿向我们提问的时候，也是女儿在思考问题的时候，我们应该多鼓励她们，例如，我们可以这样对女儿说："你提的问题真好，你真是个爱思考的小女孩。"这样有利于培养女儿爱思考、爱钻研的好习惯。但是在回答问题时，父母最好不要马上就给出答案，而是让女儿说出自己的想法后再告诉她们。

多和女儿讨论问题

一位妈妈曾经这样谈到自己的育女经验：

我8岁的女儿是一个爱思考、爱提问、生活知识相当丰富的小女孩，在学校非常受欢迎，成绩也非常好。我想这和我的教育方式是分不开的。在女儿很小的时候，我就经常和她讨论各种问题，例如，女儿穿什么样的衣服更漂亮、应该留一个什么样的发型、买什么样的文具更耐用，有些时候，还会和她讨论一下正在热播的电视剧。正是由于这样的讨论，让女儿变得非常聪明，小小年纪就能和我探讨一些非常深刻的问题。

很多父母不爱和孩子讨论问题，因为孩子的年纪小，说出的很多话都相当幼稚。其实这样做是不对的，我们和孩子讨论问题并不是想从他们那里得到什么合理的建议，而是为了培养他们的思考能力。另外，在和孩子讨论问题的时候，还可以把我们的想法及观念传达给他们，除了拓宽他们的知识面外，也有助于他们形成一个正确的审美观。

鼓励女儿多思考

孔子曾经说过："学而不思则罔，思而不学则殆。"所以，我们在鼓励女儿多读书的同时，也要引导她们多思考。

7岁的女儿非常喜欢看几米的漫画，有一次，她正在看《月亮忘记了》，妈妈问她说："宝贝女儿，你说假如真的如漫画中一样没有了月亮，我们的世界会变成什么样子？"

女儿说："晚上没有了月光，整个世界都黑黑的。"

妈妈接着问："还有呢？"

女儿想了想说："我们晚上出去会迷路。"

"还有呢？"

……

在妈妈不断地"追问"下，女儿给出了十几种答案。

这是一种很好的培养女儿思考能力的方式。在女儿读某本书的时候，父母可以就书中的内容向女儿提问，引起她们的思考。这样不仅可以培养女儿的思考能力，也能够加深女儿对书中内容的理解。

另外，我们还可以就生活中的一些实际问题向女儿发问，例如，问女儿天冷了水为什么会结成冰、小猫为什么爱打呼噜等。通过这样的方式，也可以培养女儿的理性思维能力。

细节53 培养女儿的动手能力

“我女儿都13岁了还不会洗衣服，她的衣服从来都是我洗。”

“我在八九岁时就帮妈妈洗衣做饭，但我女儿现在都16岁了，连碗都没刷过。”

“我女儿太懒惰了，每次吃饭的时候，她从来不帮我拿碗筷。等我们把碗筷摆好了，她才凑过来。吃完饭，她也从来不帮我收拾桌子。”

在人们的心目中，女孩一般都是勤劳能干的。但是现在为什么出现了这么多不爱劳动的女孩呢？这当然和妈妈的教育方式有关。现在很多妈妈心疼女儿，怕女儿吃苦受累，便“剥夺”了女儿的劳动权利。还有些妈妈怕干家务耽误女儿的学习，宁可自己受累，也不让女儿帮自己干活儿。慢慢地，女孩们变得越来越懒惰，即使是帮妈妈拖拖地、洗洗碗也不肯干了。

心理学家研究发现，劳动可以促进孩子的智力发展，而且对女孩品德、兴趣、意志的培养，都起着至关重要的作用。因此，让女孩养成爱劳动的好习惯，是每一个妈妈的责任与义务。

有的妈妈会说：“我家的女儿不爱劳动怎么办？”其实，许多女孩对家务劳动都是充满好奇的，关键在于妈妈如何去引导，使其保持劳动的积极性。那么，对于妈妈来说，怎样让女儿养成爱劳动的好习惯呢？

让孩子学会自理，自己的事情尽量自己完成

璐璐的父母对璐璐照顾得无微不至，璐璐从未做过家务，甚至连自己的袜子都没洗过，每天父母要把水果切成适合的小块，插上牙签，女儿才肯吃；刷牙时，要事先给女儿准备好漱口水，把牙膏挤好……父母希望璐璐能把全部精力都集中在学习上，不为别的事情分心，没想到，正是自己

的这种无微不至，剥夺了女儿劳动的机会，使璐璐的生活自理能力很差。

父母不应该娇惯女儿，平时应给她分一些家务活动。要知道家务活动是锻炼女儿动手能力的最佳途径，像打扫房间、洗袜子、擦窗台、择菜、洗菜等，这些虽然都是一些小事，但是却能很好地锻炼孩子的动手能力，慢慢养成她爱劳动的好习惯。

教女儿使用工具

女儿在小的时候其实是非常愿意做些事情的。但是她们手、脚的协调能力还不完善，做起事来常常“笨手笨脚”，父母千万别因嫌孩子麻烦或碍手碍脚而剥夺了孩子学习劳动的机会，父母可以耐心反复地给孩子做示范，让孩子学会使用工具，慢慢地孩子就会从不熟练到熟练，最后运用自如了。

教女儿使用工具并不是件简单的事，需要思维、手眼协调能力都达到一定水平才做得到。在这个阶段，女儿可能会把一张纸剪成碎纸片、把胶水涂得到处都是，把自己的“作品”到处乱贴、在任何可能的地方乱涂乱画，但这是女儿正在体会自己操作和使用工具的乐趣呢！请忍耐一下暂时的不整洁，为女儿能真正有能力使用工具而高兴吧！多给女儿提供剪、贴、涂的机会，不要评价她的“作品”优劣，不必急于让孩子剪出、画出规则的形状，让她随心所欲，顺其天性，这才是最重要的。

及时称赞和鼓励女儿，以调动其积极性

一位幼儿园老师说：

一次，我看到一个小女孩怎么也不愿意动手剪东西，我就问她为什么，她说：“妈妈说，剪刀会咬人的手指头，不能随便乱动剪刀。”针对这个女孩的情况，我首先消除她对剪刀的恐惧心理，告诉她，我们只要掌握正确使用剪刀的方法，剪刀就不会伤着人。其次，教她正确使用剪刀的方法并示范给她看。很快，她自己拿起了剪刀，当她剪出一幅作品时，就兴奋地拿给我看。虽然她的作品比其他小朋友的作品要差很多，但我也及时地给予她表扬和鼓励。

父母若发现自己的孩子动手能力差，不妨向这位幼儿园老师学习一下，用称赞和鼓励调动女儿动手的积极性。顺便提醒父母一句，这种称赞和鼓励尽量不要采用实物的形式，因为这样容易刺激孩子的虚荣心，时间久了，反而会影响孩子的健康成长。

细节54 女儿的理财能力应从小培养

很多妈妈都会有这样一种思想，只要女儿学习好，那么其他事情都可以商量甚至放纵，这其中也包括她们的一切开销，就连生活上的琐事也全都由父母代为处理，平时，女孩想要多少钱，妈妈就会给她们多少钱，给的时候也没有一点儿使用建议。如此一来，女孩对金钱的概念十分模糊，也无法理解妈妈挣钱的辛苦，继而对自己的择业观产生影响。

在发达国家，父母非常注重培养孩子的理财能力：在美国，人们把理财教育称为“从3岁就开始的幸福人生计划”；在法国，当孩子会数数时，父母就教他们认识钞票；在英国，孩子更是在5岁时就开始接受理财教育，在7岁时就开始独立管理自己的钱财，在11岁时就学习如何提高自己的理财能力。

但是在中国，父母一直忽视对孩子理财能力的培养。据一项专项调查显示，一些大城市的孩子每年的零花钱（包括压岁钱）达到了1500元左右，但是这些钱大多被用来买零食、买玩具等，根本没有起到培养孩子理财能力的作用。

对于女孩来说，理财能力的培养，更是直接关系到她的人生幸福。如果一个女孩懂得理财，她在结婚后就可以勤俭持家，让一家人过得幸福快乐；如果她不懂得理财，将自己所有的幸福都依附到丈夫的身上，这样的幸福是不稳固、不牢靠的。所以，我们要培养女儿的理财能力，为她们今后的生活打下一定的基础。

父母要培养女儿的理财能力，最好在女儿小时候就开始施行。另外，父母还要抓住生活中的每一个细节，来给女儿上“理财课”。等时间长了，女儿就会积累一定的理财知识，从而具备一定的理财能力。

引导女儿正确消费

很多孩子一有钱就把手中的钱全部花光，一些父母为了不让孩子乱花钱,就“剥夺”了孩子购买东西的权利,孩子想要什么,统统由父母来购买。这种做法并不好，因为不让孩子接触钱，就不能培养他们的理财能力。所以,我们应该让女儿适度掌握一些零花钱,并且引导她们合理、正确地消费。

我们看看下面这位母亲的做法。

妈妈带5岁的女儿到超市买东西,女儿看中了一个布娃娃,标价58元。妈妈并没有禁止女儿，而是拿起这个布娃娃亲切地对女儿说：“宝贝女儿，你看这个布娃娃标价58元，你不觉得有点儿贵吗？如果你选择旁边的这一个，就可以省下10元钱，而这10元钱你可以买你爱吃的苹果或者其他东西。你想想，你买哪一个呢？”女儿想了一下，欣然地接受了妈妈的建议。

这个母亲的做法是值得我们借鉴的。在带孩子购物的时候，我们应该教会孩子如何选择物美价廉的商品,如何合理、正确地去花自己手中的钱。慢慢地，孩子就会形成正确的消费观，从而消除盲目、不良的消费倾向。

从小培养女儿的储蓄意识

一位妈妈曾经这样谈到自己的育女经验：

在女儿五六岁的时候，我就开始培养女儿的储蓄意识。当女儿向我要求买一件衣服或一个玩具的时候，我就会对女儿说：“妈妈每天都给你零花钱，如果你把零花钱存起来，过一段时间不就能够买到了吗？”女儿接受了我的建议，把零花钱存了起来，果然每次都买到了自己想要的东西。慢慢地，女儿很少乱花钱了，而是把钱存起来买自己想要的玩具、衣服等。后来，我还送给女儿一个储蓄罐，这更增加了女儿存钱的兴趣。等女儿长大一些，我给女儿办了一个储蓄存折，让她专门用来存压岁钱，这让女儿十分兴奋。在我的指导下，女儿不仅把所有的压岁钱都存了进去，还不时和我一起算一算得到了多少利息。

现在，我女儿完全没有乱花钱的坏习惯，储蓄意识非常强。

储蓄是一种很好的习惯，我们从小就应该培养女儿的储蓄意识。妈妈首先应该教女儿学会为短期目标而存钱，为女儿办理一个储蓄存折，这样不仅可以防止女儿乱花钱，还可以让她熟悉银行的各项业务及手续，对培养她的理财能力有很大帮助。

让女儿学会精打细算

15 岁的女孩倩倩以前可是个“小浪费”。全家人一起去逛超市，她总是把自己喜欢的东西接二连三地往推车里扔；平时妈妈给她的零花钱，往往一眨眼的工夫就不见了踪影。这样下去可不行，倩倩的妈妈看在眼里，急在心里。女儿从小不学会打理金钱，那么长大了以后该如何自立呢？倩倩的妈妈经过思考，决定从零花钱这个“小问题”上着手，采用“选择题”战术，让女儿学会有计划、有克制地对待金钱。

从吃的方面开始着手，妈妈告诉倩倩，如果想要吃好吃的，那么放学就得走回家，而不能坐车，如果坐车那么就得放弃零食。还有，平时帮忙做家务可以有部分零花钱，这笔钱可以自己支配，也可以“储蓄”在妈妈这里，到年底，妈妈可以一次性给她兑现 5% 的利息……这样一道又一道的选择题摆在倩倩面前，她逐渐学会了精打细算。在这个基础上，妈妈再趁热打铁，给她讲一些简单的储蓄知识。没过多久，在妈妈的帮助下，倩倩也开始拥有自己的银行存折了。

当女儿再长大一些，妈妈就可以重点培养女儿科学的理财观了。要让女儿知道，人生未来哪些地方要花大钱，关于结婚的开销、关于买房的存款利用、退休养老的保障等。有了比较“有感觉”的目标后，相信女儿一定会更加认真对待。

细节55 提高女儿的应变力

当今社会，每个人每天都有可能面对突发的事情以及迅速增长的信息量，如何迅速而正确地分析这些信息，从中筛选出与个人相关联的信息，是当代人应具备的能力之一。然而，要做到这一点，需要的不仅是扎实的知识基础，还需要有很好的应变能力，只有应变能力强的人，才会有敏锐的眼光和思维，才会及时抓住各种机遇，尽快取得成功。

所以，培养优秀女孩，不仅要培养她的学习、运动、交际和独立等各方面的能力，还要提高她的应变能力，让她在遇到突发事件时，能冷静地面对和处理突发事件。

11岁的芊芊学习一直很好，妈妈为了让女儿能够全面发展，在学习之余，也会让芊芊做些家务劳动。芊芊也很争气，在各方面都很优秀，从不让父母操心。妈妈看到女儿如此优秀，心里自然很高兴，然而，后来发生的一件事让妈妈觉得在对女儿的培养上，还存在不足之处，需要继续改进。

那天，芊芊的外婆突然病倒，接到消息后，芊芊的父母急忙赶了过去。晚上，芊芊放学回家，看到父母都没在家，而她也没带钥匙，无奈之下只好坐在门口等。深秋的北方，天气已经很凉了，在门外站了半个多小时后，看到父母还没有回来，芊芊竟哭了起来。这时，邻居张阿姨看到芊芊站在门外哭，就让芊芊到自己家里，可是芊芊说什么也不同意，张阿姨没有办法，只好先回去了。一直到晚上7点多，芊芊还在门外哭，而且冻得直打喷嚏。张阿姨就拿了件棉衣给芊芊披上，还给她倒了杯热水，又问她有没有父母的电话，芊芊也答不上来。张阿姨没有办法，又怕芊芊一个人不安全，只好在门外陪着芊芊，一直等到芊芊的父母回来。

张阿姨向芊芊的父母说明这个情况后，妈妈很不解地问芊芊：“你为什么不去张阿姨家等爸爸妈妈呢？”芊芊委屈地看着妈妈说：“您从没有说过遇到这种情况可以去邻居家等啊！”

听到芊芊这么回答，芊芊的妈妈心里很不好受。为什么女儿遇到如此简单的问题，都不懂得变通一下呢？她可以去邻居家，也可以去同学家，总之，都比站在外面空等要强。

出现这种情况的原因在于很多妈妈平时不重视对女儿应变能力的培养，而是习惯于事事都为女儿包办代替，片面地认为，只要女儿学习好，其他一切都不重要。

其实，面对复杂的社会环境或者平时突如其来的变故，如果希望女儿有健康的心态和良好的应变能力，就需要妈妈在平时教育女儿的过程中，能够注意培养女儿的应变能力，让女儿掌握一些应变技巧。

一般来说，应变能力有三个方面：第一，能够适应变化的形势，并在变化中产生应对的策略；第二，能够及时洞察到蛛丝马迹，做到随机应变；第三，在应对变化时，要有自信，做到持之以恒。

多带女儿参加富有挑战性的活动

在实践活动中，必然会遇到各种各样的问题和实际的困难，在努力解决问题和克服困难的过程中，就可以逐渐增强应变能力。

芳菲已经上五年级了，可是却一点儿承受能力和应变能力都没有，平时只要遇上一点儿小事，都会手足无措，向父母求助。妈妈为了帮女儿提高抗挫折能力和应变能力，就帮芳菲报了一个名为“挑战大自然”的夏令营，为期半个月。因为在夏令营里很多事情都要自己去解决，不能再依赖父母了，所以芳菲在夏令营里得到了不少锻炼。后来，妈妈又让女儿参加了几次类似的活动，芳菲在这样的活动中，应变能力得到了很大的提高，她现在不但不再依赖父母，还会主动帮助同学解决问题。

教出好女儿，就是要让女儿多经历一些事情，多接受一些挑战，这样做，对女儿一生的发展将是十分有利的。

培养女儿对突发事件的处理能力

女孩一般胆子较小，面对一些突发事件时会慌张害怕，所以，教出好女儿，就是要让她学会在面对突发事件时，能够冷静分析，做出正确判断，并且能够想出应对的策略。

11岁的琳琳上小学五年级，由于学校离家比较近，妈妈为了锻炼她的自立能力，每天让琳琳自己上下学。

一天，琳琳放学回家，当时天已经黑了，当她走到距离自己家不远的地方时，突然有个男孩从隐蔽之处窜了出来，拦住了她。琳琳心里很害怕，她想快跑，可是又怕跑不过那个男孩，想大喊又怕激怒他，伤害到自己。正当琳琳犹豫之时，恰好从旁边单元门里走出来一个叔叔，琳琳马上有了主意，她高声对那个人喊："爸爸，我在这儿呢。"并且快步跑了过去。那个男孩一看琳琳"爸爸"出来接她，于是赶忙溜之大吉了。

从这件事我们可以看出，妈妈不仅要告诉女儿怎样提防坏人和识别坏人，还要告诉女儿怎样应对坏人。

第8章

好习惯，让女儿终身受益

习惯是一种顽强而巨大的力量，甚至会主宰一个人的一生。著名教育家叶圣陶说："什么是教育？简单一句话，就是养成良好的习惯。"

细节56　教女儿学会合理安排时间

“真正的教育是自我教育，是实现自我管理的前提和基础；自我管理则是高水平的自我教育的成就和标志。”这是苏联著名的教育家苏霍姆林斯基曾说过的一句话。没错，在女孩的自我管理能力中，时间管理能力是最应该引起妈妈们注意的，因为一个不善于管理自己时间的女孩是无法管理好自己的人生的。

但是，在现实生活中，很多妈妈总是抱怨自己的女儿做事磨蹭、拖拉，根本不知道时间对于她的重要性。

有一位妈妈就是这样抱怨的：

我女儿刚刚上初一，她做事就像电影中的慢镜头，速度非常慢，因此我常常叫她“蜗牛”“乌龟”，女儿竟然一点儿也不生气。

我非常不喜欢女儿做事拖拉，有时练琴没开始几分钟呢，她就一会儿喝水一会儿吃东西，明明 20 分钟就能练习完，她总要 1 个多小时。晚上刷牙洗脸，她能把洗手间台面上的东西玩儿个遍，每天晚上磨磨蹭蹭到快 11 点才上床睡觉。我每天都说她很多次，但她就是不听，一天总结下来，她该完成的作业没完成，该看的书也没看完。

其实，上述事例中的女孩缺乏的就是时间管理能力。通常情况下，女孩缺乏时间管理能力的原因主要有两个：一是女孩本身缺乏时间观念，不知道时间对于她的紧迫感，也不清楚节省时间对自己有什么好处，所以久而久之就养成了懒惰、拖拉的坏习惯；二是女孩对自己所做的事情提不起兴趣，自然也不会抓紧时间去为这件事情付出，办事效率也就总提不上去。明白了具体的原因之后，我们就可以在生活中引导女孩学会珍惜时间和管理好自己的时间，然后我们还要帮助她想出具体有效的办法，让她走出懒惰、低效率的误区。

每晚抽出10分钟和女儿讨论“两件事”

“你可以把财富留给孩子，但是你没法给他们留下一秒钟。”这是女孩妈妈必须要牢记的一句话，要知道时间就是生命，对于女孩来说，了解时间对于她们的意义非常重要。因此，为了引导和提高女孩的时间管理能力，妈妈最好能保持一种习惯——每天晚上在和女儿互动时抽出10分钟时间，和她讨论一下这两件事：

第一件事：今天要做的事完成没有？完成则给予女儿肯定和表扬；若女儿没完成，你应问她自己该怎样处理，或与女儿商讨处理方法。

第二件事：明天要做哪些事？

如果一开始女儿的自我管理能力很差，妈妈可以让女儿把这两件事的答案写出来或画出来，张贴在家里显眼的位置，让女儿第二天一早就可以看到。

让女儿学会分清事情的轻重缓急

11岁的尤美不需要妈妈吩咐任何事情，就能很好地打理自己的生活、学习。例如每个周末，尤美早晨起来第一件事情就是摊开记事本，写下自己一天要做的事情，并且按照轻重缓急从上到下罗列出来。

接着，她按照所罗列的任务单，从第一件事情开始做，做完一件事情才会接着做下面的事情。这样，根本不用妈妈督促，尤美不但能很快把作业做完，同时还有玩儿的时间，这令妈妈感到很高兴。

其实，尤美这个习惯还是从妈妈身上学来的。尤美的妈妈是个业务员，她通常会把每天要做的事情都记下来，然后按照记录的顺序去做，这样通常不会把事情落下，效率也很高。尤美在妈妈潜移默化的影响下，也养成了把一天的事情按重要程度罗列出来的习惯，并且受益匪浅。

上述事例很值得其他妈妈借鉴，例如，我们可以每天让女儿把一天的任务写下来，分清任务的轻重缓急，然后让女儿根据排列的先后顺序去做事，从而提高她的时间管理能力和做事效率。

细节57　教女儿养成勤俭节约的美德

这是一个真实的、发人深省的故事：

一天，一位年轻的爸爸带着刚上小学的女儿去逛街。在一个繁华的街口，有一位老爷爷正在卖《北京晚报》。爸爸从口袋里掏出10 元钱交给女儿，让她去买10 份晚报。女儿买回晚报，爸爸跟她商量，让她按原价把晚报卖出去，看看要花多长时间才能卖完这10 份晚报。女儿在爸爸的帮助下费了几小时才把10 份晚报卖出去。然后，爸爸让女儿去问卖报的老爷爷，卖出一份报纸能赚多少钱。小女孩从老爷爷那里得知，卖一份报纸只能赚几毛钱。她算了一笔账，花了这么长时间才赚了几元钱。终于，小女孩领悟到了爸爸的良苦用心，她主动对爸爸说："爸爸，我以后再也不随便花钱了，赚钱太不容易了！"

现在很多女孩不懂得节俭，花钱大手大脚。在某所小学里，校工在校园内捡拾的物品堆满了一间屋子，大至皮夹克，小至铅笔、橡皮等学习用品。学校多次广播要求学生去认领，却没有人去。在一次家长会上，校长讲了这件事，最后只有几位家长带着孩子去认领，其他物品仍旧堆放在屋子里无人问津。

俗话说："成由勤俭败由奢。"即使一个人很富裕，但这个朴素的真理仍然适用。节俭是一个女孩的重要品质，很难想象，一个从小大手大脚、随便浪费的女孩，长大后能收获成功的事业和幸福的家庭生活。

那么，我们如何帮助女儿养成勤俭节约的好习惯呢？

对女儿进行“悲情教育”，培养其勤俭节约的品质

生活中，很多女孩在吃、穿、行方面攀比成风，随意浪费粮食，平常在外面吃饭，剩的饭菜比吃的还要多。为了摆阔，她们常常点很多菜，吃不完也不打包带走……究其原因，还是父母对女儿的教育不够。如果父母在教育女儿时增加一些“悲情教育”，就会起到意想不到的效果。

三年级小学生惠茜这几天放学回来格外乖巧，不用催促就完成了作业。吃饭时，她碗里也没有剩下一粒米，还帮妈妈把碗筷收拾了，这让妈妈很满意。以往惠茜吃饭特别挑食，也不会主动洗碗。汶川地震发生后，妈妈用灾区小朋友的处境教育小惠茜要节约用水用电，不能浪费粮食，不能乱花钱。惠茜看到电视中小朋友的状况，主动要求将自己的零花钱捐给灾区小朋友买书，并且改掉了从前浪费粮食、不懂事的坏毛病。

上例中，妈妈利用地震后各种物资短缺的现实教育女儿要勤俭节约。本来每天都在重复的话，在活生生的现实面前，女儿自己才真正理解了。女儿既感到了自己生活的幸福，也很同情灾区孩子的困境，并主动省下零花钱，给灾区小朋友买书。

让女儿学会自己的事情自己做

父母千万不要小看扫扫地、钉钉纽扣这些小事，它们能培养女儿的勤俭意识和生活能力。同时，父母要及时消除女儿的误解，引导女儿树立“劳动创造世界”的观念。

利用生活中的小事，培养女儿勤俭的习惯

许多女孩都认为社会进步了，时代不同了，再也不需要祖辈们那种勤俭节约的过日子方式了，甚至把勤俭意识的教育误认为“代沟”。父母应该努力改变女儿的这种错误观念。勤俭节约是我们的“传家宝”，老一辈人正是靠这个“传家宝”摆脱贫困、走向富裕的。现在，我们非常有必要

把这个“传家宝”传给女儿。

你可以利用生活中的小事，慢慢引导女儿养成勤俭的习惯，引导女儿从节省一张纸，节约一度电，帮父母扫地、擦桌子开始。这些事情虽小，但是时间长了，孩子就会慢慢养成习惯，从而养成勤俭节约的好品质。

同时，我们还要帮女儿克服攀比心理。比钱比物只能使女儿贪图安逸，丧失勤劳朴实的品质。因此，父母要教育女儿克服攀比心理，教育她比学习、比劳动、比品德。

细节58 诚信是女孩赢得信任和友谊的基础

很多父母都把“不让孩子输在起跑线上”当作教育子女的信条，极力为孩子创造学习的氛围，报名参加各种补习班，让孩子不堪重负。但是，父母却忽略了人生中最该教给孩子的东西，那就是诚信。

宋庆龄是我国楷模式的人物，回顾她光辉而伟大的一生，无论大小事，她都能做到无愧于人、无愧于心，诚实守信的原则伴随了宋庆龄的一生。

年少时的宋庆龄就懂得诚实守信的重要性，无论多小的事情，只要答应别人了，就一定要做到。宋庆龄10岁那年，一次，她和一位同学约好在家里见面。那天宋庆龄的父母要带着她们三姐妹一起出去，但是宋庆龄告诉父母，她和同学约好了，要留在家里等。父母知道宋庆龄的性格，便没有多劝，领着另外两个女儿出去了。

后来宋庆龄一直在家里等那位同学，可是等了一天也没有等到。晚上，父母回来后问她，没有等到同学生气吗？宋庆龄说：“不生气，她没有来可能是因为有事情，但是我必须要等，因为已经答应人家了。”

宋庆龄的故事告诉我们，要把诚信放在首要位置。失信于人，就是对他人的不尊重，而懂得尊重他人的女孩，一定会赢得别人的信任。

父母的榜样作用尤为重要

榜样的力量是无穷的，为了培养女儿严守承诺的习惯，在日常生活中，父母要时刻注意自己的言行，自己首先要做到言行一致，信守承诺，女儿才会在你的言传身教中，学会诚信，而父母在女儿心目中的威信也会越来越高。

心若上五年级，是一个非常聪明的女孩，很讨人喜欢。一天晚上，爸爸下班回家，告诉女儿："一会儿要是电话响了，你去接，要是孙叔叔打来的，就说我和你妈妈出去了，家里就你一个人。"心若看着爸爸说："您明明在家，为什么要骗人家？""大人的事，小孩子懂什么，要你怎么做，你就怎么做！"爸爸有些不耐烦了。最后，心若听从爸爸的话，和孙叔叔撒了个谎。

这是我们生活中常见的事情，大人因为某些不方便的事情，就说些谎言，有时直接当着孩子的面说，有时则干脆让孩子参与进来。殊不知，在父母对别人撒谎的时候，女儿都会记在心里。她会认为，大人可以撒谎，我也可以，撒谎也没什么大不了的。一旦女儿心中有了这种想法，那么撒谎就会变成她的习惯。

教出好女儿，要从父母做起，要让女儿在父母身上看到诚信的一面，要让女儿在父母身上学到这一令她受用终生的品质。

让女儿意识到诚信的重要性

诚信，对于女孩来说，不仅是一种美德，更是一种生存技能，它能为女孩带来很多益处，帮助女孩和他人建立和谐的关系。因此，父母一定要在教育女儿的过程中，让她意识到诚信的重要性，告诉她诚信是做人之本，可以帮助她在人际交往中获得他人的信赖，并顺利展开合作；更要时时告诫她，不管在何时，一定要做到"言必信，行必果"，唯有这样才能更好地获得他人的尊重，在社会上立足。

要及时履行对孩子的承诺

父母是女儿最大的“影响家”，一言一行都会成为孩子模仿的对象。所以，培养女儿诚信的美德之前，父母就要先学会以身作则，做一个讲诚信的父母，并且及时履行对孩子的承诺。

月月是一个有些固执的女孩，一天妈妈在做饭，恰巧家里的酱油不够了，妈妈就让月月出去买，但小丫头以看电视为由不去。繁忙中的妈妈为了让女儿听话，就说周六带她去游乐场玩儿。月月这才乐呵呵地帮妈妈打回了酱油。

周六一大早，月月就穿戴整齐地等着和妈妈一起去游乐场。可妈妈把这件事情忘记了,而且她已经答应朋友一起去超市了。月月当然很不乐意，妈妈也觉得自己的做法不对，于是妈妈马上跟女儿道歉，解释了原因，并且答应女儿下个周六补上。下个周六妈妈果然遵守承诺，和月月一起去了游乐场。

由此可见，父母在答应女儿的要求之前一定要想好自己能否做到。一旦答应了女儿，父母就要及时履行自己的承诺，绝不要让女儿在自己的不良影响下养成言而无信的坏习惯，而是让她从父母的身上学到“如何做一个讲诚信的人”。

细节59 勤能补拙，让女儿成为一个勤奋的人

勤奋能使人更聪明,是打开人生成功殿堂的钥匙,是实现理想的基石。的确，在这个世界上有两样东西最宝贵：一样是良好的心理素质，另一样就是勤奋。“天才就是1%的灵感加上99%的汗水”，勤奋靠的就是毅力和恒心。勤奋，就是要人珍惜时间，勤学习，勤思考，勤探究，勤实践，这是成功的唯一途径，缺少了它，即使天才也很难成功。

勤能补拙是良训，一分耕耘一分收获。古今中外，所有的成功者都是因为勤奋才使自己脱颖而出的。他们的人生经历都说明了一个道理：天才出于勤奋，成功来自勤奋!

父母要让女儿知道勤奋对于人生的重要性，告诉女儿这个世界上没有笨人,只有不勤奋的人,不勤奋就没有成功的希望。勤奋不是与生俱来的,而是靠后天自己的努力逐渐形成的。

但是，现实中有很多人并不把勤奋放在心上，只是空有满腔抱负，却不见付出实质性的努力，认为靠投机取巧，耍小聪明就可以成功。然而，要想成功，光有理想抱负是不够的，还必须配合勤奋的行动，才有可能收获成功的果实。

告诉女儿不要因为聪明而放弃努力

很多孩子认为自己学习不好，是没有遗传父母聪明的头脑，但是，头脑聪明就一定会有好成绩，会获得成功吗？当然不是，其实人的智商差别不大，头脑的灵活与否不能决定人的一生，人生的成就是由勤奋程度来决定的。

在大多数人眼里，小敏是个聪明的女孩，5岁就上学了，10岁就考上了中学，很多家长羡慕小敏的父母，说他们养了个好女儿，不用操心，既

聪明又给他们争气。小敏的妈妈尤其为自己的女儿骄傲，经常夸女儿聪明。小敏本来学习挺勤奋的，但是表扬听多了，她便认为自己非常聪明，不用像那些“笨蛋”学生那样努力学习了，她比同学小那么多，就是最好的证明。于是，小敏不再勤奋学习，认为聪明就是她的资本。高中课程如此的紧张，可是小敏却不去参加学校统一安排的补习，她还嘲笑那些同班的哥哥姐姐。很快小敏的学习成绩便一落千丈，在年级居然排了倒数。

头脑聪明并不代表一定会有美好的未来，只有踏实地勤奋努力，才是实现未来理想的唯一途径。懒惰会让人失去自己的价值，变成一个没用的人。妈妈一定要让女儿抓住成功的决定因素——勤奋，从而收获美好的人生。

教女儿放下过去的一切

成绩只属于昨天，再留恋也无法挽留；错误只属于过去，再懊悔也无法改变，人生是要不断地向前走，如果一味地关注自己过去的成绩和错误，那么就很难再有动力去创造将来的辉煌。

原本学习很好的晓晴考试时发挥失常，没有考上市里的重点高中，只被她平时看不上眼的二高录取了。晓晴的心情沮丧到了极点，认为自己这一生就这么完了，因此整日愁眉苦脸。妈妈看到女儿的状态，心里感到担忧，她要开导女儿，让女儿知道一次考试决定不了人生的命运，只有勤奋努力才能改变命运。于是，她对女儿说：“晓晴，你平时不是总看一些名人传记吗？你看看那些成功者，哪个不是经历过很多挫折的，但是他们都坚持不懈，依然努力奋进，这是为什么？”妈妈顿了顿接着说，“那是因为他们知道，无论什么样的挫折失败都可以用勤奋去扭转。人生不是靠某一次机会就能改变的，而是要靠不断的勤奋拼搏去改变。没考上最好的高中，不代表不能考上最好的大学，只要你努力，勤奋学习，妈妈相信你会实现你的大学梦的。”在听了妈妈的教诲后，晓晴重新振作，勤奋学习，付出了艰苦的努力后，终于如愿以偿。

因为过去的成绩而沾沾自喜，因为做错了事情而懊恼不已，就等于让自己浪费掉了现在的时间，一点儿好处也没有。教出好女儿，妈妈要让女儿学会放下过去的一切，因为只有将来才是最重要的，要以平和的心态面对将来，以勤奋和努力来创造将来。妈妈要让女儿好好乘坐“今天”这班列车，以勤奋、努力和勇于开拓的心态面对前进路上的风风雨雨，只有这样，女儿的人生才会是美好幸福的。

细节60 教女儿懂得“满招损，谦受益”

古人曾经说过：“满招损，谦受益。”谦虚是一种美德，它带给人的好处是非常多的：谦虚的人具有博大的胸怀，更宽容、更理智；谦虚的人更容易和人相处，获得大家的好感；谦虚的人清楚自己的优点和缺点，从而也更容易取得进步。

和男孩相比，女孩一般谦虚、谨慎，但也有例外，现在很多女孩被父母宠着，得到了太多的夸奖和称赞，容易变得骄傲自满。我们一起来看下面的例子：

正在上小学五年级的蕾蕾是一个很有才华的女孩。她的作文非常出色，常常被老师列为范文。老师经常在班上说：“刘蕾蕾的作文比初中生写得还要好，你们一定要向她学习。”老师的夸奖让蕾蕾很得意。有时，同学们向她请教作文怎么写，她会毫不客气地说：“连作文都不会写，你太笨了。”到后来，她甚至觉得作文书上的作文也没她写得好，再也不看了。慢慢地，她的作文没有以前那么好了。

从上面这个例子可以看出，骄傲、自满会阻碍一个人进步，是我们前进道路上的“大敌”。所以，我们从小就要培养女儿谦虚的品格，让她成为一个谦虚的女孩。

让女儿认识到骄傲的危害

一位妈妈曾经这样谈起自己的育女经验：

我女儿是个爱学习的小女孩，成绩一直排在班里的四五名。通过自己的努力，她这次期末考试考了全班第一名。这让女儿非常得意，在暑假也不安心学习了。她一看见亲友们就说："叔叔阿姨，我考了我们班的第一名。"听到亲友们的称赞后，她更加骄傲、自满了。

我感觉这样很不好，就对女儿说："宝贝女儿，你想过没有，是什么原因让你考了全班第一名？"女儿想了想说："每天努力学习，不贪玩。"我说："是啊，每天努力学习才能考出好成绩，但你现在光顾着向大家炫耀而忘了努力学习，下次还能考第一吗？"女儿有些羞愧地低下头。我接着说："那些被你超过的学生一定不甘心，一定会在这个暑假好好复习功课。你要想总考第一名，就不能放松学习，更不能骄傲、自满。"女儿点点头说："妈妈，我知道了，我再也不向大家炫耀成绩了。"

父母是孩子学习的榜样，我们首先要做到谨言慎行，给孩子树立一个良好的榜样。当孩子产生骄傲情绪的时候，父母应该对他们进行提醒，并且让他们充分认识到骄傲的危害性。这样，才能让孩子远离骄傲、自满，做一个谦虚、谨慎的人。

帮助女儿全面地认识自己

一位母亲曾经这样谈起自己的育女经验：

我女儿是班里公认的小才女，她不仅学习成绩优秀，在唱歌、跳舞方面也很有天赋。这让女儿十分得意，常常不把其他同学放在眼里。尤其是她的同桌君萌，由于学习成绩不好，女儿更是看不起她，常常说她笨。有一次，女儿又这样谈论君萌，我对女儿说："每个人都有自己的优点和缺点。比如，在学习方面，你要比君萌强，但是在体育方面，你却赶不上君萌。"

我的话让女儿低着头思索了好半天，从那以后，她再也不说君萌笨了，也不像以前那样骄傲、自满了。

孩子产生骄傲的情绪往往源于自己某方面的优势或者特长。父母应该让他们认识到，每个人都不是完美无缺的，每个人都有自己的优点和缺点。此外，父母还应该让孩子明白“天外有天，人外有人”，他的这些优势只是限定在一个小圈子、小团体内，并不是那种绝对的优势。当孩子能够全面看待和衡量自己，就不会骄傲、自满了。

用正确的方法表扬女儿

在生活中，小女孩由于聪明、乖巧、讨人喜欢，自然常常会得到大家的表扬。但是表扬孩子也是一门艺术，如果表扬的方法不正确，不仅不会起到积极的作用，还会助长女儿骄傲、自满的情绪。

在吉诺特所著的作品《孩子，把你的手给我》中，曾经提到了表扬孩子的方法。吉诺特认为，表扬孩子时应该注意以下两点：

第一，夸奖孩子的努力和成就，而不要夸奖孩子的品性和人格。例如，女儿把屋子收拾得干干净净，父母可以对女儿说：“刚才屋子太脏太乱了，但经过你的收拾整理，它又变得干干净净、整整齐齐了。”这样的称赞会让女儿为自己的劳动感到高兴。但如果父母说“你真是个好女儿”或者“你真是父母的好帮手”，不仅不会让女儿感到高兴，还会让女儿感到不安。

第二，用描述性的话语夸奖孩子。例如，女儿考了第一名，父母可以说：“你每天都努力学习，考出这样的好成绩是对你的回报。”这既会让女儿感到高兴，又会让她继续努力学习。但如果父母说“你真是个好孩子，班里的同学谁也比不上你”，这可能会让女儿感到不安，也可能会让女儿产生骄傲、自满的情绪。

细节61 别给女儿贴上“马虎”的标签

12岁的梦菡是个不折不扣的“马虎大王”。有很多次，她出门都忘了带钥匙，结果只能站在门口等父母下班。她在生活上也没有条理，常常把自己的书、衣服到处乱放，等到用的时候又焦急地问妈妈：“妈妈，我的校服放哪儿了？我们今天升国旗要穿的。”

前两天，她更是闹了一个大笑话，她让爸爸妈妈带她到动物园拍照，结果到了动物园后，她突然大叫起来：“坏了！我把相机丢家里了！”这件事情让爸爸妈妈哭笑不得。妈妈常常感叹：“我家这个‘马虎大王’什么时候能够细心起来啊！”

在人们的传统观念中，女孩比男孩敏感，做事也更细心一些。很多细致活儿，例如织毛衣、剪纸等，女孩都比男孩学得快。但生活中，还是有许多女孩做事粗心大意、马马虎虎，就像上面事例中的梦菡一样。

对于女孩来说，粗心大意的危害是不言而喻的，它会给女孩的学习和生活带来许多不利影响，所以，父母要耐心教导，让女儿养成做事细心的好习惯。

不要随便给女儿贴上“马虎”的标签

当女儿出现“马虎”现象时，父母不要着急，更不要斥责女儿或者给女儿起外号讽刺她（如称呼女儿为“马虎大王”等）。出现这种情况的时候，应该对女儿进行耐心指导，让她在生活中渐渐改掉马虎的坏习惯，养成细心的好习惯。

一个小女孩曾经在日记中这样写道：

我现在最怕的事就是爸爸妈妈叫我“马虎大王”了。前段时间，我确实做什么事都粗心，还闹出了不少笑话。妈妈为了让我改正缺点，总是在我耳边说："你怎么这么粗心啊！""以后不要再粗心大意了！"妈妈一直这样说，已经让我产生焦虑感了。每做一件事，我都会担心出错，结果越担心越是错误百出。

心理学家研究表明，如果某种信息重复进入一个人的大脑，就会对他的潜意识造成很大的影响。在生活中，我们都有这样的经验：当孩子拿着杯子玩耍时，我们一再告诫他："别把杯子摔碎了！"结果孩子还是把杯子摔碎了。

同样的道理，我们一再告诫女儿不要"做事马虎"，结果她可能变得越来越马虎。所以，即使女儿有粗心的毛病，我们也不要给她贴上"粗心"的标签，而是可以正面地告诉女儿："做事细心些。"让女儿常常接收到这种正面的信息，做事马虎的毛病一定能被克服掉。

多让女儿做一些"细致活儿"

无论是细心的习惯还是粗心的习惯，都不是一朝一夕养成的，而是日积月累的结果。所以，我们要想培养女儿细心的习惯，可以多让她们做一些"细致活儿"，如拼图、绘画、写毛笔字等，以此来提高她们的细致程度和注意力。当然，在女儿圆满完成任务的时候，我们要给予她们一定的表扬，这样可以提高她们的积极性。

培养女儿井然有序的生活、学习习惯

在晓晓5岁的时候，妈妈给她买了一个小皮箱，并对她说："现在晓晓长大了，以后要学着自己保管物品了。"晓晓像小大人儿一样点了点头。在以后的日子里，妈妈经常教晓晓怎么收拾屋子、怎么管理自己的物品。在妈妈的帮助下，晓晓养成了井然有序的生活习惯，每件物品都放得整整齐齐，用的时候一下子就能找到。

在晓晓上小学后，妈妈和女儿一起制订了"学习计划"，什么时候写作业，什么时候检查作业，什么时候预习功课……都安排得井井有条。由

于在学习方面用功并且细心，晓晓的成绩一直在班中名列前茅。

总之，培养女儿细心的习惯需要一个过程，不可能一蹴而就，所以我们要从小事抓起，从一点一滴抓起。如果女儿在生活、学习方面都能够井然有序地进行，那么粗心大意、马马虎虎的行为就会变得越来越少。

第9章

气质，女孩的真正魅力

两个女孩遇到了上帝。上帝说："我这儿有两件礼物要送给你们，一件是'美貌'，一件是'气质'，你们挑选吧。"

一个女孩迫不及待地挑选了"美貌"，另外一个女孩则挑选了"气质"。上帝非常赞赏地看着那个挑选了"气质"的女孩，问道："天下大部分女孩都在追求美貌，你为什么要挑选气质呢？"

这个女孩说："气质是一个女孩的内涵和精髓，一个女孩长相再漂亮，如果没有气质的话，也会给人肤浅的感觉。而一个有气质的女孩，无论何时都是漂亮的、充满魅力的。"

上帝笑了笑说："孩子，你是个聪明的女孩，你在选中'气质'的同时，已经获取了别人的目光和关注。而且，气质能够跟你一辈子，而美貌却不行。"

细节62 培养女儿的仪表美

一个女孩的仪表美，包括她的仪态、风度、容貌、衣饰、举止、态度和风韵等方面，而不同的女孩所展现的不同的仪表美，会给人以不同的审美感受。不过，现实生活中，很多女孩误解了“仪表美”的真实含义，以为穿上流行的服饰，戴上耀眼的耳环或者把自己的头发染成五颜六色，这样的装扮就是“美”。

有一位妈妈曾经这样谈起自己的女儿：

一天，女儿兴冲冲地跑到我面前说：“妈妈，我要染头发！”我惊讶极了，女儿刚刚上小学一年级，怎么就想着染头发了呢？于是，我就问她：“你的黑头发不是很好看吗？为什么要染头发？”女儿说：“我们班的甜甜染了黄色的头发，好漂亮！大家都说她像芭比娃娃，很可爱！”我知道女儿一向很爱美，但她有一个不好的习惯，就是平时不太注意自己的个人卫生，所以，我瞅准这次机会，对女儿说：“芭比娃娃的可爱，不仅是她的头发，还有她整洁的衣服、干净的牙齿和脸庞。甜甜这么受大家的赞扬，最重要的是她平时是一个很爱干净的小女孩，如果她脸上脏脏的，衣服上都是泥巴，就算有好看的头发，是不是大家也不会喜欢她？”女儿认真地想了想，然后点了点头。接下来，我又告诉她只有干净整洁的小女孩才能长久地得到大家的喜欢，并鼓励女儿养成良好的生活习惯。

很多父母都会有这样的感受，不管女儿的相貌如何、衣着如何，如果她干净整洁地出现在众人面前，很快就会博得他人的喜爱，父母也会因此感到骄傲。当然，我们不是为了自己的面子才让女儿追求仪表美的，而是为了培养她的气质、良好习惯等。因此，父母不妨参照以下这些方法去做。

在日常生活中培养女儿的仪表美

一位母亲的教育经验是这样的：

我的女儿冬冬非常乖巧懂事，待人彬彬有礼。每次家里有客人来，她都会事先把屋子收拾整齐，把茶具摆好。

有一次，我的一位几年不见的老同学李梅来我家做客，女儿不但为她沏好茶，还用双手奉上，显得非常有礼貌。李梅很吃惊地对我说："你女儿真是太懂事了，非常有礼貌，还会主动和我交谈，待客的礼仪样样精通。我女儿在这方面就特别差劲，你快说说，你是怎么训练她的？"

我笑着说："我根本没有特意训练她，只是在她很小的时候我就让她跟在我身边，看我怎样招待客人。久而久之，她就学会了。当然，有时，我们也会从旁指导她一下。"

我们都知道，在人际交往过程中，一个有着高雅气质和良好风度的女孩，往往会成为社交场合的焦点，也更易获得大家的喜爱。父母在生活中不妨多带女儿出门拜访朋友、参加聚会等，从而教会女儿各种礼仪。

让女儿知道仪表美的标准

一个女孩的仪表对于她来说非常重要，父母必须把仪表整洁的标准告诉自己的女儿，让她知道在日常生活中应该怎样规范自己。一般来说，父母可对女儿做出如下几点要求：勤剪指甲勤洗头；早晚刷牙，饭后漱口；常洗澡常换衣；手脸干净衣整洁。

父母还应对女儿的站、走、坐以及动作、语言、神态等方面提出一些明确要求。比如身体直立、挺胸收腹，坐下时两腿并拢微侧，双手交叉放在膝盖上方，当着他人的面，要面带微笑，不能毫无顾忌地在众人面前剔牙、挖鼻等。

另外，日常生活中父母还应让女儿学会物品归位和叠衣服，这些对培养女儿爱整洁、做事情有条理都很有帮助。

引导而不是强迫女儿

很多时候，父母强迫女儿注意自己的仪表很可能会起到反作用。例如，父母让女儿梳好头发再出去玩儿，但女儿觉得没什么，如果父母一再坚持，女儿就会哭闹或者对父母产生敌对情绪。其实，教育女儿注意自己的仪表美，引导比强迫更重要、更有效。下面这位妈妈就做得非常好：

7岁的姚佳马上就要成为一名小学生了，为此她很兴奋，整天盼望着开学。但是她的妈妈却有些担忧，因为女儿个性比较顽皮，平时脸就像一个大花猫似的，刚给她洗完脸没一会儿就又脏了。现在，她就要上学了，不能再那么邋遢地出现在大家的面前了，于是，这位妈妈决定用引导的方法教育女儿注意自己的仪表。

例如，姚佳的妈妈在女儿开学前夕就带她去少年宫玩儿，那里的小孩子都把自己打扮得干干净净的，姚佳看到之后，觉得很不好意思。第二次去的时候，妈妈让她洗完脸再出门，她也没有说“不”。晚上回家之后，妈妈还会给她讲一些女孩爱干净的小故事，希望女儿能从中感受到干净整洁带给人的益处，如更受大家欢迎等。就这样，在妈妈一步步的引导下，小姚佳变得干净、整洁了。

细节63 培养女儿举止优雅的好气质

生活中，很多父母都希望女孩能够成为一个谈吐优雅、举止有仪的淑女。谈吐优雅、举止有仪带给女孩的好处实在太多了，它不仅增加了女孩自身的魅力，还赋予了女孩高贵的气质，让她们获得更多的赞赏和尊敬。

但是，在我们的身边，有些女孩的言谈举止就有失文雅。例如，有些女孩大大咧咧、谈吐粗俗、脾气暴躁，更有甚者还会像男孩子一样打架斗殴。

这的确是很让人头疼的事情，相信这些女孩的父母正为此而烦恼呢！

有一位妈妈就这样抱怨说：

我7岁的女儿是一个大大咧咧的女孩。别人家的小姑娘说话都是细声细气的，但是我女儿不仅大声地说话、唱歌，有时候还和小男孩去摔跤、爬树，没有一点儿女孩的样子。现在我非常着急，如果女儿一直这样发展下去，将来怎么办才好呢？

其实，尽管时代在变，但是人们对女孩的审美标准则并没有完全改变，那些谈吐优雅、举止有仪的女孩仍会受到大家的青睐。所以，为了让我们的女儿拥有更好的气质，我们一定要在言谈举止方面引导她们，让她们成为新时代的小淑女。

父母要为女儿树立一个良好的榜样

可馨的妈妈是一家建筑公司的项目经理。由于工作的关系，她非常豪爽，说话粗声粗气，有时候还会大声地批评下属。在妈妈的影响下，可馨也变得“不拘小节”，大喊大叫地唱歌，把玩具弄得缺胳膊断腿，有时候还带着小伙伴去和其他的小孩打架，俨然成了“孩子头”。

在气质塑造上，妈妈对女儿的影响是十分大的。女儿常常把妈妈当作自己的模仿对象，如果妈妈不注意自己的言谈举止，那么女儿也会变得“不拘小节”，并最终演变成一种常态。所以，要想把女儿培养成谈吐优雅、举止有仪的小淑女，妈妈首先要做一个优雅的女人。

告诉女儿成为淑女的标准

每位父母都希望女儿能够成为一个人见人爱的淑女。在生活中，当女儿一些言谈举止不符合淑女的标准时，父母常常提示甚至批评她们：

“不要这样大声说话！”

“不要挖鼻孔，文明一点儿！”

“淑女一点儿好不好！”

……

上面的做法并不好，一方面，我们用批评、说教的方式去引导女儿，会引起她们的反感；另一方面，我们没有告诉她们怎样的言谈举止才符合淑女的标准，所以，我们应该给她们提供一个淑女的标准。

第一，行为举止方面：站立的时候要身体直立、挺胸收腹，不要耸肩、塌腰，更不要表现得无精打采、萎靡不振；行走的时候要不急不缓，不要表现出慌乱、着急的样子；坐着的时候要挺直上身，不要半坐半躺，更不要抖腿、晃脚。另外，在待人接物的时候要从容大方，给人一种稳重的感觉。

第二，神情方面：在和人交往时，要常常面带微笑，表现出对他人的尊重和理解。另外，在公共场合不要做出剔牙、挖鼻孔、掏耳等不雅动作。

第三，谈吐方面：和人说话时不要粗声粗气，而要语气和缓，给人一种如沐春风的感觉。另外，在和人交往时要多用“请”“谢谢”“早上好”等文明用语。

总之，在培养女儿的言谈举止方面，我们不要用教训、批评的方式，而要把淑女的标准告诉她们，并让她们在生活中反复练习。通过父母的引导和反复练习，女儿肯定会成为一个人见人爱的小淑女。

为女儿寻找一个“偶像”

现在的孩子们都热衷于追星，这在小女孩身上尤为明显。如果让女儿盲目地去崇拜那些明星，会对她们的学业、价值观、审美观造成一定的消极影响。在这种情况下，父母不妨顺应女儿追星的心理，找一个言谈举止优雅、事业成功的女性让女儿去喜欢、去模仿，并让女儿最终也成为一个优雅的小淑女。

细节64 文明礼貌是女孩成功的必要条件

女孩要想拥有高贵的气质，不能只注重外貌，还要更多地关注自身的行为美，这是一个人仪表礼仪的重要组成部分。

在日常生活中，有些父母只是在女儿犯了错误的时候，简单地阻止女儿做那些不符合礼仪的行为，长此下去，女儿在心里就会形成这样一种观念——礼仪只是父母对自己的要求，不是一定要去遵守的做人的道德准则。在女儿心里，她不清楚为什么人要讲礼仪，为什么要对人以礼相待。

所以，教出好女儿，就是要将礼仪教育渗透到女孩的内心，让她在心中能够深切地领悟讲礼貌是人生必修的道德课，讲礼貌是做人最基本的道德准则，讲礼貌是人生走向成功的必要条件。

父母是女儿最好的老师

5岁的苗苗和妈妈一起出去玩儿，回到家时天已经黑了，由于她们家住在一楼，苗苗先蹦蹦跳跳地进去了。来到自家门前，苗苗用脚踹自家的防盗门，并且大声嚷嚷："开门，快开门！"

刚锁好车进来的妈妈看到苗苗的举动，很是生气，刚想发作，突然想起苗苗的爸爸每次回家晚了，也是同样的行为，便默不作声了。

孩子的模仿和学习能力是很强的，一般父母怎么做，她们都会记在心里，一有机会就会模仿。很多家长在外边总是很讲究礼仪，可是一回到家里，就完全变了样。女儿看到父母这种变化，会认为讲礼貌都是虚假的东西，是分场合的，不是很重要的事情，只需做给外人看就好了。

所以，教出好女儿，父母要时刻注意自己的言行，要做到表里如一，给女儿树立一个好的榜样，让女儿知道，礼貌不是面子工程，而是要贯彻在时时处处。

在日常生活中逐渐让孩子形成讲礼貌的习惯

举止高雅、懂礼貌的女孩一定会是社交场合中的焦点，也会受到大家的欢迎。但是要想培养出有礼貌的女孩，就要从小做起，不能等到孩子大了再培养。要想把女儿培养成讲文明懂礼貌的孩子，就要求父母在日常生活中时刻关注孩子的成长，时刻纠正孩子的错误，用正确且不伤害孩子自尊心的方法帮孩子改掉自身的缺点。

由于妈妈平时很注意对荣欣礼仪方面的教育，11 岁的她就懂得了待人接物之道，知道了礼仪的重要性。

有客人到她家拜访时，她先把客人迎进屋，并帮客人放置好衣物，然后给客人安排合适的座位。还懂得依照客人的需要，为客人拿水果和饮料。客人要离开时，她会叮嘱客人检查物品，并送到门口，和客人道别。

一次，妈妈的朋友乔阿姨到家里做客，恰巧爸爸妈妈都不在家。荣欣就以主人的身份接待了乔阿姨。她先把乔阿姨让进屋里，然后问乔阿姨想喝什么。在荣欣给乔阿姨递饮料的时候，乔阿姨看到小荣欣是用两手端着杯子的。由于爸妈都不在家，荣欣就主动和乔阿姨聊天，很大方地回答了乔阿姨提出的一些问题，没有半点儿的害羞和做作。当乔阿姨起身要离开时，荣欣主动和乔阿姨说：“您来我家做客，我很高兴，我爸爸妈妈也一定很高兴，这次不好意思，爸爸妈妈都没在家，希望您不要介意，欢迎您有时间再来做客。”

乔阿姨听了这些话，大为吃惊。回家的路上，她一直在想，荣欣年龄不大，可待客处世之道如此得体，她想到了自己的女儿，比荣欣还要大两岁呢，可是在这方面就差得太多了，看到长辈从来不打招呼，家里来了客人跟没看见一样。

在女儿还小的时候，妈妈不妨多带女儿出门拜访朋友，让她从最基本的礼仪学起。不要认为女儿年纪还小，没有必要学习，其实，孩子小时候的很多时间都是在学习，他会观察和学习身边的一切事物。所以，父母应该给孩子创造一个好的学习环境。

教育女孩不但要亲身实践，还要给女孩创造学习的环境，让她在家里家外都接触到良好的礼仪规范，这样女孩就会逐渐懂得礼貌的重要性，逐渐学会以礼待人。

细节65 让女儿拥有书香气质

“腹有诗书气自华”是亘古不变的真理。纵观古今中外，我们会发现很多名人都很喜欢读书，甚至有些人每天都手不释卷。的确，读书可以让人的心灵得到净化，心智得到提升。

一个缺少知识点缀的女孩，即便有美貌，也不会有迷人的气质。所以，女孩要想真正拥有迷人的气质，就应该多读书，养成每日读书的好习惯。一个常常读书的女孩在知识积累、感知能力、思考能力、表达能力以及判断能力等方面，都会有明显的优势。同时，女孩通过读书，还可以提高自身的文化修养和艺术品位，让自己能够以更宽阔的视角观察世界。

培养书香气的女孩，就是要培养女儿爱读书的习惯，让书籍成为女儿每天必备的精神食粮，用知识打造出一位气质超凡的女孩。爱上读书，女孩仿佛心有明灯，在繁华喧嚣的尘世中也会找到属于自己的一片宁静天空。

父母的读书习惯不可忽视

孩子都是喜欢模仿大人的，如果父母都是喜欢读书的人，那么孩子逐渐也会对书本感兴趣，继而养成读书的习惯。

晨慧有一对双胞胎女儿，读小学六年级，别看她们年纪小，但是平时所谈论的话题令大人们都自叹不如。

“我们国家的铁路工程发展太快了，要不了多长时间，春运回家难的问题就能解决了。”

“于丹老师的国学讲得真好，既有深度，还能让大众接受。”

“看了鲁迅的《呐喊》和《彷徨》，真佩服鲁迅先生的文采。”……

当有人问晨慧，为什么自己的女儿知道得这么多时，晨慧笑着说：“从女儿一岁开始，我每天就给她们讲故事；同时我也要求自己，每天看书的时间不能少于3小时。女儿渐渐长大后，她们就和我一起看书，看完还会和我一起讨论。”

作为母亲，晨慧是很有智慧的，她不仅仅教育女儿要多看书、多学习，还会身体力行，每天坚持不懈，让女儿在她的熏陶下长大，女儿喜欢读书自然就不足为奇了。

为女儿找到爱读书的小伙伴

萌萌已经9岁了，可是对读书一点儿兴趣都没有，每天只想着玩儿，把妈妈给她买来的课外读物扔到一边，看都不看。

一天，妈妈带着她去同事李阿姨家做客，李阿姨的女儿小童也是9岁，平时很喜欢读书。小童把萌萌领到自己的房间里，给萌萌讲了很多有趣的故事，萌萌开心得不得了。后来萌萌问小童从哪里知道得这么多，小童告诉她，是在书里看的，并且让萌萌看了自己的书。萌萌认真地翻看着小童的这些书，临回家时还爱不释手。

回到家后，萌萌做的第一件事就是找出妈妈给她买的课外读物，整理好，然后认真地看了起来。

孩子之间的影响是很大的，往往会超出大人对他们的影响。古人说得好：“近朱者赤，近墨者黑。”再加上每个孩子都有好胜心，都希望超越别人。当他看到别的小朋友因为读书懂得那么多时，就会激发他读书的热情。要教出好女儿，妈妈就要想办法激发出女儿对读书的热情，并持续下去。

调动女儿读书的兴趣

兴趣是最好的老师。当女儿对一些事情发生兴趣的时候，就会主动接近，从而深入研究。所以，要想培养女儿读书的好习惯，首先要培养她的兴趣，有兴趣才会有继续向前的动力。

一位聪明的妈妈是这样培养女儿读书的习惯的：

当女儿被某些问题难住时，我会告诉她："你可以去看看书，书里会有你想知道的答案。"开始，女儿并不是很满意我的回答，还是缠着要我回答，这时我就会帮女儿找到有关的书籍，找到她要的答案，让她自己看。渐渐地，女儿不再缠着我，而是自己去找书，自己解决疑问了。每当她在书里找到了答案时，就会惊喜不已，跑到我面前说："妈妈，你不告诉我，我也知道了，书里面都写着呢！"这样，女儿渐渐地喜欢上了读书，由开始有了问题才看书，到后来每天都会找时间看书。

为了让女儿这种读书的习惯一直保持下去，每当女儿看完一本书，我都会问她："和妈妈讲讲这本书里的故事，好吗？告诉妈妈你为什么喜欢这本书？从中你得到了什么启示？"

家里来客人的时候，我也常常鼓励女儿："女儿，讲个故事给叔叔阿姨听吧！"女儿从不怯场，总是绘声绘色地讲故事，讲完后特别有成就感，这种成就感更激发了女儿读书的热情。慢慢地我发现，经常读书不仅开阔了女儿的视野，也锻炼了她的表达能力，词汇量也得到了积累。

这位妈妈做得很好，她不仅让孩子喜欢上了读书，还使孩子从读书中体会到了乐趣和成就感。我们可以学学这位妈妈循序渐进的教育方式，让女儿把读书看成是生活中的一部分。

细节66 帮女儿走出腼腆、羞怯的困境

和男孩相比，女孩更容易腼腆、羞怯，这一点很多父母都深有体会。在生活中，我们常常看到这样的女孩：

佳妮是一个很害羞的小姑娘。一次，幼儿园老师向她的妈妈反映："佳妮很聪明，喜欢看书，但是缺点是有点儿腼腆。有时，让她上台讲故事，她总是低着头，说话的声音也很小；让她组织小朋友做操，她总是摇头不肯。"

心理学家研究发现，孩子在1～2岁时出现害羞现象是正常的，但是超过这个年纪仍然常常感到害羞，父母就需要多加关注、多加引导了。

女孩容易出现害羞现象，和她们的性别有一定的关系，因为女孩有时不像男孩充满那样充满自信。但是一些女孩常常害羞、不敢见生人，往往是由于家庭教育不当引起的。

要想让女儿克服羞怯心理，就是要让女儿变得有教养、有见识、待人接物落落大方，充满自信地表现和展示自己的优势和特长。

要多肯定女儿

这是一个看似容易却并不容易做到的方法，要求妈妈在正确的时间，根据具体事情，给予正确的肯定。但也不能简单地为了肯定而肯定，那样会给女儿的心理造成不好的影响。比如，女儿本身并没做什么事情，妈妈随意地夸奖了女儿，说女儿是最好的、最棒的、最优秀的等，这样开始时女儿可能会很高兴，但是久而久之，就会认为妈妈是在敷衍她，不是真心地夸她，进而对妈妈的夸奖充耳不闻。

5岁的乔乔模样俊美，但就是性格过于腼腆，不太爱说话，在幼儿园也不太合群。妈妈看着乔乔这样，也很着急。为此她专门咨询了心理医生，得知女儿形成这样的性格是因为不自信，平时得到父母的肯定太少了。乔

乔的妈妈经过反思后，认为责任在于自己，自己确实很少夸女儿。

于是，她决定改变对女儿的教育方式，以表扬和鼓励女儿为主。后来，她经常对女儿说：“宝贝女儿真好，你是最棒的。”“乔乔真优秀。”……

开始确实挺有效果的，乔乔变得快乐许多，可是时间一长，妈妈发现乔乔又和从前一样了。一天，妈妈到幼儿园接女儿，乔乔看到妈妈就哭了起来，并且一直说：“妈妈是骗子。”妈妈大惊，不知道是什么原因，后来乔乔才说：“我根本就不是最棒的，别的小朋友都比我强，他们讲的故事都比我好。今天老师让我上台讲故事，可是还没讲到一半，小朋友们就笑我，说我讲得不好。”

在教育女儿的过程中，很多妈妈可能都遇到过乔乔妈妈的这种情况，其实，只要你从实际出发，你的表扬就是有效的，女儿就会真心接受。多注意女儿的言行，给予真诚的评价，这才是最重要的。

树立女儿的自信心

一些女孩之所以形成腼腆、害羞的性格，主要原因是她们缺乏自信心。细心的父母可能会发现，那些腼腆、羞怯的女孩不愿意接触陌生人，但是非常愿意帮助那些比自己年纪小、更柔弱的孩子。为什么会出现这种情况？这是因为和这些更柔弱的孩子相处，她们能够找到一种优越感和自豪感，让自己的内心得到满足。所以，当女儿出现腼腆、不愿意和人交往的情况时，父母先要树立她们的自信心，当她们摆脱了那种自卑心态时，她们才能够真正做到落落大方。

要鼓励女儿敢于和陌生人交流

甜甜的父母经常和甜甜说，无论到哪里，千万不要和陌生人说话，现在坏人多，如果碰上拐卖人口的，就会把她拐跑，她就再也看不到爸爸妈妈了。小甜甜很听话，从来都不和陌生人说话，即使家里来了客人，她也会躲到自己的房间里，有时爸爸妈妈叫甜甜出来见见客人，她也躲着不肯见。

很多时候，父母怕自己的孩子受骗，有危险，就向孩子传达了这么一种错误的信号，让孩子觉得凡是陌生人都是有危险的，这个世界上坏人比好人多。有这种想法的孩子往往会形成胆小、怯懦、怕事、逃避的性格。而女孩尤其严重，因为女孩天生就比较胆小，再加上父母这种夸大危险性的教育方式，那么女孩就会变得更加胆小。

培养大方得体的女孩，是要让女孩多看到社会美好的一面，毕竟这个社会还是好人多，妈妈要教给女儿的是识别坏人和防范坏人的方法，而不是躲避一切陌生人的极端做法。

细节67　教女儿养成良好的卫生习惯

詹姆士·杜布森博士是美国一位著名的教育家，也是“爱家协会”的创建者和会长。“爱家”是一家教育机构，致力于家庭的保护和发展。每个月，他都会收到数以万计的电子邮件和信函。有一次，他收到了一个叫伊丽莎白·克里斯廷·海斯的9岁女孩的一封信，题目是《女孩比男孩好》，非常有趣。

1. 女孩闭着嘴巴吃东西。

2. 女孩不挖鼻孔。

3. 女孩的头发梳得要漂亮。

4. 女孩没有那么多体味。

5. 女孩不会把房间弄脏。

6. 女孩打喷嚏时会用手捂住嘴。

7. 女孩洗脸的次数比男孩多。

……

这个小姑娘列举了31条之多，其中有一半是在讲女孩比男孩更干净、整洁、更讲卫生。确实如此，与邋遢、不爱洗澡、不爱讲卫生的男孩相比，女孩更干净漂亮。然而，干净整洁、注重仪表虽然是女孩的优点，但是并非每个女孩都能做到，生活中也有很多不讲卫生的女孩。总之，一个女孩，无论她长相如何，只要干干净净、衣着整齐地出现在大家面前，很快就会博得大家的好感。而一个女孩即使长得再漂亮，但是邋里邋遢、衣着凌乱，肯定不会获得大家的喜爱。此外，不讲卫生还会影响孩子的身体健康。所以，我们在女儿很小的时候，就要去引导她们，让她们慢慢养成讲卫生的好习惯。

父母要以身作则

每个父母都希望自己的女儿干干净净、人见人爱。有些父母为了培养女儿干净整洁的好习惯，常常教训女儿：

"饭前要洗手，怎么又忘了？"

"刷牙了没有？不刷牙不准吃饭。"

"该洗澡了，快去洗澡！"

"把你的屋子收拾一下，乱死了！"

这种批评式的教育方式非常不好，它们不仅很难起到教育作用，还会引起孩子的反感。其实对父母来说，最好的教育方式就是以身作则。如果父母在生活中总是干干净净、注重自己的仪表，女儿通过耳濡目染，也会养成干净整洁的好习惯。反之，如果父母非常邋遢，女儿也就"见怪不怪"了，再脏再乱的环境都能忍受下去。所以，父母要想培养女儿干净整洁的好习惯，自己首先要以身作则，做到干净整洁，给女儿树立一个良好的榜样。

让干净整洁成为女儿的一种"习惯"

6岁的丹雪是一个爱干净的小姑娘。每天早晨起床，她不用父母提醒，自己就去刷牙洗脸，然后把头发梳得好好的。吃东西的时候，她会把手洗得干干净净的。她自己的衣服、玩具也总是收拾得整整齐齐的，要用就能找到。丹雪能够养成这样的好习惯，和父母的教育是分不开的。在她3岁的时候，父母就开始让她自己洗脸、刷牙、梳头。等她长大一些，父母开始教她叠衣服、收拾玩具，并告诉她把这些东西放在哪里。慢慢地，丹雪养成了干净整洁的好习惯，不用父母提醒就能做得非常出色。

心理学家研究证明，孩子在12岁之前可塑性是非常强的，如果父母能够抓住这个时机培养孩子的好习惯，将会使孩子终身受益。在培养孩子干净整洁、讲卫生方面，父母应该从小抓起，让他们尝试着刷牙、洗脸、梳头，并告诉他们饭前便后要洗手。等孩子长大一点儿，再教他们叠衣服、收拾屋子。

刚开始时，孩子可能不愿意学，也可能做不好，在这种情况下，父母不要批评孩子，也不要表现出不耐烦，而要耐心地去教导他们，让孩子逐渐养成干净整洁的好习惯。

严格按规矩执行

为了培养女儿干净整洁的好习惯，很多父母都会制定相应的规矩，例如，早起要刷牙洗脸、饭前要洗手等。但是很多女孩并没有养成干净整洁的好习惯，这和父母的“执行不力”有很大关系。

场景一:妈妈买了女儿最爱吃的天津麻花,女儿抓起来就要吃。妈妈说:“我不是告诉过你吗，吃东西前要先洗手。”女儿急匆匆地跑到洗手间，用水龙头冲了两下就跑了回来。妈妈说:“你没洗干净,再去洗洗。”女儿仍是“故伎重演”。最后妈妈无可奈何地说：“真拿你没办法，就这样吧。”

场景二：7岁的毛毛把屋子弄得乱糟糟的。妈妈生气地说：“快把你的屋子收拾一下，太乱了！”毛毛说：“妈妈，我要写作业了，要不然就完不成了。”妈妈没办法，只好动手为女儿收拾屋子。

从上面这两个事例可以看出，由于妈妈的娇惯和放纵，最终让女儿打破了自己所制定的规矩。而这些规矩一旦被打破，也就失去了对女儿的约束力，最后也无法培养出女儿干净整洁的好习惯。所以，当我们制定好这些规矩之后，一定要让女儿严格执行，不能有丝毫的妥协和退让。

细节68　激发女儿对跳舞的兴趣

女孩跳舞有非常多的益处，例如优美形体、增强女孩肢体的柔韧性和灵活性、使动作更加协调、提高女孩的审美能力、提升女孩的自信心等。所以，我们要想让女儿成为一个气质非凡的人，就应该从小让她学习舞蹈。但是，让女孩学习舞蹈并不是一件简单的事情，因为每个女孩的协调能力等都是不一样的，而且对舞蹈的兴趣也有所差别。那么父母如何激发女孩对舞蹈的兴趣呢？

培养女孩对舞蹈的兴趣

有一位母亲的教育经验是这样的：

我非常喜欢在日常生活中培养女儿对舞蹈的兴趣：每当下班后回到家，我都会陪着女儿看少儿节目。如果有小朋友跳舞的节目，我就会高兴地对女儿说："小朋友跳得真好啊，我的宝贝女儿要是会跳，妈妈就可以天天看了。"

每当我带着女儿去公园的时候，当看到很多蝴蝶时，我就会对女儿说："看，蝴蝶在跳舞呢，多漂亮啊。女儿，你要是会跳舞的话，也一定很美丽。"

无论是电视上的舞蹈，还是大自然中蝴蝶的舞蹈，都是可以模仿的。如果女孩在跳舞方面得到父母的支持，那么就会增加她对跳舞的自信和兴趣。

不过，学习舞蹈还是应该去专业的舞蹈学习班，在这里父母要注意，在把女儿送进专业的舞蹈学习班之前，一定要考虑女儿的兴趣和身体素质；而且进行专业舞蹈学习的孩子，年龄不能太小，一般来说，5 ~ 12 岁是孩子身体发育的最重要时期，在这个阶段学习舞蹈，对女孩的成长大有益处。

延迟满足女儿学习舞蹈的心愿

泰妍一直缠着父母要去学舞蹈，可妈妈知道学舞蹈是很苦的，孩子很容易会打退堂鼓，这样很不利于孩子的健康成长。于是，妈妈故意说不让她去学，理由是怕她打退堂鼓、怕她浪费钱。

刚开始，泰妍听妈妈这样一说，有点儿犹豫，可马上又说：“妈妈，我不怕苦，我会坚持到底的，我不会打退堂鼓的！”妈妈又故意不答应她，一来是吊吊她的胃口，二来是使她以后训练时不敢因怕苦而不练。

虽然妈妈口头上不答应泰妍，可妈妈却经常有意带她去看小朋友们跳舞，还经常在她面前夸哪个哪个小朋友跳得很好，妈妈很喜欢她，很欣赏她。这一下泰妍可急坏了，又不敢硬缠，便悄悄地观察妈妈，只要妈妈一高兴，就向妈妈提起要去跳舞的事（其实妈妈也在观察她）。

过了一段时间，妈妈知道时机到了，故意很勉强地答应了，还对泰妍提出不准半途而废的要求。这时的泰妍只顾着高兴，就很痛快地答应了。果然，在日后的舞蹈学习过程中，女儿所表现出的努力程度、坚韧程度，要远远高出其他女孩许多。

延迟满足被应用在家庭教育的许多领域。学习舞蹈是很苦的，很多女孩都会在学习的过程中因为怕疼、怕累而最终半途而废。因此，当你的女儿向你提出学习舞蹈的请求时，父母一定要记得延迟满足她的心愿。只有让她知道自己的学习机会来之不易，她才能鼓起勇气继续坚持、继续努力，最终学有所成。

细节69 带女儿走进绘画的王国

绘画是女孩最直接的、最自由的、最便捷的情绪表达方式。女孩可以通过自己的亲身体验以及敏锐的观察力和丰富的想象力，把见到的有趣的事、人物、动物、环境、大自然用手中的画笔描绘出来。

绘画不但让女孩体验美、画出美，还能提升女孩的审美情趣和个人修养。对此，那些培养女孩绘画能力的父母，最有发言权：

“女儿自从开始学画画，她的观察能力和审美能力都大幅度提升。”

“我发现女儿自从进入绘画的世界里，她的想象力变得更丰富了，而且更有耐心了。”

……

不难看出，在绘画的过程中，女孩的审美能力、创新能力等都得到了提高。而且在女孩描绘出美景的同时，她们也学会了发现美、观察美、体悟美、展现美。所以绘画对于女孩来说是一项有利于她成长的活动。

可是，有些父母认为女儿没有绘画天赋，胡乱涂鸦一点儿艺术感都没有。事实上，女孩并非一定要有天赋才可以学绘画。要知道绘画对孩子的感知能力、想象力、动手能力等各方面都有很好的锻炼和开发，十分适合女孩学习。

那么父母如何才能更好地培养女孩对绘画的兴趣呢？下面这些教育方法或许会给你答案：

培养女儿的绘画兴趣

有一位母亲的教育经验是这样的：

我一有时间就会带女儿去逛公园或者去郊游。女儿很高兴，因为她可以和美丽的蝴蝶玩耍，可以摘到小野果，可以看到好多小昆虫。

有一次，女儿看到一只粉嫩的蝴蝶非常漂亮。正当她走到蝴蝶身边时，蝴蝶一下就飞走了。女儿伤心地哭了起来，非要我找到那只蝴蝶。

我问女儿："宝贝，你喜欢刚才那只蝴蝶是吗？很漂亮对吧？"

这一问不要紧，女儿哭得更伤心了。

我继续说："你应该还记得蝴蝶的样子吧？"女儿点点头。

我说："我教你一个办法，能让你再看到那只蝴蝶。"

女儿停止哭泣，问："妈妈快说，什么办法？"

我说："你可以凭你的记忆把蝴蝶画下来呀，这样你什么时候想看它就能看到了。"

回到家后，女儿果然认真地画起了蝴蝶。

女孩眼中的世界是绚丽多彩的，我们可以带着女儿去大自然中寻找美，然后引导女儿用画笔把"美"留住，让女儿在大千世界中学会观察、感悟，让她热爱这个世界，让她把大自然当成最好的素材，进而培养她的绘画兴趣。

例如经常带女儿去公园、动物园、植物园等地方，让女儿学着仔细观察身边的一切，并用画笔描绘出来。

不管女儿画得如何，都要多鼓励

有一次，美术老师正在教孩子们学画水彩画，英英的妈妈来接女儿了。英英马上把自己刚画好的画递给妈妈，妈妈拿着画，仔细研究了半天，也没有看出女儿画的是什么。"这是什么呀？"妈妈小声问英英。"是猫呀。"英英话音未落，妈妈就连着夸奖："是猫，是猫，画得真像！我们英英好棒，猫画得真好！"说着眉开眼笑地领着英英回家了。

过了一段时间后，英英的这幅画获得了地区绘画比赛的一等奖。评委们说孩子的绘画作品很有创意。

当女儿对某些活动有兴趣时，父母如果能像英英的妈妈那样理解女儿，并表现出由衷的赞赏，就会给女儿极大的鼓励，促进她相关能力的逐步提高。

细节70 挖掘小公主的音乐天赋

音乐是一种需要心灵感受的独特语言，很多孩子在妈妈肚子里的时候就会对音乐产生独特的感觉，例如听到某个音乐，他会踢踢母亲的肚子，代表他喜欢；或者一听音乐，他就很安静。

音乐不仅可以提高女孩对情感的体验和感受能力、陶冶情操，还可以提高女孩的审美能力和文化修养。

对于如何帮助女孩挖掘出她的音乐天赋，日本著名的音乐教育家铃木镇一是这样说的："儿童学习音乐首先应该学习听完整的优秀音乐，只有多听才能进步得快，听得不够的儿童将缺乏乐感。"他还认为，儿童可以像学会本国语言那样自然地学会理解音乐，只要能为儿童创造一种像祖国语言环境一样的优良的音乐环境，让儿童每日沉浸于其中，任何儿童都可以轻易地掌握那些最优秀的人类音乐文化遗产。

不过，随着音乐教育的普及，女孩父母也产生了无数的烦恼：

"乐器的种类繁多，真不知道为女儿选择哪一种。"

"花了一个月工资给女儿买了一把小提琴，可是她没学几天，兴趣就没有了，枯燥的练习使她很快产生了抵触情绪。"

……

以上这些对于女孩学习音乐的困惑都是正常，这也是我们挖掘和培养女孩音乐才能中经常遇到的问题。对此，父母不妨参考下面这些建议：

教女儿学音乐时，不要把音乐天赋看得太重

为了培养女儿王果的音乐才能，在日常生活中，妈妈常常会让音乐伴随着她的活动。如起床时，妈妈会给王果播放一些活泼、有力的乐曲；吃饭时，再播放一些优美、舒缓的乐曲；临睡前，播放一些安静的乐曲；即便是给王果讲故事，妈妈也会选择一些和谐的乐曲做伴奏，增强情感的渲染。有时，妈妈还鼓励王果跟随音乐的节拍有节奏地做动作，如踏步、打拍子、跳舞等。

王果妈妈的教育方法很值得其他父母一试，她并没有着重培养女儿的音乐天赋，而是让女儿去感受音乐，去体会音乐的节奏感和美感，久而久之，当女儿生活在一个充满了音乐的环境中，她对音乐的感受力就会比常人敏锐，音乐修养自然也会随之提升。

学会延迟满足女儿学习音乐的愿望

心理学家通过对儿童的跟踪调查发现，越是让孩子轻易实现的愿望，孩子往往就越不会珍惜。所以，我们时常会听到有些家长说："刚给女儿买了架钢琴，她学了两天就嫌太累。后来她又对吉他产生了兴趣，可给她买了吉他没两天，这孩子又放弃了。这孩子怎么没有一点儿长性啊！"

有一位母亲的教育经验是这样的：

女儿非常想要一架钢琴，但是我没有立刻满足她，因为我不想让她成为"想要什么就能得到什么"的"小公主"。

在我确认了女儿对学习钢琴的确有兴趣后，我认真地告诉女儿："钢琴很贵，要用掉好多好多的钱，妈妈要认真地工作一段时间，把钱攒够后才能给你买，你得等一等。"

一段时间过去了，女儿一直记着我的话，当她再次向我提到这件事时，我故意面露难色，无奈地说："女儿，抱歉，钢琴实在是太贵了，你能不能再等一等呢？"女儿虽然有点儿失望，但还是答应了。

到了向女儿履行诺言的时候了，我拿出三万元钱，故意叫工作人员将它们换成每张 10 元面额的，然后将一大堆钱带回家摆在女儿面前，告诉她要花这么多钱才能买到一架钢琴。女儿看到面前的这么多钱，惊讶得张大了嘴。

就这样，通过我的苦心，女儿理解了一架钢琴的价值，她不仅很自觉地爱护这架钢琴，并非常认真地学习钢琴。

第10章

学习力，让女儿更上一层楼

一个人种了一棵葫芦苗，天天去浇水、施肥，盼着早点儿结出葫芦来。后来葫芦苗上结出了小葫芦，但是叶子上也生了一些蚜虫。他的邻居劝他别光盯着葫芦，赶紧治一治叶子上的蚜虫。这个人奇怪地说："什么？叶子上的虫还要治？我要的是葫芦，又不是叶子。"后来蚜虫越来越多，小葫芦也一个一个地掉光了。

现在很多父母只盯着孩子的成绩，却不注重培养孩子良好的学习习惯，也不教授孩子高效的学习方法，这样的做法和寓言中的那个人犯了同样的错误。

细节71 赋予女儿积极的进取心

由于性别的差异，男孩和女孩在集体中的关注点是不同的。当进入一个新集体时，男孩想到的第一件事就是谁当“头儿”。如果没能当上“头儿”，他们会暗暗努力，并暗自和“头儿”较量，想着超过并取代他。而女孩当“头儿”的欲望不是那么强烈，即使有些女孩希望自己能够当上班长、学习委员，也是为了获得父母和老师的青睐，而不是对权力本身的追求。

诗琪是一个聪明伶俐的小女孩，像其他的女孩一样，她也不太喜欢竞争。前些天，妈妈到邻居家做客，才知道诗琪的班里正在选班长。诗琪邻居家的小孩宇宇和诗琪在一个班，他对诗琪妈妈说：“阿姨，我们班正在选班长，诗琪报名参选了吗？我是班里第一个报名的，我一定要把班长的宝座抢到手。”

看着宇宇自信满满的样子，诗琪妈妈非常羡慕，再想想自己的女儿，根本没和自己说过有这么一回事。回到家，诗琪妈妈问：“听宇宇说，你们班正在选班长，你报名参加竞选了吗？”

当时诗琪正在看动画片，连头也没回，说：“我才不报名呢，当班长有什么好的。”

妈妈说：“当班长怎么不好，不仅会得到老师的器重，同学们也会非常羡慕你的。”诗琪依旧看自己的动画片，一边看一边不以为然地说：“我才不羡慕呢，谁喜欢当谁就当去吧。”

和男孩相比，女孩不太喜欢竞争和挑战。我们都知道，现在的社会是一个竞争激烈、优胜劣汰的社会，谁的进取心强、谁对成功充满渴望、谁不害怕竞争，谁才有可能在社会上脱颖而出，成为社会中的人才和精英。所以，为了能让女儿获得成功，我们应该培养她们积极进取的个性。

鼓励女儿参加各种竞赛

让女儿多参加竞赛活动，既可以让她们适应激烈的竞争，还可以培养她们的自信心。有些女孩不愿意参加竞赛类的活动是因为缺乏自信，害怕丢面子。这时候，父母需要多给她们鼓励，并告诉她们，比赛的成绩并不重要，重要的是比赛的过程以及在比赛过程中得到的锻炼和提高。当女儿参加完比赛，无论成绩如何，我们都要提出适度的表扬，这样可以提高她们参加比赛的积极性。我们应该相信，当女儿勇敢地迈出展现自我的第一步，她们就会慢慢变成一个自信、积极进取的人。另外，如果女儿非常缺乏自信心，可以多让她们参加一些自己比较有优势的比赛。这样，孩子的自信心才会慢慢培养起来，从而有勇气去和他人竞争。

为女儿树立理想和目标

乐萱是一个聪慧的小女孩，但是由于不用功，学习成绩只能在班里排到中下等。有一天，妈妈趁着女儿高兴，对她说："新学期到了，妈妈给你制订一个学习目标，好不好？"乐萱非常爽快地答应了。妈妈说："上次期末考试你的成绩在班级40个人里面排名第23位，这次期中考试能不能排到第20位呢？"乐萱想了想说："一共才前进3个名次，没问题。"妈妈说："既然你同意妈妈制订的学习目标，那我们就用笔写出来，贴在你的书房里。"妈妈找来纸和笔，把制订的学习目标写出来，贴在了女儿的书房里。以前，乐萱十分贪玩，但是每当看到这张贴在墙上的学习目标时，她马上就不玩了。乐萱本来就非常聪明，再加上学习比以前用功，她的考试成绩一下子进了前14名。

乐萱的妈妈是一位非常聪明的母亲，她懂得为女儿制订学习目标的重要性。有这样一句名言："理想是前进的动力，是照亮道路的火炬。"一个人树立了理想和目标，在前进的道路上就会充满动力，并且不会迷失方向。所以，我们要引导女儿树立远大的理想，并且鼓励她为自己的理想去拼搏、去奋斗。

在给女儿制订目标方面，我们应该遵循以下原则：第一，不要把自己的意愿强加给女儿。如果这项目标是父母单方面制订的，孩子不仅没有执行的兴趣，甚至还会产生厌烦情绪，这项目标自然也不会得到很好的执行。第二，制订的目标要适中，最好是女儿“跳一跳”就能达到的那种。如果我们把目标订得太高，女儿不仅不能完成，可能还会挫伤她的积极性和进取心。

多给女儿积极的评价

妙佳是一个学习非常努力的孩子，但是数学成绩一直不好。有一次，她的数学只考了62分。当她把成绩单给妈妈看时，心里非常不安。但令她吃惊的是，妈妈看了看成绩单，不仅没有批评她，反而拍着她的肩膀说：“虽然你的数学不太好，但是你的语文非常棒。而且你是一个学习努力的孩子，只要你再接再厉，一定会学好数学的。”听了妈妈的话，妙佳悬着的心终于放下了，并且没有对数学失去信心。

生活中，常常有父母抱怨：“我家女儿就知道玩儿，学习成绩也不好，连一点儿进取心都没有。”不知大家想过没有，很多时候女儿没有进取心是我们一手造成的。例如，当女儿做某件事没有达到我们的要求时，我们没有鼓励她们，而是给了她们太多的责备。由于不断受到父母的否定，女儿早已失去了做下去的兴趣，甚至还会产生一种想法：我怎么也达不到父母的要求，还不如不努力呢。所以，我们要多给女儿积极的评价，让她们从我们这里获得前进的动力。当她们逐渐建立起自己的自信心时，就自然会变得积极向上了。

细节72 激发女儿的学习兴趣

7 岁的诗诗是一个活泼可爱的小女孩。但是她一点儿也不喜欢学习。父母给她买来好多童话书，她连看也不看一眼。每天放学回来，她要做的第一件事情就是看动画片。妈妈催她很多次，她才极不情愿地去写作业。为了让女儿能够认真地写好作业，妈妈把其他事都放到一旁，专门陪在女儿身边监督她写作业。有妈妈在身旁监督，诗诗会装做很认真的样子写一会儿，但是等妈妈“放松警惕”的时候，她就开始摆弄自己的小刀、铅笔和文具盒了，因为她对学习没有兴趣。因此，诗诗的学习成绩非常差，常常排在班里的倒数几名。妈妈常常无可奈何地说：“人们都说女孩爱学习，可我女儿为什么就不喜欢学习呢？”

和男孩相比，女孩安静、听话、有耐心，也更热爱学习。但是也并非每个女孩都这样，就像上文中的诗诗一样。

为什么会出现这样的情况呢？这和她们没有学习兴趣有关。爱因斯坦说过：“兴趣是最好的老师。”如果没有学习兴趣，她们会把学习当成一件苦差事，躲避还来不及，哪还会安下心来学习呢？所以，我们要试着培养女儿的学习兴趣，让她们认识到学习的意义。只有这样，她们才会爱上学习，才会主动地去学习。

所有的兴趣都是培养起来的，学习兴趣也是一样。那么，我们应该怎样培养女儿的学习兴趣呢？

不强迫女儿学习

很多孩子产生厌学情绪都是由于父母教育不当引起的。很多父母为了让孩子能够多学知识，完全不顾及孩子的感受，定时间、定任务地强迫他们学习。这样做是不对的。孩子的年纪还小，不知道学习的重要性，如果父母强迫他们学习，很可能让他们产生厌学情绪，甚至会把学习当成一件苦差事。这样的想法一旦形成，便很难再唤起他们的学习兴趣。所以，我们千万不要用强迫的方式来让女儿学习。

当然，不强迫女儿学习并不等同于放任自流，而是要引导女儿学习。在引导女儿学习方面，我们可以从以下三个方面入手：

第一，尊重女儿的兴趣，多给她们一些自由宽松的时间，让她们自己去选择感兴趣、喜欢的东西；

第二，每次学习时间不宜过长，学习任务也不要太重，否则会给女儿很大的压力；

第三，当女儿取得进步的时候要适度表扬，这样可以提高她们学习的积极性。

将女儿原有的兴趣和知识学习结合起来

8岁的莹莹上小学三年级，她最近开始学习怎样写日记，但是总觉得没有东西可写，每次都是东拼西凑，应付了事。有一天，她正对着作文本发愁，妈妈对她说："你不是喜欢读郑渊洁的《皮皮鲁和鲁西西》吗？你可以在日记里面写一篇读后感啊。"莹莹听从了妈妈的建议，很快就把一篇日记写了出来。从那以后，每当莹莹觉得没有东西可写的时候，妈妈都会让她写最熟悉和最感兴趣的事情。经过妈妈一段时间的提示，莹莹再也不为写日记而头疼了。

我们都有这样一种经验：如果我们对某事物了解、感兴趣的话，我们就愿意接触与之相关的事物。例如，某个电视剧热播的时候，我们就愿意读原著小说。同样的道理，孩子也是愿意接触和学习他们原本就熟悉、有兴趣的东西。所以，父母要善于将孩子原有的兴趣和知识学习结合起来，培养和激发他们新的兴趣。

例如，孩子要学习自然、生物，父母可以告诉他们，在这些相关图书上可以找出他们关心的"下雨为什么会打雷""小猫睡觉为什么会打呼噜"

的答案。这些都是孩子以前有兴趣和关心的东西，当它们和新学的知识发生了联系，孩子自然就愿意学习了。

让女儿在学习中享受到快乐

阿雪在三年级开始学习英语，但是她对英语一点儿兴趣也没有，一看到那些小蝌蚪一样的字母就头疼。有一天，妈妈看到她在学习“shopping（购物）”这一章，就对她说：“女儿，咱们用英语做个游戏好不好，由你来当商店的老板，妈妈做你的顾客。”阿雪非常爽快地答应了。

两个人开始用英语进行交流，当遇到女儿不懂的地方，妈妈就让她反复练习。结果女儿玩了1个多小时，仍然意犹未尽，那一章的内容也基本掌握了。从那以后，妈妈经常用英语和女儿做游戏，阿雪不但非常喜欢，而且再也不讨厌学习英语了，英语成绩也显著提高了。

对于孩子来说，他们学习的目的不是获取知识，而是从中得到快乐。所以，我们要让女儿在学习中获得快乐，这样才能激发她们对学习的兴趣。至于如何让女儿从学习中获得快乐，方法也是多样的，例如，将游戏导入学习，和女儿进行互动，在女儿取得进步时给予表扬，开展家庭竞赛，倾听并和孩子讨论学习情况等。

细节73 培养女儿良好的学习习惯

孩子学习成绩的好坏，与其是否具有良好的学习习惯有着密切的关系。教育家叶圣陶先生曾经说过：“什么是教育？简单一句话，就是养成良好的习惯。”国外教育家研究发现，一个孩子学习成绩的好坏，20%和智力因素有关，80%和非智力因素有关。而在兴趣、信心、意志和习惯等非智力因素里面，习惯又占据着重要的位置。考试，尤其是中考、高考这样的大型考试，是对学生平时学习情况的一个彻底考查，这其中就包括对学生学习习惯的考查。如果孩子在平时不注重培养良好的学习习惯，这些缺陷就会在考试中暴露出来，就如下文中的岚岚一样。

岚岚是一个聪明、伶俐的小女孩，学习也非常用功，但是每次考试成绩都不理想，有时候甚至连卷子都答不完。岚岚的老师感到非常奇怪，后来经过家访才知道了其中的原因：岚岚喜欢一边吃东西一边写作业，每次写作业都拖拖拉拉，花费的时间很长。由于养成了拖拉的习惯，她在考试时也是磨磨蹭蹭的，最后自然无法将考卷全部答完了。

教育家研究发现，小学阶段是培养孩子良好学习习惯的最佳阶段。所以，为了我们的女儿能够取得优异的学习成绩，我们一定要注重培养女儿良好的学习习惯。

可是，良好的学习习惯有很多种，我们应该重点培养哪几种呢？

培养女儿学习细心的好习惯

认真、细心直接关系着女孩的学习成绩。一个做事粗心大意、马马虎虎的女孩肯定不会取得好的成绩。所以我们一定要注意培养女儿认真、细心的学习习惯。

一位优秀的妈妈曾经这样谈起自己的育女经验：

我7岁的女儿上小学二年级，是一个马虎大王。她常常看错题，书上明明写的是“169”，她却看成了“196”。有时候她在演算纸上算出来的是“6”，写在卷子上的却是“0”。更可气的是，她有时候连老师留的作业都忘记了。后来我给她提出了几点要求，让她努力做到。

第一，把老师留的作业一项一项地记在一个小本子上，写完一项在上面画一个对号。这样既不会出现忘记的情况，完成起来也更有条理性。

第二，看书、写作业的时候不要三心二意，看书就是看书，写作业就是写作业。

第三，写作业时多看两遍题，把题目弄懂后再下笔，不要匆匆扫过一遍就开始写。

第四，写完作业后自己检查一遍。以前都是我给女儿检查作业，这就养成了女儿的依赖性，从此以后我都让女儿自己检查。

女儿按照我的要求坚持了一段时间，现在已经很细心了，学习成绩也有了很大提高。

培养女儿善于发现问题的好习惯

孩子在小时候往往会有很多稀奇古怪的问题，但是等上学后，特别是随着年龄的增长，这些问题反而越来越少了。这是一种非常不好的情况，孩子不思考、不提问，而是全盘接受老师讲授的内容，就不能加深对知识的理解，更不能培养出创新的精神。所以，我们要培养女儿善于发现问题的好习惯。

著名教育专家李镇西老师就非常注重培养自己的女儿发现问题的好习惯。李老师不仅鼓励女儿向老师提问，有一段时间，甚至“逼”着女儿每天必须到办公室向老师请教一个问题。他还为女儿总结出一系列深入思考问题、发现新问题的方法，在这里写出来供大家进行参考：

第一，当老师讲解一道题时，想一想是不是还有其他的解法？

第二，如果不按照老师分析的情况去做，是不是可以用另一种思路？

第三，可不可以让老师的讲解方法更完善？能不能为老师的讲解再增加一个理由？

第四，书上说的绝对正确吗？可不可以找到一些特例？

有很多女孩不善于提问是因为胆子小，怕自己提出的问题没有价值被老师笑话。我们应该让女儿认识到发现问题的重要性，同时鼓励她们多向父母、老师提问题。

让女儿养成“知错就改”的好习惯

12岁的安安是一个学习成绩非常优异的小女孩。据安安介绍，她有一本“高分宝典”，那其实就是一本错题集。每当遇到错题的时候，她会分析自己为什么出错，错在了哪里，然后再找同类型的习题重复练习，直到弄懂了为止。最后，她把错题抄在一个本子上。等到考试的时候，她会把所有错题再重新复习一遍，这样，就可以避免在考试中犯相同的错误。

很多父母都遇到过这样的情况：孩子在同类问题上重复犯错。出现这样的情况，一方面是由于该类习题对孩子来说是一个难点，另一方面是孩子没有真正弄清自己出错的原因。所以，我们应该培养孩子“知错就改”的好习惯，当他们遇到自己容易出错的问题时，鼓励他们反复练习，直到弄明白为止。如果孩子的时间较为充裕，就让他们动手编一本习题集，并且经常翻一翻、看一看。这样，孩子就不会在一个问题上“重蹈覆辙”了。

细节74 传授女儿科学的学习方法

学习是一个长期的过程，许多女孩学不进去，学习成绩一落千丈时，父母往往责怪女儿笨。其实，只有不学的孩子，没有愚笨的孩子；只有不会学的孩子，没有学不会的孩子。对孩子来说，最重要的不是一时的学习成绩，而是能否掌握适合自己的有效的学习方法。

芸熙是小学一年级的孩子，第一次参加考试时，她出现过漏题的现象。妈妈就告诉她：“你要认真！”“你不能粗心！”“做完试卷要检查！”芸熙第二次参加考试还是有题目漏掉了。妈妈看到试卷，尤其是发现芸熙漏掉的全是会做的题时，就更生气了，于是责备芸熙：“你为什么不认真？为什么不仔细？为什么不好好检查？”

其实芸熙漏题有时候是因为她粗心没看见，有时候是觉得这道题有些难，她想做完试题回头再做，结果却忘了。可见，女孩学会检查试卷是解决漏题的有效方法，但前提是父母应教给孩子具体的方法，而不是一味地责备孩子。

方法出成绩。现在有很多女孩对学习没有信心，厌烦学习，学习成绩差……表面上看，是女孩没有领会知识，实际上是由于她们不会运用正确的学习方法，不会调整自己的心理状态和学习活动造成的。

那么，是不是没有适合这些女孩的学习方法呢？不是。每个人都有适合自己的行之有效的学习方法，关键是父母要帮助女儿正确认识自己，找到适合她的学习方法。

教会女儿听课的方法

下面这些听课方法，父母可以好好地教给女儿：

第一，多动脑。要积极思考，要边听、边看、边思考，要与老师讲课的进程保持同步，要多问几个为什么，把新旧知识联系起来思考，做到融会贯通，举一反三。

第二，认真听。要聚精会神地听讲，充分理解老师讲课的内容及其表达方式，如节奏的快慢、声音的高低等。

第三，注意看。要全神贯注地注视老师板书的内容，对老师反复强调的重点、难点要仔细观察、认真领会和重点记忆。

第四，善归纳。对老师课堂讲授的内容，要抓住纲目，归纳要点，力求当堂理解。

第五，主动练。在课堂上要大胆发言，勤学多练，从而加深理解，提高听课效率。

第六，做笔记。对老师讲课中的要点、难点都要简明扼要地写在笔记本上，以备课后复习。

指导女儿根据实际情况选择学习方法

每个女孩的具体情况不一样，因此父母需要指导女儿根据自身的特点来选择最适合自己的学习方法。

著名教育家蒙台梭利提出的一种有效的学习方法就是多感官学习法，她认为孩子在动手实践时，充分调动他们全身感官的参与，学习的效果会更好。多感官学习法要求父母在孩子学习的过程中帮助孩子调动各种感官，如触觉、听觉、嗅觉、视觉、味觉等，让孩子的感官充分活跃起来，集中他们学习的注意力，提高其学习自主性。

教会女儿正确的考试方法

许多女孩平时学习状态都非常好，但是考试成绩却常常不尽如人意，其主要原因在于她们没有掌握正确的考试方法。

因此，在日常生活中，父母应该指导女儿掌握正确的考试方法。例如考试前鼓励女儿与朋友或者亲人聊天，以缓解考试的压力；考试时应该专注于做题，不要太计较分数；动笔前应该先把试卷通看一遍，先做那些自己有把握的题目，然后再去攻克那些难题；答完题后应该仔细检查等。

细节75　提高女儿的记忆力

记忆力是人脑对以往经验知识的存储，这种储备越多越快，就说明一个人的记忆力越强。记忆力一般可分为长期记忆和短期记忆。

长期记忆是指即便多少年后，仍然不会丧失的记忆，但是这种记忆在唤醒之前也是需要一段时间来巩固的。比如，骑自行车，人在学会骑自行车后，会骑行很长一段时间，然后即便多年不骑，也不会忘记。短期记忆是指同时记忆的数量很多，而记忆的时间很短，这种记忆没有持续性，很容易就忘记了。比如，走在大街上，我们不可能逐一记住街上形形色色的人，只是走马观花，过后我们通常记不住几个人。

培养女孩的记忆能力，不仅要培养她的长期记忆能力，还要注重对她短期记忆能力的培养，因为任何长期记忆能力都是建立在良好的短期记忆能力的基础上的。

德国科学家曾经做过这样的实验，他们找到了一个记忆力一般的女孩。女孩 14 岁，在学校学习中等，做任何事情都不突出。科学家要求女孩每天接受 1 小时的记忆训练，训练的内容是记忆她从来没有学过的西班牙语和阿拉伯语单词各 3 个。如果她在第二天能准确地背出这些单词，就会相应地增加一个。经过了半年近 200 小时的训练后，女孩已经从最初的每天能记住三四个单词，到后来每天能记住将近 100 个单词，而且所用的时间还是每天训练的那 1 小时。

一般来说，女孩的记忆力要优于男孩，父母要发挥女孩的这种先天优势，提高女儿的记忆力。

让女儿多读多背

读和背是记忆力的两大法宝，每天坚持用一段时间来朗读和背诵，有意识地锻炼记忆力，是提高记忆力必修的功课。

小芳是个活泼的女孩，但是学习成绩却总是不尽如人意，原因是一切关于背诵的题目她几乎都答不上来，是小芳笨吗？还是她记忆力不好？都不是，平时小芳记别的东西快着呢！比如，哪个歌星有什么爱好，哪个影星是什么星座，哪部电影是谁演的……这些她倒是记得滚瓜烂熟。为了提高小芳的学习成绩，妈妈决定要改变女儿背诵的方法。一天，妈妈问小芳："你对那些歌星影星怎么那么熟悉啊？"小芳回答："那当然，关于他们的事情我总看，还能忘？"妈妈突然话锋一转："那你现在分析一下自己，为什么记不住课本上那些需要背诵的东西呢？"小芳低下头，想了想对妈妈说："是我自己不认真，您的意思是如果我也能像看明星的资料那样总看课本，就能背下来了？"

从此，找到问题根源的小芳在妈妈的点拨和鼓励下，每天都会花两小时认真朗读、背诵课本，经过一段时间的努力，小芳在学习上记忆能力得到了显著的提高。

不断地进行回忆性的朗读和背诵，可使自己的记忆力得到强化，使学习的内容记得更加牢固。同样，对刚学过的知识及时温习，趁热打铁是强化记忆、防止遗忘的有效手段。教出好女儿，就是让女儿养成集中注意力、及时复习的习惯，这样孩子就会自然地形成良好的记忆能力。

让女儿学会与别人分享学过的知识

现在有些父母不愿意女儿与别人分享知识，尤其是不愿让女儿跟那些学习不好的孩子在一起，怕别的孩子超过或影响自己的女儿，这样就阻断了女儿同别人分享知识的途径。因为分享的过程是强化记忆的有效手段，在给别人讲解的过程中，不但会让自己对知识点加深理解，还会对知识产生新的兴趣。

小女孩默默学习一般，妈妈经常对她说："要多向比自己学习好的同学请教，但是不要和那些不如自己的同学在一起，以免他们影响你的学习。"听了妈妈的话，默默的学习成绩还是没有提高。后来妈妈为了让女儿的成绩有所提高，给她找了一个家教。这个家教来了几天后，就给默默提了一个学习建议，就是让她多和同学分享知识，让她多给比自己成绩差的同学讲解题目。默默听了这个老师的建议，一段时间后，她的成绩慢慢有了提高。

细节76 挖掘女儿语言和文学的天赋

与男孩相比，语言天赋是女孩很早就显示出的天赋之一。由于大脑结构的优势，女孩通常能够比男孩更早、更生动、更流利地使用语言，通常男孩到4岁半才能讲清楚自己想要表达的内容，而女孩3岁时就能做到了。与男孩相比，女孩大脑内负责语言和写作的区域也更活跃，所以女孩往往能使用更多词汇，写作也更生动、细腻。

因此，女孩在语言和文学上具有很大的优势，尤其是小学阶段，女孩的表达能力和文学创作能力让她们在语文和英语等科目的学习上比男孩更轻松。

那么，父母应该采取哪些方法来发挥女孩语言和文学的天赋呢？

让女孩尽情发挥语言天赋

一位妈妈是这样做的：

“思思8岁的时候，我给她做了一块小黑板，从此她每天都教邻居家的小弟弟识字。现在她是一所小学的老师，学生们都很喜欢她。”

“女儿很小的时候就很喜欢读书和写作文，她丰富的想象力有时候让我都感到惊奇。后来，女儿上学后，我就鼓励她试着给报社投稿，没想到被刊登了出来，这对女儿的文学创作起到了极大的鼓舞作用，现在她写作的热情更高了。”

正是由于女孩天生具有语言天赋，所以父母更应积极鼓励女儿尽情、大胆地去发挥。在这个时期，父母的鼓励在一定程度上决定了女孩是否敢于发挥自己的语言天赋。

为女儿创造一个语言和文学的环境

有一位母亲的教育经验是这样的：

当女儿还在我肚子里的时候，她就接受了我的双语胎教。其实，这也跟我的工作有关，因为我是一位英语老师，生活中几乎一半的时间说的是英语，因此，女儿便受到了熏陶。

当女儿长到7个月大的时候，虽然还不能说话，但她已经喜欢听英文歌曲了，不管是DVD里播的，还是我给她唱的英文歌。她只要一听到，就会立马停止哭泣或者放下奶嘴掉过头来寻找声源。

3岁的时候，女儿就能用英文和我交流了，现在说英文成了女儿感觉最轻松的事情。

女孩既然具有天生的语言和文学天赋，父母越早开发它越好。因此，多给女儿创造一个语言和文学的环境，这对她的学习和未来的生活都起着重要作用。

细节77　帮助女儿走出偏科的困境

女孩偏科多出现在初中，特别是刚升入初中的新生身上。对此，父母应正确看待，告诉女儿社会需要的是复合型人才，综合素质才是衡量学生的最佳尺度。父母可以从女儿喜欢的学科入手，让女儿了解各门学科之间的关联性，克服对不感兴趣学科的畏难情绪，还可以针对女儿的自身情况，一起分析偏科的原因。

那么，女孩偏科在学习中有哪些具体表现呢？

第一，一科较弱，其他科都较强。这相对容易解决，但要注意不能盲目对孩子的弱势学科进行补习，过多的补习可能会加剧孩子对该科的厌烦情绪。有时候因为针对性不强，效果可能并不好。重要的是让女儿养成良好的学习习惯，培养女儿对弱势学科的兴趣。可以针对这一科目制订可行的计划，不要急于求成。

第二，文科和理科中一方面突出，另一方面较弱。对于文科，首先从语文入手，让女儿有充分的时间进行阅读，读得多了，知识面就宽，写作时才有话可说。而对于数学不好的女儿，要把补充基础知识作为重点，牢牢掌握基础知识，在确保自己对简单的题目完全掌握后，再逐步提高难度。

第三，一科突出，其他科平平。这属于假偏科或暂时性偏科。从小学到中学，孩子们中间都有一个普遍的现象：喜欢哪个老师，哪个科目就学得好，若是不喜欢，连听课也打不起精神，因此会出现“假偏科”。对于这种情况，要鼓励女儿积极学习优势科目，通过优势科目，树立信心，让女儿认识到自己有学习好其他科目的能力，进而逐渐提高其对其他科目的兴趣，并逐渐加大对其他科目的学习投入。

具体可以尝试以下办法。

要向女儿阐明偏科的危害

许多优秀的科学家除了具有扎实的专业知识外，还有相当高的文学修养和艺术修养，比如，爱因斯坦会拉小提琴等。

但由于偏科，眼下许多孩子会说“ABC”（英语），理科较好，但却写不出一篇像样的文章来，甚至给老师写的假条都有错别字。父母需要向女儿阐明偏科的危害，引导其全面发展。

中小学阶段属于基础教育阶段，也是为女儿日后成才打下坚实基础的阶段。各门学科都是为了女儿的全面发展而设立的，忽视任何一门学科都是不可取的。父母要让女儿认识到，要学好数理化，没有坚实的语文功底是不行的，没有健康的身体是不行的，没有丰富的想象力是不行的。各学科之间是相互联系、相互渗透的。

用激励法激发女儿对弱势学科的兴趣

一位妈妈在谈到自己的教育经验时这样说：

我的女儿上初一，她在理科学习方面取得了很好的成绩，而文科成绩却不好。我知道偏科的危害性，于是时常鼓励女儿："你数学学得这么好，说明你很聪明，那么语文能不能也学得这么好呢？试试看。"

女儿语文不好主要表现在写作方面，我就鼓励女儿坚持写日记，模仿一些名人名篇的布局、结构来写。并且给她购买了一些文学名著，如中国的四大名著、外国的《鲁滨逊漂流记》《格列佛游记》《钢铁是怎样炼成的》等；订阅了一定数量的文学报刊，如《语文报》《语文世界》《读者》等，还鼓励孩子向报社、杂志社投稿，在网上报名参加一些写作比赛。经过这些训练，女儿学习语文的兴趣逐渐提高了。

用尊重来恢复女儿的自信心

有的女孩因为老师不经意的批评或举动，认为老师不喜欢自己，于是就不想学老师教的这门课程。其实，老师的做法并不是想故意伤害谁，父母要耐心开导女儿，以减轻她对此科目的反感。

即使女儿真的不喜欢某个老师，也是正常的，不必强迫她改变看法。只要向女儿强调：不管喜不喜欢，都要尊重别人。尊重是最重要的，不论是科目间的成绩差异，还是女儿对老师的看法，都值得尊重。

另外，每个孩子在能力上有各自的特点，科目成绩有差异是很正常的。本来就没学好的科目，越是遭受打击，就越没有信心学好，所以对女儿来说，父母的尊重和信任至关重要。平时父母要多与孩子沟通，多给孩子一些信心和尊重，渐渐地，她就会喜欢上原来不感兴趣的课程。

细节78 教女儿预习和复习的方法

生活中大量事实证明，一个善于复习的女孩，她学到的知识往往会比那些不复习的人更多、要深刻，取得的成绩也会更显著。

凌薇刚上初中的时候就开始住校了，她们宿舍一共住了4个女孩，而凌薇是她们宿舍、也是全班同学中学习最好的一个。和她同住在一个宿舍的同学都很纳闷："我们每天和凌薇一块儿起床、上课、下课，为什么她的学习成绩就比我们好那么多呢？而且她回到宿舍后就休息了，学习时间比我们还要少，难道她在学习上有天赋？"

在一次学习经验交流的班会上，那些女孩心中的疑团终于被解开了。原来，凌薇成绩之所以每次都这么优秀，关键就在于她晚上的"睡觉"。当同宿舍的其他女孩们都在兴奋地聊天时，凌薇便早早地躺在床上休息了，当大家以为她已经睡着了的时候，其实她的大脑正在回忆这一天所学的内容，当然在这样的"回忆式复习"中她会发现很多问题和疑惑，但是她并不急于解决这些问题，而是等回忆结束之后，拿着书本再看两眼。这样，一天所学的内容就都被她消化、吸收了，也直到这时她才会放松身心美美地睡上一觉。

凌薇采用了非常好的复习方法，既没有浪费太多的精力，又巩固了当天所学的知识，她的学习成绩自然也会遥遥领先。

古人说："学而时习之，不亦乐乎。"复习在学习中起着巩固、强化知识的作用，是掌握知识的一个重要环节。在孩子的学习过程中，只有经常复习学过的知识，才能将知识牢记在心中，也才能在考试中取得好成绩。

寓教于乐，提高女儿预习知识的兴趣

一位妈妈在她的育女博客中写道：

每天我都会帮助女儿预习第二天的课程。起初，我为她耐心地讲解，但后来我发现女儿常常走神。于是，我改变了方法。比如，我在帮她预习英语时，会利用电脑播放一些简单的英文对话。寓教于乐，让女儿自己动脑思考，这样她的兴趣上来了，学习效率也提高了不少。

这位妈妈的做法是明智的。寓教于乐，不仅调动了女儿学习的积极性，而且还可以培养女儿的自学能力，妈妈们不妨一试。

教会女儿和人的遗忘规律作斗争

可心刚学习英语的时候，她认为自己很聪明、记忆力又好，老师讲一遍她就能记住了，所以课后她从不复习。

一次英语测验结束后，可心沮丧地拿着56分的试卷回到家，妈妈一看女儿无精打采的样子，就猜出是怎么回事了。但她没有批评女儿，而是耐心地跟可心说：“女儿，你知道你的英语为什么不及格吗？”

“不知道。”

“因为你没有喂饱它啊！”可心妈妈认真地说。

“妈妈，英语也要吃饭吗？”可心不解地问。

妈妈耐心地给她讲解说：“女儿，学英语就像吃饭一样，到了一定时间会‘饿’的。你看，早上你吃完饭后，中午肚子就空了，需要吃中午饭，才不会饿，这是人的进食规律。学英语也是这样，因为我们脑子里的东西过一段时间就会忘记，就像肚子空了一样，这时，你需要复习功课才能牢记学过的知识。”

可心仔细想了想，认为妈妈说得非常有道理，于是对妈妈说：“妈妈，我知道了，就像我每天都吃饭才能长大一样，也要每天复习功课，这样我脑子里的知识就会越来越多，越来越牢固，对不对？”

“对，可心真是一个聪明的孩子。”

从此之后，可心养成了每天晚上复习的好习惯，她说要按时给她的英语“喂饭”，接着是数学、语文。一段时间之后，可心的成绩突飞猛进，期末考试的时候拿到了全班第三名的好成绩。

假如你的女儿不喜欢复习，你不妨把遗忘规律用形象的语言讲给她听，让她明白复习的重要性。

当然，父母引导女儿去复习，不能操之过急，更不能复习的时间过长，这会使孩子对复习产生厌倦的情绪；父母还要对孩子复习的时间进行合理安排，注重重点和难点问题，然后要文理科交叉复习，这样有张有弛，才能提高孩子的复习效率。

帮女儿选用恰当的复习方法

根据人们的遗忘规律，对于刚学过的东西，孩子总是一开始忘得快，过一段时间就逐渐减慢，所以当你的女儿记忆或学习了新内容之后，应当让她在当天或第二天抓紧一切可以利用的时间和机会复习，避免知识很快被遗忘，这就是有效的及时复习。

除了及时复习外，还有一种分散复习方法：你可以让孩子每次复习20分钟，中间休息之后再复习，这样孩子便不会疲劳，复习的效果也会更好。

第三种复习方法是多种方式复习法，包括阅读、背诵、抄写、做各种各样的练习以及动手操作等。

至于女孩在复习过程中具体采用哪一种复习方法，应该根据其不同的偏好进行选择。比如有的女孩偏好视觉记忆，复习时就可让她以默读为主；有些女孩偏好朗读记忆，复习时就可让她大声朗读。

还需要提醒的是，不同的科目采用的复习方法是不同的，应该让女儿针对不同的学习内容采用不同的复习方法。比如针对语文词语、英语词汇等比较分散且连贯性不强的记忆内容，父母最好建议孩子采用分散复习法；针对数学、物理、化学等思考性很强的科目，父母可建议孩子采用习题形式加以巩固。

另外，父母还可以采用灵活多变的复习方法指导自己的女儿进行复习，而不只是给孩子布置几本书或几道题就放手不管了，要尽可能根据孩子的实际情况随时作出调整。如果发现女儿已经掌握了某一部分内容，那就可以跳过这一段，复习下面的内容；如果女儿总是在几道题上出错，那就需要指导她加强对这一部分的复习力度。

第11章

美德教育，呵护女儿善良的天性

有位年轻的母亲抱着两岁半的儿子向生物学家达尔文请教："您说，我这孩子应该什么时候开始接受教育？"

达尔文看了看孩子，问道："您孩子多大了？"

母亲得意地回答："才两岁半。"

达尔文遗憾地说："已经晚了两年半。"

心理学家研究发现，塑造孩子的习惯、性格以及品行，一定要在孩子小时候就着重培养。等孩子超过了12岁，他的习惯、性格以及品行就基本定型了，很难再改变了。

细节79 培养宽容心，拒绝小心眼儿

宽容是一种极其高尚的品格，对一个人良好心态和性格的形成有着非常重要的影响。一个女孩如果拥有宽容的心态，那么她一定是善良的、大度的，在生活中与人产生矛盾的机会就会降到最低，同时她也一定是最受别人欢迎的;相反，如果一个女孩没有宽容的心态，那么就容易变得冷漠、斤斤计较，甚至会形成极端的性格，这样的女孩的人际关系也一定很差，现实生活中很容易与别人产生矛盾。

多年前在非洲的利比里亚有这样一户人家，丈夫早逝，只有妻子带着3个孩子艰难度日，这是一个贫穷又多灾多难的国家，长期的战乱使国家变得千疮百孔。后来，为了讨生活，长子萨劳投靠了当地的政府军。由于萨劳聪明机智，得到提升，成为一位官员的贴身保镖。一次，这位官员想到萨劳家做客，就在一行人刚要进村时，突然传来一声枪响，训练有素的萨劳一下把官员扑倒，这位官员得救了，可是萨劳却中枪身亡了。后来，经调查得知，打黑枪的也是这个村的人，叫巴亚，还是萨劳从小的玩伴，不过他已经逃之夭夭了。

萨劳的母亲失去了儿子很是伤心，生活也随之变得艰难起来。而巴亚的母亲生活则更加艰难，她的儿子逃跑了，只剩下她一个人，她又伤病缠身，没有劳动能力。在这个时候，萨劳的母亲做了一件谁也想不到的事情，那就是照顾巴亚的母亲。她叫小女儿去给巴亚的母亲送食物。小女儿很不理解母亲的行为，表示坚决不会给仇人送饭。母亲耐心地对她说："你的哥哥已经死了，巴亚也跑了，事情已经过去了，我们活着的人不能整天活在仇恨中。以怨报怨，只能增加仇怨，让更多的人陷入到痛苦中。你要学会放下过去的事，用宽容的心来对待别人。"小女儿听着似懂非懂，但还是按照母亲的意思去给巴亚的母亲送饭，而且坚持每天都去送。

渐渐地，小女儿没有了原先的抵触心理，有时送饭过去时，还会和巴亚的母亲说说话，到最后她彻底放弃了仇恨，宽容在她的心里生根发芽。这个小女孩就是埃伦·约翰逊·瑟利夫，后来成为利比里亚的总统，也是非洲第一位女总统。可以说，她的一生都在秉承宽容的精神，用宽容的心对待每一个人。

由此我们可以看到宽容的力量。宽容不是先天的情感，它需要后天培养，需要妈妈在女儿成长的过程中，耐心地、细心地教导女儿，让她逐渐懂得宽容的意义和宽容的重要性。

告诉女孩人人都有缺点

生活中，我们常常会听到有些女孩这样说："妈妈，我们班的李毅怎么这么笨，竟然连足球都不会踢！""我是女生都敢跳鞍马，那些不敢的真是胆小鬼！"……而且说这些话的时候，女孩们的脸上总会带些轻视和不满的神情。此时，父母绝不能随声附和女孩的观点或者只是一味地表扬自己的孩子，因为这很容易让你的女儿对他人产生偏见，甚至变得不能容忍他人的缺点。

这时最合适的做法就是在称赞自己孩子的同时，告诉他人人都有缺点，人人都可能会犯错误，自己要有一颗宽容大度的心，并在包容他人缺点的同时，学会去帮助别人改正错误，共同进步。

鼓励女儿多与别人交往

玲玲小的时候因为不自信而性格内向，后来妈妈就鼓励她要多和小朋友接触，要用真心来和朋友交往。渐渐地，玲玲变得开朗起来，而且在交往中逐渐学会了怎样和别人友好地相处。从小学到中学玲玲的人缘在班上始终是最好的。一天，妈妈问玲玲："你为什么在同学中这么受欢迎，有什么心得吗？让妈妈也学学！"玲玲很认真地回答妈妈："交朋友之道，首先就是要有容人之心。因为人与人交往，矛盾是难免的，要想朋友处得长久，宽容别人的错误是必须要做到的。这样朋友在一起才会有快乐轻松的感觉。”

父母要多鼓励孩子走出家门，和同伴交往，要避免女孩除了上学外，大门不出二门不迈的情况。和人交往难免会有矛盾产生，有了矛盾才会想办法化解矛盾。在与人交往的过程中，女孩会逐渐懂得，要多称赞别人的优点，真心地祝贺别人所取得的成就，不抱怨、不忌妒、不计较、热情帮助别人，虚心采纳别人的合理意见。当女孩学会了这些，就等于学会了宽容，也就学会了与人的相处之道。

细节80　尊重别人就是尊重自己

心理学家曾指出：人都有受人尊敬和爱戴的欲望，人们都渴望能和身边的所有人进行良好的沟通。但是这种良好沟通的前提就是尊重他人，如果能以平等和友善的心态对待他人，对方就会觉得受到尊重，同时也会用平等和更加友善的心态进行回馈；相反，如果一个人以盛气凌人、居高临下的姿态与别人交流，对方就会感到自己没有受到尊重，那么他也不会尊重那个人。

这就好比一个人站在镜子前，你对镜子笑，镜子里的人也会对你笑；你对它不理不睬，镜子里的人也会对你不理不睬；你对它指手画脚，镜子里的人也会对你指手画脚。所以，人们要想获得别人的尊重，首先要懂得尊重他人。

人与人之间相互尊重，会让人更开心，更有自信，彼此融洽的关系也会让人更有前进的动力。与人相处，要求同存异，多看别人好的一面，忽略别人不好的一面，豁达大度、尊重理解是人际交往中应该把握的原则。

教出好女儿，就是要培养女儿对他人的尊重意识，让女儿具有高尚的情操和豁达的胸怀，让女儿学会用真诚的心带给对方温暖和愉悦，那样女儿就会体验到生活中的美好，并最终收获幸福的人生。

告诉女儿，与人开玩笑也要以尊重为先

很多人认为开玩笑就是为了取乐，何必那么在意细节，只要高兴就好。所以，在开玩笑的过程中，就会发生很多不尊重人的行为。

自习课上，小乐做完作业闲着无聊，想要捉弄一下前座的张思同学。她在纸上画了一只小狗，还在下面写上“我是小狗”的字样。粘好双面胶后，一下就拍在了张思的后背上。张思回过头问她有事吗，小乐故作镇静地说要借橡皮，张思就把橡皮借给了她。此时，小乐开始鼓动别的同学看她的“杰作”，不一会儿全班同学都知道了，当张思知道后，竟气愤地趴在课桌上哭了起来。

放学回到家，小乐一边看电视，一边为这件事偷笑。妈妈看到女儿开心的样子，就问她为什么这么开心，小乐和妈妈说了这件事。妈妈听完后，当时就把脸沉下来了，很严肃地对女儿说："小乐，你把自己的快乐建立在别人的难堪上，这种损人不利己的事情很好笑吗？”小乐不以为然地回答:“不就是开个玩笑吗？有什么关系？”妈妈继续说:“开玩笑也要有度，你想一想如果有人这样对你，然后发动全班同学一起嘲笑你，你是什么感觉，还会觉得无所谓吗？人与人之间相互尊重是必要的，你要懂得这个道理，如果一个人不懂得尊重别人，那么他也绝对不会得到别人的尊重。与同学相处，你对待他人的态度，就决定了他人对待你的态度。”小乐听了妈妈的话，觉得脸上火辣辣的，当即向妈妈保证，明天到学校一定向张思赔礼道歉。

父母要告诉女儿，在生活中时刻谨记尊重别人，不能拿别人寻开心，不能恶意取笑别人，要学会以诚相待，因为真诚是友谊的基础。

告诉女儿当别人不如自己时，更要尊重别人

俗话说“种瓜得瓜，种豆得豆”，我们只有种下尊重别人的种子，才会收获别人对自己的尊重。

思韵上初一，学习很好，可就是因为学习好，思韵有种傲慢心理，瞧不起一些不如自己的同学。一次，有位同学向她借笔记。思韵很不屑地对那位同学说："平时上课都不听课，考试成绩那么差，还要借笔记，不借，我自己还用呢！"那位同学非常生气。当时思韵没觉得这是一件多大的事，还认为自己做得很正确呢！可是后来发生的一件事，让她明白了不尊重别人是一件多么无礼的事情。周末，学校组织学生郊游，下起了雨，思韵没有带伞，当然也有不少同学没带伞，那些没带伞的同学只好和带伞的同学挤在一起，可是却没有人愿意"收留"思韵，有的同学还说："学习那么好，不用打伞就行，老天爷会照顾你，不会淋湿你的。"思韵一边听着同学的嘲讽，一边被雨淋，心里很不是滋味。

父母要告诉女儿，任何人都应该被尊重，不应因为自己在某些方面的特长就嘲笑别人。没有人是十全十美的，每个人都会有不如人的地方，在某种意义上，尊重别人就是尊重自己。

细节81 让女儿学会原谅别人

人们都希望在自己犯错误时被别人原谅，但是人们却总是在别人犯错误时不懂得原谅，因为人往往会刻意地放大别人的错误，又刻意回避自己的错误，认为别人的错误很大，而自己的错误很小。

现在的孩子多是独生子女，具有很强的"自我意识"，凡事都以自己为中心，为自己着想，很少会站在他人的角度想问题。所以，一旦别人犯了错误，就会得理不饶人。此外，父母一般都对女儿过分娇宠，使女孩觉得如果有人冒犯了她，那将是不可原谅的事情。生活中我们经常会看见这样的场景：

一个小男孩因为走路时走神了，不小心撞倒了一个小女孩。小女孩当即大哭起来，小男孩赶紧道歉，可是小女孩的妈妈不依不饶，大声斥责小男孩，最后终于惹怒了小男孩的妈妈，双方进行语言“对攻”。

幼儿园里，由于老师需要照看很多孩子，一时没留神，一个小女孩摔倒了，手被摔破了，晚上女孩的妈妈来接孩子时，发现女儿的手破了，马上质问老师，并且要找园长，还要求赔偿，一旁的女儿本来不哭了，手也不疼了，但看到妈妈这个样子，就又哭了起来。

……

类似这样的事情，父母是否曾经做过——看到女儿受气了，就马上跑过来开始为女儿打抱不平，这种行为表面上看是因为爱女儿，但实际上却让女儿觉得只要别人犯了错误就不能原谅，就要“痛打落水狗”。

正确的做法是父母要让女儿有一颗宽容的心去理解别人、体谅别人、为别人着想，能够在别人犯错误时给予原谅，这样女孩才能具有乐观宽容的心态。

让女儿学会站在对方的角度想问题

站在对方的角度想问题是解决所有问题的最佳途径。只要能让女儿养成这种良好的习惯，就会让她在人际关系中更加游刃有余，获得更多人的帮助和支持。

馥馥是个很调皮的女孩，在幼儿园里经常会搞一些恶作剧。这一次因为想要捉弄别的小朋友，结果不小心摔了一跤，不巧的是，馥馥的头碰到了栏杆上，当时就流血了，馥馥疼得大哭不止。老师一看这种情况，赶紧给馥馥的妈妈打电话，然后又带着馥馥去附近的医院。这位老师的心里非常忐忑，因为小朋友受伤在幼儿园里可是大事，她本身又是新老师，可能会因为这件事丢了工作，弄不好还要给予赔偿。一会儿馥馥的妈妈来了，问了大夫女儿的情况，大夫说没什么大事，就是碰破了点儿皮，有点儿肿，过几天就好了，妈妈一听才放下心。这时馥馥的老师在一旁觉得很过意不去，忙向馥馥的妈妈道歉。

馥馥的妈妈笑着低头问女儿:“馥馥，告诉妈妈是怎么把头摔破的？”馥馥没有隐瞒，说自己是想捉弄小朋友，可是不小心被绊倒了。妈妈又说：“你看看，因为淘气，你把自己摔伤了，还让妈妈和老师担惊受怕，你是不是错了呢？”馥馥低下头小声对妈妈说：“妈妈，我错了，下次不再捉弄小朋友了。”妈妈笑了笑对女儿说:“那么，你是不是也该和老师道歉呢？去亲亲老师，告诉她，你没事了，别让她担心。”馥馥走到老师身边，亲了亲老师的脸，对老师说:“老师，您别担心，我没事了。今天是我错了，以后我一定听话。”

告诉女儿不要刻意放大对方的错误

在别人犯错误时，人们总会有意或无意地放大这种错误，比如：

“小悦今天把我的铅笔弄丢了，她就是这样，总丢东西，像个马大哈。”

“小丫说好了 9 点来找我，可是过了 10 分钟才来，她为什么总迟到呢？每次都让我等她。”

“我的漫画书丢了，就是小梦拿的，她还不承认，她总是这样，爱撒谎。”

……

放大了别人的错误，就会使自己更加生气，更不会原谅别人。而很多时候这种放大和诬蔑差不多，别人仅犯了一次错误却被夸大为很多次，别人仅犯了个小错误却被放大为大错误。所以，父母要告诫女儿不要放大别人的错误，而要让自己先冷静下来，以平和的心态想问题，用真心去原谅对方的错误，用宽阔的胸怀去接纳对方的歉意。

细节82 教女儿换位思考、理解他人

我们都渴望被别人理解，尤其是在自己遇到困难或不幸时。可是，理解是相互的，在我们需要别人的理解时，我们做到真诚地理解别人了吗？我们是否设身处地为别人着想过？恐怕没有几个人能问心无愧地说："我能做到替别人着想，在朋友需要我的理解的时候，我能够换位思考，帮朋友排忧解难。"

为什么会这样呢？很重要的原因在于父母在孩子小的时候没有培养孩子怎样去理解他人，孩子更不懂得理解他人的重要性。其实，理解他人不但能增进彼此的感情，更能让你在人际交往中获得更多人的帮助和支持。

在现实生活中，很多女孩不懂得换位思考，理解他人，不能做到通情达理，和父母的教育方式有很大关系。父母平时过于迁就和宠爱女儿，往往就会强化女儿"独大"的心理，从而导致女儿很难再去理解别人了。因此，父母要教会女儿能够正确地评价他人，真诚地理解他人，培养一个有宽容心的女孩，这样她的生活才会更幸福和快乐。

让女儿懂得理解别人的难处

9岁的小程十分喜欢羽毛球，每天晚上放学回家后，都要和爸爸在楼下打半小时羽毛球。这一天，小程放学回家，放下书包就去叫爸爸，可是她看见爸爸并不像平时一样看报纸，而是认真地算着什么。小程没管那么多，过去叫爸爸，爸爸对女儿说："爸爸今天不能陪你打球了，现在爸爸有很重要的事情要做，你别打扰爸爸好吗？"小程一听，就有些急了，说爸爸不讲信用，又哭又闹，无论爸爸怎么说都不行，最后小程一把抓过爸爸正在写字的纸，扔到地上踩了几脚。爸爸一看也有些急了，把女儿抱起来送到客厅，关上了房门。小程也非常生气，一边哭一边喊。

这时，妈妈回来了，一边安慰女儿一边问清情况，然后她对女儿说：“小程，你一直埋怨爸爸不好，说爸爸不讲信用，不关心你，可是你有没有想过，你长这么大凝聚了爸爸多少心血，爸爸时时处处都为你着想，希望你快乐地成长。其实，爸爸每天的工作都很累，回到家还要陪你去打球，我曾经劝过爸爸，让他回家后多休息，别去打球了，可是爸爸说‘怎么能不去呢，女儿那么喜欢玩儿，我一定得陪着’。爸爸如此心疼你，你却一点儿也不为他着想，我想爸爸今天肯定是有很重要的事情，不然不会失信于你的，你问过爸爸原因吗？替爸爸想过吗？应该都没有吧！”听了妈妈的一番话，小程低头不语，静下心来仔细想一想，自己确实没有为爸爸着想过，她站起身来，拿了一个苹果，走进爸爸的房间，一边给爸爸苹果，一边向爸爸道歉……

妈妈可以借助生活中所发生的事情让女儿明白，父母都有自己的事情要做，当这些事情和女儿的需要发生矛盾时，女儿应当学会理解父母。培养女儿理解别人的心态，就要从理解父母开始，让女儿先学会理解父母，慢慢她才会理解别人。

要对女儿说“不”

有些妈妈出于对女儿的爱，总是对女儿百依百顺，从来不对女儿说“不”，这就促使女儿过于自我，在她的生活中只考虑自己的需要。而有的时候妈妈想要拒绝女儿，却在女儿的哭闹及强求下败下阵来，这样会让女儿变得更加任性。因此，妈妈在女儿提出过分要求时，一定要坚决地拒绝，并且耐心地给女儿讲道理，让她学会换位思考，理解别人。

妈妈和女儿一起去吃麦当劳，回家的路上，又路过肯德基，女儿非要再去吃肯德基，妈妈当然不会同意。她对女儿说：“我们已经吃过麦当劳了，就不能再吃肯德基了。”可是女儿听不进妈妈的话，蹲在地上不肯走，非要吃。妈妈没有妥协的意思，因为她不能助长女儿这种任性的行为。她对女儿说：“肯德基是一定不会吃的，你应该想一想你这个要求是不是很不合理，你站在妈妈的角度想一想，妈妈有可能答应你吗？你要是不想走，那妈妈就陪你在这儿，直到你想走了为止。”女儿又哭闹了一会儿，见妈妈态度坚决，也就放弃吃肯德基了。

教出好女儿，父母就要对女儿说“不”，让她在“不”字中慢慢学会理解别人，这样有利于她在今后的生活中和别人融洽相处，为以后的人际交往打下良好的基础。

细节83 不要为小事斤斤计较

有心理学家研究指出，凡事计较的人实际上都是很不幸的人，他们通常都会有些或轻或重的心理疾病。爱计较的人常常纠缠于一事一物中，常会因为一点点失去就纠结焦虑；爱计较的人常对其他人和事不满，与别人闹意见，和他人分歧不断，矛盾重重；太过计较的人其实就是太想得到、不想失去的人，他们不能轻松地面对生活，不能以友好的心态来面对别人，他们总是时时担心，处处设防，很难感到真正的快乐。

其实，人生在世，总会接触到不同性格的人，遇到各种状况，我们可能会被他人冤枉，也会和别人产生误会，但是只要是一些无关紧要的事情，就不要去计较，这样既无伤大局，又能体现出自己的豁达大度，为以后重新赢回别人的尊敬打下坚实的基础。

父母要告诉女儿，最受别人欢迎的女孩不是只想着自己利益的女孩，而是性格坚强、不爱计较、大度而快乐的女孩。不计较的女孩懂得珍惜生活、热爱生活，懂得怎样生活才会更有意义。也许这样的女孩是平凡的，但是她所拥有的豁达就是她最大的财富，会为她创造出幸福的人生。

让女儿摒弃“完美主义”

追求完美本身没有问题，因为人人都希望自己能做得更好，但是，如果一味追求完美就会阻碍自己的发展。世界上没有绝对的“最好”，只有相对的“最好”，所以女孩凡事不能苛求完美，过分追求完美只会让自己变得更爱计较。

晓岚是个很好强的女孩，平时对自己的要求很高，希望自己能把所有的事情都做到无懈可击。但是，这种追求完美的性格逐渐给晓岚带来了麻烦，使她的生活变得越来越纠结。比如，写作业时不能有更改的地方，只要写错了就要把这一页都重新写一遍；书本不能有被折的地方，她平时看书的姿势很累，就怕压到书；上课时，她要求自己听到老师讲的每一个字，如果少听了几个字，就会非常纠结，心情不好……

任何事情都有瑕疵，不可能做到完美，父母要告诉女儿，追求完美要有限度，不要去追求虚无缥缈的“绝对完美”。

不要刻意寻找和计较别人的缺点

幽默大师威尔·罗吉士曾说过：“我非常感谢上帝，因为我从来都没遇到过不喜欢的人，他们每一个人都非常优秀。”看到罗吉士这么说，我们是不是也该想想自己呢？我们每天与别人交往时，是常去发现别人的优点，还是常去关注别人的缺点？

静茗每天都不快乐，因为她总是觉得身边的人都那么讨厌，同桌写字时总会碰到自己；班主任讲课语速有些快；英语老师总是一副盛气凌人的样子；谢敏家有钱，每天都在同学面前显摆；自己的爸爸没有本事，不能挣大钱；妈妈整天唠唠叨叨……她每天都纠结在这些无聊的事情中，把自己弄得很不快乐。

父母应该告诉女儿，每个人都有缺点，面对别人的缺点，我们要做的是以宽大的胸怀接纳，就像人们常说的：“如果我们要接受一个人，就要接受他的全部，包括缺点。”只有懂得这些，女孩才不会计较别人的缺点。

让女儿明白人生“不如意事常八九”

人生“不如意事常八九”，人生几十年，一定会遇到很多不顺心的事情，如果每一件事都去计较，那么这样的人生还有什么快乐可言？其实，当你认识到生活原本就存在冲突、矛盾、误会、失望时，你就会变得平静，不会再把宝贵的精力浪费在计较和抱怨上。

父母要告诉女儿尽量学会忘掉那些不如意的事情，不再让它们干扰自己的生活。让女儿敞开心胸，成为一个能够从容面对生活的强者。

细节84 善良是父母送给女儿最珍贵的礼物

一天晚上，妈妈带兰兰出去玩儿，在垃圾桶旁看到一只觅食的小猫。那只小猫尾巴断了半截，身上还有几处伤口，显然是一只没人要的流浪猫。兰兰对妈妈说："妈妈，你看那里有一只受伤的小猫，我们把它带回家吧。"兰兰想过去把那只小猫抱起来，妈妈却一把拉住她说："别过去，那是只野猫，身上有病菌，我们快走吧。"妈妈拉着兰兰想离开那里，但兰兰死活不肯走，带着哭腔对妈妈说："那只受伤的小猫很可怜，如果没人照顾它，它会死掉的。"妈妈拗不过兰兰，最后只好把小猫带回了家。

女孩是天性善良的，对于那些弱者、需要帮助的人、受伤的小动物，她们格外富有爱心和同情心。我们经常可以看到小女孩收养流浪的小猫小狗，安慰正在哭泣的同伴，给年迈的老人让座等，甚至看到电视剧中感人的镜头，她们也会泪流满面。

雨果说："善是精神世界的阳光。"而罗素给予善良的评价更高，他曾经说过："在一切道德品质之中，善良的本性在世界上是最需要的。"确实如此，善良是一种伟大的品格，它不仅能够让人体谅别人的痛苦，较少地计较个人的得失，还会让人变得开朗、坚强，从而保持乐观和心理平衡。所以，我们应该让女儿善良的天性得到发挥，把她们培养成一个善良、富有爱心的人。

当然，善良和爱心也是需要后天培养的，如果教育不当，很可能让女孩失去善良的天性。现在，我们经常看到一些女孩虐待小动物，殴打、侮辱自己的同学，和父母吵架甚至打骂自己的父母……所以，我们应该注重后天的培养，尽我们的全力把女儿培养成一个善良的人。那么，父母应该怎样培养女儿善良的品格呢？

给女儿树立一个良好的榜样

周末，妈妈带 4 岁的女儿到游乐场游玩。在公交车上，妈妈看到一个年迈的大爷没有座位，赶紧站了起来。女儿有些不解地说："妈妈，你怎么不坐了？"妈妈对女儿说："爷爷年纪大了，我们应该把座位让给他。"从那以后，女儿记住了妈妈的话，每次坐车都会给老人让座。

前面我们讲过，孩子是非常善于模仿的，他们常常把父母当成模仿的对象。所以，我们要想培养女儿善良的品格，自己就要先做到心地善良。如果我们常常自私自利甚至损人利己，女儿耳濡目染，也会慢慢变成这样的人，从而失去善良的天性。

教育女儿爱父母、爱家人

孟子曾经说过："老吾老，以及人之老，幼吾幼，以及人之幼。"亲情是一切感情的基石，一个人只有爱父母、爱家人，他才会去爱别人、帮助别人。如果他连自己的父母、家人都不爱，又怎么会有善良的品行呢？所以，我们要想让女儿成为一个善良、富有爱心的人，首先就要教育她们爱父母、爱家人。

现在，在我们的身边，经常出现孩子顶撞、辱骂、甚至殴打父母的现象（其中竟然包括一些女孩），这在一定程度上是由于父母教育不当引起的。有些父母为了孩子能够幸福，甘愿自己受苦受累，成为孩子的"奴隶"。这样做是不对的。孩子饭来张口、衣来伸手，完全体会不到父母的辛苦，反而真的会把父母当"奴隶"使唤，慢慢变得不尊敬父母。所以，我们不能太娇惯孩子，而应该让他们分担一些家务，体验一下父母的不易。另外，当孩子出现不尊重父母的现象时，一定要严加管教，绝对不能纵容。

常带女儿参加慈善捐助会

捐款箱、捐助晚会、慈善义卖活动……这些公益行动经常会出现在人们的日常生活中。事实上，慈善教育的宗旨就是要让我们的孩子亲身去感受来自他人的感动，进而促使他伸出自己的友爱之手去关爱他人。

8岁的萌萌有一只很胖的小猪存钱罐，爸爸对她说，等她的小猪吃满硬币的时候，她就可以买那个最喜欢的娃娃了。所以，每天她都很乖地帮妈妈打扫卫生，帮爸爸整理书房，因为这样她就可以赚取一定的酬劳，来充实自己的存钱罐。

有一天，爸爸带着她参加一个“救治白血病儿童”的捐助活动。因为爸爸曾告诉过她：等小姐姐的病治好之后，光秃秃的头上就会和她一样长满黑黑的长发，但小姐姐没有钱治病，需要大家的帮助。萌萌希望那个生病的小姐姐能和她一样有漂亮的头发，于是，萌萌就把自己存钱罐里的钱都取了出来，并全部投进了捐款箱。虽然那都是一角、一元的硬币，加起来也没有10元钱，但那却是萌萌最真挚的关爱之心。

细节85　有意识地培养女儿的孝心

一家报社曾经在一所中学作过一次调查，问班里的女孩是否记得父母的生日。结果大部分女孩的回答是“不知道”“可能是某月某日”……当记者询问学生是否记得自己的生日时，结果她们都能说出自己的生日。

“我的生日是5月13日，每年到我的生日那天，妈妈都会祝我生日快乐，还会送我礼物。所以，我每年都盼望着自己生日的到来。”

“到了我生日那天，爸爸会买一盒很大的生日蛋糕送给我。吃蛋糕前，妈妈会帮我点上生日蜡烛，然后告诉我你现在可以许三个愿望了。”

……

从上述调查可以看出，父母非常爱自己的孩子，而孩子们却缺乏孝心，不懂得爱自己的父母。针对以上问题，父母要采取相应的措施——培养女儿的孝心。

对女孩来说，孝顺可以让她们更懂得爱，也可以让她们获得亲人和朋友的喜爱。

那么，在生活中，父母应该如何培养女儿的孝心呢？下面就为父母介绍几种行之有效的方法。

教育女儿孝敬长辈

百善孝为先，孝顺是一个人做人的根本。所以，父母要教育女儿以孝为先，可以让女儿从孝敬身边的爷爷奶奶、姥姥姥爷开始。

芳芳的妈妈在这方面就做得很好：

妈妈带芳芳从超市买了很多水果回来。回到家后，芳芳就吵着让妈妈拿火龙果给自己吃。这时，妈妈没有拿火龙果给女儿，而是提醒芳芳：“平时奶奶会把好吃的东西留给你吃，你为什么不先把水果拿给奶奶吃呢？”

女儿想了想，感到妈妈说得对。于是芳芳拿了一些水果去了奶奶的房间：“奶奶，我和妈妈买了许多水果回来，我拿来了火龙果和香蕉给您吃。”说着，芳芳把水果递给了奶奶。而奶奶知道芳芳最喜欢吃火龙果，就拿出火龙果给芳芳。芳芳不仅没有接奶奶手里的火龙果，还故作生气地对奶奶说：“芳芳拿水果给奶奶，是让奶奶吃的。”奶奶笑着说：“芳芳懂事了，好，奶奶留着自己吃。”

父母在培养女儿的孝心时，应让女儿从一些小事做起，比如给爷爷奶奶捶背、把好吃的东西留给长辈等。慢慢地，女儿就会养成习惯，最终成为一个孝顺的女孩。

做女儿孝敬长辈的榜样

女儿的奶奶和我们住在一起，平时我和老公都非常尊重孩子的奶奶。吃饭的时候，孩子的奶奶不上桌，我们不会开饭。遇到生活中的大事小事，我们会先询问一下孩子的奶奶的意见。这样，女儿在我们的影响下，也学会的了孝顺奶奶。当奶奶想吃苹果时，女儿会选一个好苹果削给奶奶吃。

有一次，奶奶生病住院了。晚上的时候，女儿也不肯回家，想在医院里陪着奶奶。最后，我们没有拗过女儿，只好让她和我们一起留在了医院。夜里，女儿还会提醒我们“奶奶又难受了，叫护士姐姐过来看看吧”“该为奶奶换吊瓶了”……

女孩的模仿能力很强。如果父母尊敬老人，女儿也会模仿父母尊敬老人。反之，如果父母不尊敬老人，女儿也不会尊敬老人，甚至不会尊敬自己的父母。

让女儿体会到父母的辛苦

生活中很多女孩不珍惜父母对她们的爱，就是因为她们没有体会到父母的辛苦。所以，为了让女儿学会孝顺和感恩，就要让女儿体会到父母的辛苦。

兰兰的妈妈下班回来后就疲惫地坐到沙发上，兰兰过来对妈妈说：“妈妈，我想洗澡，你帮我把热水器电源插上吧。”

妈妈没有立即答应女儿的请求，而是说：“妈妈肩部酸痛，兰兰能不能过来帮妈妈捏捏肩膀呢？”

兰兰答道：“好的，妈妈。”兰兰过来帮妈妈捏起了肩膀，捏了几下，兰兰说：“妈妈，你的肩膀好硬啊，妈妈工作一定很累吧？”

故事中的妈妈是智慧的，她让女儿体会到了自己的辛苦，让女儿懂得了爱。这样，女儿学会了爱自己的父母，同样也会去关心别人，从而获得周围人的喜爱。

细节86　教女儿学会与别人分享快乐

一位妈妈曾苦恼地在日记中写下了这样一件事情：

一天，上小学一年级的女儿大哭着回到家，一见到我们，哭声更大了。这让一向疼爱女儿的丈夫很紧张，以为女儿遇到了什么大事情。等女儿情绪平稳之后，她对我们说出了原因：“今天在学校的时候，大家都叫我‘小气鬼’，我讨厌他们，我再也不要和他们玩儿了。”原来是同学们的恶作剧让女儿的自尊心受到了伤害，所以她才这么难过。

后来，我通过女儿的几个同学了解到，女儿在学校和大家一起玩儿的时候，总是有些霸道，有什么好玩的东西也不愿和朋友一起分享，所以大家都不喜欢和她一起玩儿，还有几个调皮的孩子说她是“小气鬼”。现在，女儿在学校也没有几个好朋友，这让她显得有些孤单，有好几次我们鼓励她和朋友一起分享玩具和图书，女儿总是噘着嘴说：“我不，这是我的东西，我才不让别人玩儿呢！”面对女儿的这种情况，我该怎么做呢？

这位妈妈的苦恼想必很多父母也深有感触，为什么我们的孩子不愿和他人分享自己的东西呢？一般来说，影响孩子分享美德形成的家庭因素主要有两个：一是父母事事以孩子为中心；二是父母有独断专行的个性。

因此，作为父母，如果你有上述两种倾向的话，就需要仔细审视自己的教育方式了。我们一定要教孩子学会慷慨待人，因为只有懂得分享的人才能够结交到更多的朋友，在集体中更受欢迎，也更易得到他人的帮助。

要真心实意地与女儿分享

在实际生活中，很多时候当女儿诚心诚意地请父母分享自己的东西时，父母不是坚决推辞，就是象征性地分享，殊不知这样谢绝孩子的一片好心会让她们变得不懂谦让和分享。所以，作为父母，在培养女儿与人分享的同时，自己先要成为与女儿分享的伙伴。

这一方面哈佛女孩刘亦婷的母亲的做法就是典范。

哈佛女孩刘亦婷已经成为中国千百万孩子学习的偶像，她母亲的教育方式更成为很多父母学习和借鉴的“宝典”。刘亦婷的母亲刘卫华女士在教育女儿时，不但注意开发她的智力，更注重培养她的品德，尤其是在教女儿学习“分享”时，可谓用心良苦。

在刘亦婷很小的时候，她的妈妈每次给她吃水果或者其他食品时，总会要求女儿和他人分享。当时，由于经济条件并不太好，每次给女儿买水果或其他营养品时，她的妈妈都要精打细算。虽然很多时候妈妈不舍得吃那些难得买来的水果，但为了让女儿学会与他人分享，妈妈每次都会“狠心”地吃一点点。

教女儿学会分享时，一定要注意细节

父母的言行举止对孩子有着最直接、最持久的影响力，但很多父母并不重视这一点，认为小孩子“察言观色”的本事并没有那么强，因此在教育孩子时不自觉地采用了错误的方式。

例如，有一个小女孩在父母端上一盘大小不等的苹果块时，她会选择

那个最小块的，因为她知道接下来妈妈不但会把那个最大块的给她，还会表扬她做得好，是个好孩子。小女孩为什么会这样“虚伪”呢？因为有一次，她选择那个大块的苹果时，妈妈就批评她不懂得分享，而当她选择那些小块的苹果时，妈妈就称赞她很有礼貌，并把大块的苹果又分给她。所以，从那之后，只要她想得到自己想要的东西，就会用这种方法。这位妈妈本意是想要教女儿学会分享，但由于方法不当，使小女孩最终变成了一个撒谎、虚伪的孩子。因此，父母在教育女儿学会分享时，一定要注意细节。

用“交换法”让女儿学会分享

一位妈妈的育女经验是这样的：

我有两个女儿，一个8岁，一个10岁。小姐妹一般情况下都能很好地相处，但也常常会为一个布娃娃而争吵起来。后来，我买了一个小狗形状的定时器。每当两个小姑娘一起玩儿的时候，我总是为她们设计相同的时间，有时是5分钟，有时是10分钟，时间一到，其中一个必须放下自己正在玩儿的娃娃，让另一个来玩儿。就这样，两个女儿都学会了在属于自己的时间里玩儿，而且她们知道时间一到，自己就不应该再霸占着玩具，否则以后就没得玩儿了。因为我在之前给她们规定只要其中一个孩子违反了规则，那么这个玩具的所有权就要归另一个孩子了。

另一位睿智的妈妈也采用了“交换法”，让女儿学会了分享。

我只有一个女儿，我希望她能成为一个不自私、乐于与他人分享的女孩。每次我给女儿买了她喜欢的芭比娃娃、童话故事书或漫画时，总会鼓励她带到学校去，并且让女儿与其他同学交换自己的芭比娃娃、童话故事书或漫画。平时，我总是这样对女儿说：“女儿，把你的东西借给别人，然后再向别人借你喜欢看或者喜欢玩儿的东西，这样我们花很少的钱就可以玩很多的玩具、看很多的故事书和漫画。你说妈妈说得对不对？”女儿非常赞同我的话，并且渐渐理解了分享的真正意义。

现在，她已经是一名初中生了，我给她买的玩具和图书并不多，但她在与同学的相互交换中已经分享了更多的玩具和图书，而且这也在无形中增进了她与同学的友谊，帮助她交到了很多好朋友。

细节87 公德意识，培养优秀女儿的必修课

随着父母对女孩教育重视程度的不断提高，很多父母都自信满满地认为，自己的女儿已经具有社会公德心了，然而，实际情况真是如此吗？我们不妨先看看下面的这个例子：

一天，爷爷送6岁的小敏去上学。在公交车上，小敏吃着香蕉。吃完后，小敏顺手把香蕉皮扔在过道上。公交车上的叔叔、阿姨们立即向小敏投来异样的目光，此时小敏竟然没有任何反应。过了一会儿，刚上来的一位小伙子不小心踩到了香蕉皮，滑倒在地上。“谁这么没有社会公德啊！”小伙子无奈地说了一句，叔叔、阿姨们又向小敏投去责怪的目光。

估计大家对上文中的家长和孩子都没有什么好印象。因为孩子不自觉地违反了社会公德，而家长不但没有及时要求孩子改正，还默认了孩子的错误行为。试想，如果故事中的爷爷看到孙女的行为后，及时制止或以身作则将孙女丢弃的香蕉皮捡起来丢进垃圾桶，结果又会如何呢？

让我们再来看一个例子，这个事例中的女孩与小敏的表现截然不同，也因此受到了大家的喜爱和欢迎。

一天，5岁的童童跟着妈妈坐公交车去公园。在途中，一位老奶奶走上了公交车。还没等妈妈做出反应，童童就从座位上站了起来，大声喊道：“奶奶，来我这里坐吧！”此时，车厢里的叔叔、阿姨们都转头看向童童。奶奶坐到童童让给她的座位上后，对童童说：“谢谢你啊，小朋友。”童童

回答说："奶奶，不用谢，这是我应该做的。"这时，叔叔、阿姨们的脸上都露出了笑容，其中一位阿姨还称赞童童说："这个女孩这么小就懂得了为老人让座，真是一个聪明、懂事的孩子。"

一个遵守公共秩序、尊老爱幼、爱护公物的女孩，往往更具有爱心、责任心、同情心，深得众人的喜爱与欣赏。因此，父母要让女儿从小树立社会公德意识，成为一个受大家欢迎的人。

从细节入手，教导女儿养成良好的社会公德意识

父母是孩子的第一任老师，因此父母要为女儿树立遵守社会公德的榜样。

凌云的妈妈在这方面做得很好：

凌云妈妈带凌云从麦当劳出来，突然妈妈的脚被一个小图钉扎到了。妈妈把图钉从凉鞋里取出来，扔到了附近的垃圾箱里。然后妈妈对女儿说："妈妈把图钉扔到垃圾箱里，是为了防止别人走路的时候被扎到，凌云以后遇到这样的事情，也要这样做。"

一天，妈妈和凌云在马路上走着，看见一个比凌云大的女孩随手把用过的纸巾扔在地上，凌云马上跑过去，把那张被丢在马路上的纸巾扔到了垃圾箱里。

故事中的妈妈利用了女孩善于模仿的特点，用自己的真实行动教育女儿要维护公共场所的卫生，让女儿在潜移默化中树立了社会公德意识。

在生活中，很多父母都在积极培养女儿的社会公德意识。如果父母用自己的行动为女儿树立榜样，就能让女儿更快地建立起社会公德意识。

教育女儿尊老爱幼

父母要注意随时随地引导女儿树立社会公德意识。比如，到故宫游玩的时候，看到建筑物的墙上刻着"xx到此一游"，父母就可以告诉女儿："在公共建筑物上刻字是不道德的行为，是没有社会公德的体现。"

云芝和妈妈一起走在街上，看到一个小女孩正站在马路中间，妈妈提醒女儿："小妹妹过马路不安全，女儿是不是可以带小妹妹到马路的另一边呢？"云芝想了想说："可以啊，妈妈。"于是，云芝走到小妹妹身边，拉起小妹妹的手，带她过了马路。

故事中的妈妈是非常明智的，她对自己的女儿进行了引导，从而让女儿懂得了爱护小朋友。在生活中，这样的机会有很多，父母要想培养女儿的公德心，就要随时抓住这样的机会，给女儿"上一课"。

让女儿意识到养成社会公德意识的意义

为了培养女儿的社会公德意识，父母可以和女儿一起讨论一些正面或反面的生活事例。

妈妈领着6岁的女儿英巧在车站排队等公交车，过了一会儿，公交车缓缓驶过来。一个刚走到车站的男子站到了队伍的前边，很多人不满地说："别人都排队，你为什么不排队呢？到后面排队去啊！"男子没有理会别人的评论，公交车门打开之后，挤在最前边上了公交车。

事后，妈妈问英巧："没有排队的叔叔的做法对吗？"英巧回答说："别人都排队上车，只有叔叔没有排队。叔叔的做法显然是不对的。"妈妈接着说："英巧分析得很对，叔叔没有遵守公共秩序，违反了社会公德。"

通过对生活事例的讨论和评价，相信孩子的社会公德意识很快就会建立起来。此外，父母还可以让孩子接触一些培养道德情操方面的优秀文艺作品，比如看一些这方面的少儿节目等。

细节88 呵护与培养女儿的同情心

著名教育家陈鹤琴先生曾说过：“同情行为在家庭里在社会里是一种非常重要的美德。若家庭里没有同情行为，那父不父，母不母，子不子，家庭就不成为家庭；若社会里没有同情行为，尔虞我诈，人人自利，社会也不成社会了。”没错，同情心是女孩应具备的一种非常重要的品质。

其实，所谓同情心就是指一种对他人的不幸和困难产生共鸣并对其行为的关心、支持、援助的情感，是人的道德情感之一，而这种情感正是儿童品德培养的重要内容，将对他们日后顺利融入社会，协调人际关系起到至关重要的作用。

一天，妈妈带着铭铭去同事家做客，结果同事的儿子因为生病在吃饭的时候突然呕吐起来，桌上、地上都是呕吐物。铭铭看到后捂着鼻子说：“真臭，真臭！”并且皱着眉头露出一副厌恶的表情。这时，铭铭妈妈赶紧带同事的儿子去了厕所，轻轻拍着同事的儿子的后背。等同事的儿子停止呕吐后，妈妈问铭铭：“刚才小哥哥为什么吐了？”“可能生病了。”“那你生病时，感觉怎样？希望别人怎样对待你？”“我上次生病很难受，妈妈照顾我。”铭铭说完有些醒悟了过来，然后学着妈妈刚才的动作，轻轻拍着小哥哥的背，还拿起桌上的水让小哥哥漱口，最后还拿来餐巾纸给小哥哥擦嘴。

美国《育儿》杂志网站曾刊发文章指出，孩子的同情心与生俱来，只不过它还需要父母的呵护与培养。众所周知，在这个日益充满竞争的社会，无论是成人还是孩子似乎都变得冷漠和自私，变得只关心自己的快乐，而无视别人的痛苦，甚至会把自己的欢乐建立在别人的痛苦之上，这样的女孩很难有大的作为和发展。

既然女孩的同情心与生俱来，那么我们就应该从日常生活中去寻找方法来培养女儿的同情心。

善于发现和保护女儿的同情心

一位儿童心理学家曾说过：“如果我们富于同情心，那么当别人处于危险境地时，我们就有一种帮助对方的强烈冲动。”其实这种强烈的冲动是女孩与生俱来的，具有同情心的孩子能够敏锐地觉察到别人的困难和需要，进而产生帮助别人的行为。

有一位母亲的教育经验是这样的：

一天，女儿从幼儿园回家后对我说：“妈妈，我们今天在树下玩儿的时候,发现了一只死去的小狗,特别可怜,老师说肯定是烧树叶时被烧死的。小狗该有多疼呀！我们班小朋友都哭了，老师和我们一起把它埋了。”“那你哭了吗？”我故意问她。“我没哭出来。”女儿看着我,有些不好意思地说。“没关系，你难受就说明你有同情心，有同情心不一定都要哭的。”我开始帮助女儿校正她的想法。“你说它特别可怜，就说明你同情它。会同情别人是件好事。上次奶奶生病的时候，你不是把你的好吃的给奶奶吃了吗？这说明你是一个有同情心的孩子。”女儿听了我的话，若有所思地去玩儿了。后来的两个星期里，女儿还是在不断地提起那只被烧死的小狗，每次提起，脸上都是悲伤的表情……

上述事例中的小女孩是个有同情心的孩子，她能从自身的体验出发感受小狗的痛苦，这种体验对孩子同情心的培养是不可忽视的一环。

用情境感化女儿，促进同情心的形成

女孩的同情心不是短时间内就能培养起来的，也不是靠口头宣传或大人的命令就能做到的。这一切都离不开父母的培养和引导，更重要的是需要情境感化，促使女孩具有同情心。例如，让她通过在困难和渴望别人同情时及时得到了别人的帮助，使她切实感到被关心的温暖，从而增强她的同情心。

有一天下午快放学了，天空突然下起大雨。放学了，同学们都撑着雨伞或穿着雨衣回家了。李璐的妈妈去接李璐的时候，发现还有一个同学张锐待在教室里，上前一问，原来是没有带雨具，父母也没来接他，他只有无可奈何地等。这时，李璐的妈妈主动把自己的伞让给张锐。张锐说："阿姨，您把伞给我了，您怎么办啊？"李璐的妈妈说："没关系，我带了两把伞，我可以和李璐打一把伞！"李璐也在一旁笑着说："张锐，你打着伞赶快回家吧，天快黑了，我和妈妈打一把伞就行了，放心吧，我不会让我亲爱的老妈淋雨的。"张锐高兴地说："阿姨，谢谢您！李璐，也谢谢你！你妈妈真好！"听着张锐的话，李璐的妈妈和李璐都高兴地笑了起来。

可见，要让女孩对人对事产生同情心，感情世界变得丰富、真挚，就要教会她懂得如何关心、爱护、体贴人，并逐步形成一种自觉习惯和稳定的心理特征，使她成为一个富有同情心的人。

通过榜样的示范作用培养女儿的同情心

由于女孩在幼儿阶段的道德发展处于他律阶段，其思维主要是形象思维。因此，她们对抽象的概念和空洞的说教难以理解，而利用具体形象的榜样力量去教育影响她们则可收到良好的效果。

父母为人处世的态度都在直接或间接地影响着女儿，因此，父母坐车时应主动给老人让座；可经常带女儿参加"希望工程"等活动；平时，父母要做到尊老爱幼，善待周围的人，同情弱者，帮助有困难的人等，这点点滴滴都有助于女儿同情心的形成。

细节89 引导女儿学会感恩

苏联著名的教育家苏霍姆林斯基曾说过：“良好的情感是在童年时期形成的，如果童年蹉跎，失去的将无法弥补。”因此，越早对小女孩进行悲情教育越有利于培养她的感恩之心。

有一位母亲是这样做的：

我10岁的女儿由于受到家人的宠爱，变得有些自私、任性和霸道。为了让女儿懂得感恩，每天晚上我都会给她讲一个感人的故事。有一次，我在报纸上看到关于《感恩的心》这首歌曲的创作缘起，于是就讲给了女儿听：有一个先天失语的小女孩，爸爸很早就去世了，她和妈妈成为彼此的依靠。因为家庭条件不是很好，小女孩的妈妈每天很早就要出去工作，很晚才会回来，但每次回来的时候都会给女儿买一块她最喜欢吃的年糕。

小女孩每天晚上都会坐在大门外等妈妈回家，其实她并不是很喜欢吃年糕，但因为年糕是最便宜的食品，所以她就骗妈妈说自己喜欢吃。后来，在一个风雨交加的夜晚，小女孩怎么也等不到妈妈的身影，妈妈为什么还不回家呢？小女孩鼓起勇气在下着大雨的黑夜里前行，她走啊走啊，终于看到了妈妈，可妈妈此时正躺在地上。小女孩快速地跑到妈妈的身边，使劲摇晃着妈妈的身体，但妈妈却没有任何反应，一双眼睛死死地睁着，手里还紧紧攥着那块年糕。这时，小女孩才知道妈妈不是累得睡着了，而是死了。

小女孩的眼泪早已经控制不住地流了下来，但妈妈为什么不闭上眼睛呢？难道是在担心她吗？为了让妈妈安心地离去，小女孩在风雨中一遍又一遍地用手语做着这首《感恩的心》，渐渐地已分不清她脸上流淌的是泪水还是雨水……

说完这个感人的故事，我又轻轻哼起了那首《感恩的心》，女儿也跟着哼唱起来。然后一向冷漠的女儿突然抱着我说："妈妈，我爱你！谢谢你这么辛苦地养育我，我以后再也不惹你生气了。"

一个不懂得感恩的女孩是无法去爱别人的，而悲情教育就是培养女孩感恩之心的最好方式。那么有哪些好的悲情教育方法可以帮助父母培养女儿的感恩之心呢？

让女儿观看一些有关"感恩"的影片、电视节目

有一位母亲在自己的网络日志中这样记录道：

每天在工作和家庭中繁忙奔走，这让我感到一种压力，但这些身体上的折磨我都可以忍受,唯一让我无法忍受的是女儿对我的态度。人们常说"女儿是妈妈的贴心小棉袄"，可我并没有感受到这件"小棉袄"的温暖，相反随着女儿年龄的增长，她对我总是有很多不满："妈，你做饭怎么这么难吃，我不吃了！""妈,你太唠叨了,让我清静一会儿！""你管得太多了！"……女儿的不理解也许有一部分确实是我的过错，但她不懂得体谅我的心，让我很难过。

为了让女儿懂得感恩，每个周末我都会尽量带她去看一些有教育意义的影片，平时在家里看电视，也尽量引导她去看一些感人的电视节目。没想到，一段时间后，事情真的朝好的方向发展了。女儿由最初的反感、抵触，到后来慢慢愿意接受，现在是主动注意有哪些好看的影片，然后和我一起去看。

女儿的转变还不止于此，她现在对我的态度好了很多，还会偶尔帮助我做家务，这在以前是根本不可能发生的。最近这两天，她又想学做菜，至于原因用她的话说就是："老妈，你的厨艺有待提升，不过，我学会之后，你们就可以天天享用美食了。"我想女儿这一切的转变，和我让她时常去看那些教育影片和电视节目是分不开的。

如今，很多孩子都存在“感恩心理缺失”这一现象，他们往往习惯以“自我”为中心，对于个人之外的人和事物，都表现得比较自私、冷漠和霸道。父母要想改变孩子的这种心理，平时可以有意识地让他们观看一些关于“感恩”主题的影片和电视节目，以便让他们深受感动的同时反省自己。

引导女儿树立正确的感恩之心

生活中，很多父母在培养女儿感恩之心时，常常将感恩的范围局限在个人的感恩层面，如要对父母、老师等抱有感恩之心，这种感恩之心具有一定的狭隘性、局限性。事实上，真正的感恩之心应该是广义的，是对社会、自然怀有感恩之心。

因此，父母在对女儿进行感恩教育的时候，首先应该从思想意识上把感恩教育提升到整个人类社会的层面。在日常生活中，父母可以多带孩子做些回报社会、回报他人的事情，让孩子对社会充满感恩之心，只有这样他们的心胸才能更宽广，他们的回报对社会才会更有意义。

教育女儿学会感恩父母

生活中，大多数女孩都不会忘记要对给予她帮助的人表示感谢，但有时却忘记了感谢自己的父母。父母应时常提醒自己的女儿，让她对自己怀有感恩之心。要知道，这样做是培养女儿拥有感恩之心的重要方法之一。

小然的妈妈在这方面做得很好：

星期天，妈妈给小然买了一双溜冰鞋，并带她去溜冰场学习溜冰。两小时后，小然就学会了溜冰。学会溜冰后，小然来到妈妈跟前，高兴地对妈妈炫耀说：“妈妈，我已经学会溜冰了，你要买什么奖励我呢？”

妈妈说：“我给你买了溜冰鞋，还带你过来学习溜冰。你应该感谢妈妈给你的这次学习机会，而不是向妈妈要奖励。”

小然想了想妈妈的话，心里想:是的，是妈妈给了我这次学习的机会，让我学会了溜冰，我应该感谢妈妈，而不是向妈妈要奖励。于是小然对妈妈说：“谢谢妈妈。”

生活中，父母除了要提醒女儿感谢自己之外，还应积极地引导女儿感谢身边的人和事，如告诉她“这本书是姑姑送给你的，你要谢谢姑姑”“这个楼梯是邻居徐阿姨打扫的，你要谢谢徐阿姨”“现在认识了这么多字，并且能够自己看书读报了，你要谢谢老师教给你知识”等，要时时事事心存感恩。这样坚持下去，女儿就能时时怀着感恩之心，最终成长为一个懂得感恩的好女孩。

细节90 让女儿学会乐于助人

乐于助人，就是要求人们善于理解他人的处境、情感以及需要，随时去支持和关心帮助别人。从小培养女孩助人为乐的精神，对女孩今后具有高尚的情操、健全的人格有不可估量的影响，而且乐于助人的女孩不仅会受到朋友的欢迎和称赞，还会提升自己的自信心，让她确定自己有能力去做很多事，可以去帮助很多人。

英国作家莎士比亚说过：“慈悲不是出于勉强，它是像甘露一样从天上降下尘世；它不但给幸福于受施的人，也同样给幸福于施与的人。”所以，我们要让女儿学会乐于助人，养成帮助他人的良好品德。

有一对父母是这样教育自己的女儿的：

一天，一个小女孩粗暴地将一位上门乞食的流浪者驱赶出了自己的家门，父母看到她的这种恶劣行为，特意为此召开了家庭会议。父母非常严肃地对自己的女儿说：“对于流浪者来说，尽管他们穿着邋遢，但他们同样享有人的尊严。”父母的教育使这个小女孩明白一个道理：崇拜强者可能是人之常情，而同情弱者更是美好情感的一种体现。后来，这个小女孩认识到了自己的错误，逐渐养成了乐于助人的好习惯。

其实，我们就应该这样教育女儿，让她具有一颗同情弱者、乐于助人的爱心。那么，有哪些好办法可以帮助父母培养孩子乐于助人的精神呢？

多给女儿讲述那些充满“爱”的故事

一位母亲的育女经验是这样的：

女儿丽丽是一名小学五年级的学生，但乐于助人的美名早已在我们家附近和学校里传来了。例如在家里她经常帮助我做家务，帮助邻居的张奶奶倒垃圾，替小区的工人给花园浇水，只要是看到身边有需要帮助的人，她都会尽自己的能力去帮助；在学校她还经常主动帮助那些有困难的同学，而且时常带领大家去做一些公益活动，并被学校评为“三好学生”。邻居或老师一见到我，都是夸女儿如何的热心肠、做好事，不过女儿总是对别人说：“我爸妈在我很小的时候就给我讲那些乐于助人、关爱他人的故事，还给我买了很多有趣的书，慢慢地我学会了怎样去关爱、同情和帮助别人。”女儿说的这些都是实话，到了周末或者节假日的时候，我们还会带她去参加一些公益活动，让她了解到这个世界上还有很多需要她帮助的人，而且她可以通过努力帮助那些人解决困难。同时，女儿自身也体验到了前所未有的成就感和愉悦感。

这个世界上能创造奇迹的就是爱，这种爱可以是那种无私的大爱，也可以是点滴的小爱。因此父母可以通过多种方式让女儿变得有爱心，进而帮助那些需要帮助的人。很多时候，那些书中或现实中有关爱的故事，都能够成为父母教育女儿的最佳案例。

给你的小公主提供关心别人的机会

10岁的王倩是家里娇宠的独生女，也正因为这样，养成了她霸道、任性的性格。上了小学之后，王倩虽然交了很多朋友，但是没多久，大家都不爱和她一起玩儿了。妈妈通过仔细观察发现，正是女儿自私、霸道的性格让大家都远离了她，而她根本不知道去关心和帮助别人，只知道从别人那里索取自己想要的友谊、称赞，一旦朋友受不了离开她，她又把责任都推到别人身上。妈妈担心王倩长此以往下去，会变得更加自私和冷漠，对今后她的发展不利，所以决定让女儿参加一个妈妈团组织的城市与农村孩子的“手拉手”活动，让女儿把自己不用的书本、衣服等都整理好，以便到时候给那些买不起课外读物的孩子。令妈妈没想到的是，仅仅半个月的活动，女儿就像变了一个人似的，她像个小老师一样给那些孩子讲解童话故事、科学知识，而且还帮助一个年幼的小妹妹干家务。

回到家的时候，王倩对妈妈说：“妈妈，下次再带我去吧。我会学更多的知识去讲给我的好朋友听，而且从今天起我要攒钱！”

“攒钱做什么？”妈妈疑惑地问。

“有个小妹妹想要一个书包，我要凭借自己的努力给她买一个书包寄过去。”王倩自信地说。

王倩的转变是令人欣慰的，由此可见，给女孩提供一些关心他人的机会，会让她收获更多。因此，父母可以通过一些实际的爱心活动，让女孩体会帮助他人的快乐和成就感。例如，让女儿帮忙做家务，并给予她适当的表扬或奖励；让女儿参加一些适合她年龄段的公益活动；也可以让女儿照顾那些比她年龄小的伙伴等。

第12章

青春期，父母送给女儿的最好礼物

一位母亲问一位教育家："我感觉和青春期女孩相处是一件最难的事情，她们脾气多变，甚至还有些暴躁，请问这一阶段用什么方式教育她们呢？"

教育家想了想，说："用爱、尊重和信任。"

对于青春期女孩来说，爱、尊重和信任是最好的教育方式。

细节91 大大方方地与女儿谈“性”

有一位妈妈在网络上这样求助：

前几天，我在书店买了一本英国儿童性教育绘本，我11岁的女儿很喜欢看这本书，可是我心里却很忐忑，怕女儿突然问一些我不知道怎么回答的问题。没想到，还是躲不掉，这天女儿看到两张人体图时，突然惊讶地说：“妈妈，这上面说的精子、卵子是什么啊？它们又是怎么结合的呢？”面对女儿这一连串的问题和她那好奇的眼神，我不知道该怎么说，只得含糊过去，但显然没有让女儿满意，她还是整天问我男人和女人怎么生宝宝，精子和卵子怎么结合。我真不知道怎么和女儿讲这些性问题，总觉得难以启齿，我该怎么办呢？

其实，很多中国妈妈和这位妈妈有一样的烦恼，她们大多因为“难以启齿”这个理由回避女孩的性问题，这也正是中国家庭性教育尴尬与无奈的现状。事实上，无论是家庭还是学校，似乎都在尽量回避“性”，虽然在中学阶段学校大多都开设了生理卫生课，但有关“性”的章节，老师很少详细讲述，而学生自然也就无法确切知道有关“性”的知识。

正因为成人对于“性”的躲躲闪闪，才引起了女孩们对于“性”的更大好奇。要知道青春期这个阶段，越是看似隐晦、神秘的东西越是能激起女孩的好奇心，挑起她们的冒险意识，甚至很多女孩因为对“性”的错误认识，导致了一系列问题的出现。

要知道，正确的性教育不但能够促进女孩形成健全的人格，而且还决定着她一生的幸福。因此，妈妈必须学会如何正确地对女儿开口说“性”。

要善于回答女儿提出的性问题

一位母亲这样讲述自己的育女经验：

有一天，12 岁的女儿突然很认真地问我："妈妈，我想问你一个问题，但是你一定要老实回答我，而且不许笑。"我见女儿这么一本正经，也郑重地点点头。这时，女儿有点儿不好意思地问我："妈妈，你说接吻的时候怎么喘气呀？"

我马上大大方方地笑着说："我们吸气的是鼻子，吃东西的是嘴巴。你用手捂住自己的嘴，看能不能喘气。"

女儿听完我的建议，马上试了试，然后又问我："妈妈，我看电视剧里男女接吻的时候总是侧着头，然后找个合适的角度，他们是不是怕鼻子碍事？"

"女儿，你说得很对，观察得也很仔细。"我赞许道。

这位母亲做得非常好，她没有对女儿的这种好奇心横加指责，而是通过循循善诱的方式回答了女儿的问题，使女儿今后能够正确对待性问题。

所以，当女儿向你提出一些性问题时，你既不要藏着掖着，也不要批评、指责女儿，而是应该采取合适的方式回答女儿的性问题。

正确回答女儿"我从哪里来"这个问题

曾经有一位专家在中学生群体中询问过这样一个问题："'我从哪里来'这个问题，你的妈妈是怎样对你说的？"结果显示，学生们的回答千奇百怪：

"我妈说我是从医院垃圾桶里捡来的。"

"我是从白菜地里种出来的！"

"我是坐着洗脸盆从河里漂来的，是奶奶捡了我。"

"我是我爸妈从烟囱里捡到的。"

"我是我妈从山上抱回来的。"

……

以上这些回答显然对于女儿获得正确的性知识是不利的。

如果妈妈能一开始就准确地告诉女儿她是从妈妈的肚子里来的，是爸爸妈妈爱的结晶，并告诉她精子和卵子是怎样结合的，那么她就不会对自己的出生产生好奇了。当然，假如你真的不好意思和女儿讲她是怎么来的，可以通过看性教育影片、书籍等方式慢慢引导女儿自己去探知，这样既避免了当面解说的尴尬，也巧妙地回答了女儿的问题。

简单直接、轻松自如地和女儿说“性”

这天，一放学回到家，上五年级的女儿可维就突然问正在做晚饭的妈妈：“妈妈，什么是做爱？”妈妈一听，当下脸色大变，严厉地说：“住嘴，以后不许乱说话！”感到很委屈的可维说：“上课的时候老师没把这个问题讲清楚，我不知道才问的啊！”妈妈说：“瞎问什么，以后这个问题谁都不能问，等你长大了就知道了！”谁知，可维说：“为什么一定要我长大了才知道，我们班苗苗好像知道，明天我问她去！”妈妈一听，更恼火了，伸手就给女儿一巴掌，嘴里还说道：“死丫头，谁都不能问！”可维莫名其妙地被打了一下，哭着跑出去了。

其实，可维的妈妈完全没必要故作神秘地训斥女儿一顿，因为“性”并不是一件可耻的事情，相反，她这样做之后，会让女儿觉得“性”是一件羞耻的、隐蔽的事情，对女儿的性教育只能起到反作用。

所以，妈妈在回答女儿提出的有关性的问题时，态度要平和、自然，而且回答问题时可以简单直接，这样有利于女儿对性形成正确的认识。

细节92　提高青春期女儿的自我保护意识

下午放学了，春凤等了半天仍然没看见妈妈来接自己。她正等得着急的时候，一个陌生的中年男人走过来对她说："你是春凤吧？我是你妈妈的同事。你妈妈今天有事不能来接你了，让我代她来接你。车在那边，我们上车吧。"春凤连想都没想就和陌生男人上了车。

上面这个事例是一位儿童心理学家在一所小学里做的一个试验，他用这样简单的方法让很多孩子都上了当。在做完这个试验后，这位儿童心理学家指出，现在的孩子自我保护意识非常弱，尤其是一些小女孩，她们对陌生人的话深信不疑，问都不问一下就和陌生人上了车。

在生活中，这样的案子是非常多的。据报载：

有两个初中女生在晚上回家，遇到两个男人问路。那两个男人开着车把车门打开，示意她们走近一点儿。两个女孩根本没有防范意识，就走了过去。结果那两个男人一下子抓住她们，用力往车里拖。其中一个女孩挣脱出来逃掉了，而另一个女孩被拖了进去。后来这个女孩被不法分子辗转带到好多省份，不仅惨遭强暴，最后还被那两个男人残忍地杀害了。

生活是美好的，但是生活中也存在着危险和诱惑，尤其对女孩来说，她们更容易成为一些不法分子欺骗和伤害的对象。所以，我们要提高女儿的自我保护意识，让她们远离这些危险和诱惑，快快乐乐地生活。

生活中的危险和诱惑非常多，为了防止女儿受到伤害或上当，父母可以采用下面几个方法，提高女儿的自我保护意识。

教育女儿多提高警惕

女孩心地善良，很少对他人具有防范意识。因此，父母应该提高她们的防范意识，让她们不要太轻信陌生人的话，并告诉她们一些自我保护的方法。我们应该告诉女儿：独自在家时不要给陌生人开门；外出时应走安全路线，避开那些偏僻和陌生的地方；晚上最好不要外出，如果外出的话要结伴而行；不接受陌生人提供的饮料或者食品，谨防里面有麻醉药物；不和陌生男人在偏僻的地方单独见面，尤其是陌生男人的家里……把这些告诉女儿，可以提高她们的警惕，让她们远离各种危险的侵害。

教育女儿远离诱惑

前一段时间，网络上有这样一则新闻：

有一个女孩一直梦想成为明星，她看到网上某家电影公司正在招募演员，便报了名。谁知道这家公司根本不是一家正规的电影公司，它打着招募演员的名义，背地里却从事卖淫活动。这个女孩在公司老板的诱骗下出卖了自己的身体，但却并没有换来自己想要的名誉，等她幡然悔悟的时候，一切都已经晚了。

在生活中，诱惑是非常多的。有很多女孩禁不起诱惑，最后掉入了别人设计的陷阱，成为别人的猎物。所以，我们要培养女儿坚强的意志力，让她们勇于对诱惑说“不”。这样，她们才能保证自己的安全，快快乐乐地生活。

和女儿进行“情景训练”

一位优秀的母亲曾经这样谈起自己的育女经验：

我12岁的女儿眼看都快长成大姑娘了，但是却非常单纯，一点儿自我保护意识都没有。我觉得这样非常不好，因为生活中充满着危险和诱惑，我应该提高女儿的警惕性才对。于是，没事的时候我就和女儿做起了“情景训练”。例如，我会问她：“女儿，你说要是爸爸妈妈都不在家，有陌生人敲门，你开不开呢？”女儿想了想说：“不开，给陌生人开门太危险了。”我点了点头说：“对，不能开，因为那样太危险了。但是如果敲门的是你认识的人呢？例如爸爸或者妈妈的同事。”女儿想了想说：“这应该开吧，都是认识的人。”我说：“咱们前些天不是在电视上看过了吗？很多小孩都是被熟人绑架的。”女儿说：“那就也不开。”我说：“你可以给认识的人开门，但是开门前先给爸爸或者妈妈打个电话。”除了这个开门问题外，我还和女儿做过其他的“情景训练”，比如遇到坏人怎么办、遇到骗子怎么办等，我感觉，用这种“情景训练”的方式比单纯说教的方式要好得多，孩子不仅更容易接受，在真的遇到这种情况的时候，也更能想起用什么样的方法来应付。

这种有目的的“情景训练”对提高女儿的自我保护意识非常有效，父母不妨一试。

细节93 为什么孩子动不动就离家出走

一天，青少年心理咨询中心接到了一位妈妈打来的电话：

我女儿上了初中后迷恋上网，还交了很多网友，学习成绩直线下降。我知道后，打过女儿几次，结果女儿干脆不去学校了。除了流连网吧外，女儿还在网吧结识了一群“朋友”。为了杜绝女儿再和她的“朋友”们继续来往，我给女儿转了学，然而才到新学校第三天，女儿就悄悄地离开了新学校回到了原来的学校。最近女儿离家出走的频率越来越高，时间也越来越长，所以为了防止女儿再次离家出走，我索性辞了工作，专门负责守在女儿身边。可是女儿还是从家里逃跑了，家人花了一个月的时间才在网吧找到了她，而女儿早已经变得脸色苍白、蓬头垢面了。我真的很心疼女儿，但却找不到一个好办法阻止女儿离家出走。

上述案例中的女孩很明显是典型的青春期叛逆心理，由于父母和女儿错误的沟通方式更加剧了双方的矛盾。

事实上，青春期女孩不会无缘无故就离家出走，一般来说，她们离家出走的原因有以下几点：

第一，青春期女孩自我意识膨胀，希望寻求独立空间和自由。

第二，学习成绩差，考试压力大，被冤枉和误解，逆反心理严重。

第三，父母“望女成凤”，对女儿的要求太高。

第四，父母只注重女孩的身体健康，忽略青春期女孩心理发育的特征，一旦女孩出现一些问题，父母不是不分青红皂白地大打出手，就是不断地斥责。

青春期是女孩人生中的特殊时期，是她整合自己内心、协调主客体关系的时期，这个时期的女孩在行为和情绪上很容易出现一些问题，因此，父母要了解女儿的心理，积极调整和女儿的关系，伴随女儿度过这个特殊的阶段。要知道，女儿离家出走是可以避免的，关键在于父母怎样处理好和女儿的关系，把家营造成女儿喜欢的轻松、安全的港湾。

巧妙地处理女孩离家出走的四个关键环节

一般来说，青春期女孩离家出走有四个关键环节需要父母特别注意：

第一，要学会动用必要的社会资源，以低调的方式了解女儿的去向和生活状况，保证女儿的安全。

第二，化解女儿怨气的唯一正确的方法是：父母要保持冷静和理智，真诚地向女儿表达自己的愧疚、理解、宽容和关爱。

第三，从青春期女孩的角度，去体会她们的感受，理解女孩的行为动机或要达到的目的。例如，她们表达愤怒、怨恨可能是想要获得关注。

第四，当女儿离家出走事件平息后，如有必要，应及时地让女儿和父母一同接受心理辅导。

如果父母能够注意以上四个环节，并且在每一个环节中都能采取正确的处理方式，那么不但有助于预防女孩的再次离家出走，也会让孩子受伤的心逐渐得到抚慰。

正确对青春期女孩应用“我信息”

有这样一个关于青春期女孩的故事：

在一个小镇上，有一位叫莉亚的妈妈。一天，她和女儿爱丽丝之间发生了一些不愉快，一气之下的莉亚打了女儿一个耳光。没想到第二天清早，莉亚发现女儿爱丽丝的房间没人了，原来委屈至极的爱丽丝离家出走了。此刻，莉亚十分懊悔，她终于意识到：世界上没有什么比女儿更重要了！她急迫地想找回女儿。于是，莉亚来到镇中心一家有名的商店，用醒目的大字在商店门口写了这样一个告示：“亲爱的爱丽丝，回来吧！我爱你！明天早上我将在这里等你。”第二天早上，莉亚来到昨天那家商店，她发现至少有7个叫爱丽丝的女孩等在那里。原来这些女孩等在那里，都希望自己的妈妈发出回家的召唤。

由此可见，大多数青春期女孩离家出走都是一时冲动，而且离家出走后，她们也都希望妈妈能用一个宽容的态度原谅自己。

所以，当女儿不回家不打招呼时，不要对她打骂和斥责，而是应该正确使用表达宽容和原谅的“我信息”，例如，“我很抱歉刚才那样对你”“我很担心你”“我希望你能和我谈谈”……这样的沟通方式会让女孩觉得自己被重视、被尊重、被理解，让她心理获得平衡，同时也对父母有了愧疚感，离家出走的想法自然而然就消失了。

细节94 教给女儿青春期的卫生保健知识

青春期对于女孩来说是一个特殊的时期，一进入青春期，女孩成长迅速，而且随着卵巢发育与性激素分泌的逐步增加，女性生殖器官也有明显的变化，随着第二性征的出现，女孩的音调变高，乳房丰满而隆起，出现腋毛及阴毛，更趋向于成熟女性，并且有月经来潮。

通常来说，由于女孩对生理知识知之甚少，面对自己的身体在青春期的快速发育，有时是充满不安的，甚至是恐慌的，于是随着青春期女孩生理变化的发生，她们的思想情绪也会受到很大影响，根本不知道如何应对，尤其是在卫生保健这一方面。

有一个女孩就遇到了这样的尴尬事：

刚上初一的晓晴去姑姑家过暑假。这天她感觉肚子不舒服，于是就去厕所，结果发现自己的内裤上都是血。晓晴非常害怕，她不知道自己是怎么了，甚至觉得自己得了绝症，说不定下一秒就会死。可她也不知道怎么和姑姑说，就决定先瞒着。到了晚上休息的时候，担惊受怕了一天的晓晴穿着裤子躺在床上，一动也不敢动。她一方面觉得身体很难受，另一方面又痛苦地以为自己得病要死了。发现晓晴不对劲儿的姑姑问："晓晴，你怎么啦？为什么不脱衣服睡觉？"晓晴一听哇的一声哭了，然后抽泣着对姑姑说自己流血了，要死了。姑姑告诉晓晴她不会死，还对她说这是每一个女人都必须经历的事情，她只是月经来了，没有得病。同时，姑姑还拿出卫生巾，教晓晴如何使用，并且告诉她要勤换卫生巾，不能吃凉的以及辛辣的食物。听完姑姑的话，晓晴没有那么担心了，赶紧在姑姑的帮助下换了新的内裤，并且垫上了卫生巾。

女孩第一次月经来潮的时候，如果事先没有了解相关的卫生保健知识，很容易像晓晴这样惊慌失措，不知道如何应对。因此，妈妈除了要及时给女儿讲解一些青春期性知识，同时也要给女儿讲解一些青春期卫生保健知识，以便让女儿冷静、正确地应对青春期的生理变化。

那么妈妈应该怎么引导女儿进行卫生保健呢？下面这些方法妈妈不妨一试：

教给青春期女孩经期的卫生保健知识

一位妈妈的教育经验是这样的：

女儿第一次月经来潮时很惊慌，我告诉她月经的到来是代表她成熟了，同时我也给她买了相关的书籍。但是我发现女儿并不太注意经期的卫生，每次月经来的时候，她照样吃凉的、辛辣的食物，而且喜欢用凉水冲澡。初二上半学期，女儿开始出现了严重的痛经现象，所以从那之后，她开始听我的话，在经期不乱吃东西，而且注意卫生，不再用凉水冲澡。后来，她的痛经好了，而她也养成了良好的经期卫生习惯。

一般来说，妈妈应该在女儿初潮前就要让她学习一些月经期的卫生知识。例如，告诉女儿月经期间要保持乐观与稳定的情绪，不要因为身体不适而过度烦恼；让女儿学会适当控制运动量，避免剧烈运动；告诉女儿经期要注意保暖，避免受寒、着凉；让女儿学会注意饮食卫生，同时也要让她学会做好月经周期的记录等。

教给青春期女孩乳房及会阴部的卫生保健知识

上初一的菱镁这天回到家之后，妈妈突然把她叫进房间说：“女儿，明天把胸罩戴上！”菱镁噘着嘴说：“我不戴，别的女同学都不戴，我也不戴。”可妈妈看着女儿发育良好的胸部，有些为难地说：“你现在已经长大了，戴胸罩是为了你好。”菱镁看了看自己日渐丰满的胸部说：“我不戴，我穿紧一点儿的内衣就行了！”最后，妈妈只好不了了之。

青春期女孩的乳房卫生保健非常重要，因为乳房不但是女孩成熟的标志，同时也为日后哺乳准备了条件，所以女孩必须要学会好好保护自己的乳房。为此，保健医生给青春期女孩提供了这些建议，如青春期女孩不应束胸，不要穿紧身内衣，否则会影响乳房的正常发育，也会对女孩的身体内脏器官产生不良影响；女孩还应该戴合适的胸罩，这样不但能够显示女性的形体美，也有利于塑造女孩的胸形，减缓身体内部器官的压力；女孩还应该注意乳房的卫生，要经常清洗乳头、乳晕、乳房，不要在经期前后因为乳房胀痛或乳头痒痛等随便挤弄乳房，以免发生细菌感染等。

另外，妈妈还要告诉青春期女孩要注意会阴部的卫生，例如，告诉女儿每晚最好用温水清洗外阴，并且清洗外阴的盆、毛巾和水要单独使用；告诉女儿内裤要选择透气性好、吸湿性强的棉织品，不要随便穿别人的内裤；如果发现自己白带过多，并且有异味或有血色时，要及时去医院检查治疗等。

细节95 尊重女儿的秘密和隐私

以下是柔柔妈妈的育女经验：

我的女儿柔柔已有近一年的时间喜欢每天待在自己房间里半小时或更长的时间，有时玩玩具，有时听音乐，有时在发呆，但大多数时间都在看书。但奇怪的是，每当这个时候女儿都会把门反锁，我总是要求她不要锁门，不过，女儿依然我行我素。有好几次，女儿邀请小朋友到家里玩儿，她也总喜欢把别人带到她房间玩玩具，而且一定会把门锁上。最初，我认为女儿是因为想开空调怕被我发现才锁上门，因为我曾经嫌她开空调温度太低而说过她，但后来我发现并不全是这样，不过为了尊重女儿，我从不强迫她不要锁门，而我每次进她房间之前都会先敲门。前几天，女儿在房间里看书，我敲了敲门，问她可否进去，女儿说："妈妈，你进来吧，门没锁。”我对她说:“无论你是否锁门，妈妈都会敲门后得到你的同意才进来。”听完我的话，才10岁的女儿显得非常高兴，我想她是因为觉得自己受到了尊重而高兴吧。

中国青少年研究中心曾做过一项调查研究：全国有近30%的中小学生的日记和信件被家长偷看过。在调查中,有些父母甚至还理直气壮地说:“我是孩子的父母，有权利知道关于孩子的一切，看看他的日记和信件算什么？”殊不知父母这种关爱孩子的方式会让孩子觉得父母在侵犯他们的隐私，甚至会给孩子造成更大的心理伤害。

尊重小公主的秘密

有一位刚上初中不久的女孩在日记中这样写道：

上了初中后，我变得很喜欢写日记，习惯把日记本放在我房间的抽屉里，可是最近我发现妈妈动过我的日记本，我知道后非常生气。于是我就想了个办法，在抽屉最上边放了一张有几根头发丝的白纸，可第二天我就发现头发丝不见了，很显然有人动过我的抽屉。我没有当场生气，而是在桌上写了一张大大的便贴纸:“请尊重我的隐私！”结果抽屉还是被打开过。最后我恼了,就在桌上写道:“不尊重别人的隐私也不配得到别人的尊重！”这一下子就把妈妈惹怒了，她脸色难看地对我说：“多大点儿孩子，竟然还敢和我谈隐私，我是你妈妈，你的一切我都必须知道！”我讨厌极了妈妈这种做事说话的方式，她侵犯我的隐私竟然还有理了，我发誓以后再也不写日记了！

上述案例中妈妈的做法显然是错误的。我们要把女儿放在对等的位置，给予她尊重和理解，不但要尊重她的隐私和私人领地，更要尊重她的建议和看法。正如著名教育专家孙云晓说的那样：“走向独立是现代人的基本特征之一，而拥有个人秘密并能恰当处置是走向独立的要素。从这个意义上说，没有秘密的孩子长不大。有远见的父母应该允许孩子有自己的秘密。”

信任自己的女儿

首先，女儿将抽屉、日记本上锁，并不一定代表她们有了什么小秘密，也不一定代表她们在和同学谈恋爱，这只是代表她们有了独立意识和自尊意识。即使真的怀疑女儿在谈恋爱，我们也可以直接去问她们（当然，问的时候要用委婉的方式），这样也比窥探女儿的隐私更能让她们接受。其次，我们只有信任自己的女儿，才会获得女儿的充分信任，因为人与人之间的信任是相互的。

一位妈妈曾经这样谈起自己的育女经验：

在女儿13岁生日时，我送了女儿一件礼物——一个带锁的笔记本。当时女儿非常高兴，但有点儿不好意思地说："妈妈真了解我。"

我对女儿说："妈妈送给你一个带锁的笔记本，是因为你长大了，也需要有自己的小秘密了，爸爸妈妈理解并支持你想拥有秘密的愿望。"

女儿说："很多妈妈都会偷看女儿的日记，妈妈就不想知道我的秘密是什么吗？"我说："别的妈妈偷看女儿的日记是因为她们不信任自己的女儿，而我非常相信自己的女儿，妈妈相信你能把自己管好。"

女儿听了这话非常高兴，甚至还喊了两声"老妈万岁"。我顿了顿，接着对女儿说："不过妈妈给你一个带锁的笔记本并不是想让你把心锁起来，妈妈希望你能经常和我们聊聊天、谈谈心，有什么需要帮助的和爸爸妈妈说一声。爸爸妈妈相信你，你也要相信爸爸妈妈。"女儿点了点头，非常愉快地答应了我的要求。从那以后，我和女儿都对对方保持着充分的信任，相互间不仅没有隔阂，而且关系更加亲密了。

帮助女儿构建她的私人领地

从小女孩学会说"我"这个字开始，她的自我意识就逐步形成了，因此尊重女儿的意愿和她的私人空间，是父母最明智的选择。

有一位妈妈是这样做的：

女儿上了幼儿园之后，我开始给她构建属于她自己的个人空间，把我的书房开辟出一个空间作为女儿的私人领地，并且安装了一个门。家人只有经过她的允许才能走进去，每次当我要打扫她小书房的卫生时，也会提前和她打招呼：“今天我要大扫除，你的房间我可以进去打扫吗？”每当这时，女儿都会笑着大声说：“妈妈，你可以进去，谢谢你帮我打扫！”

平时我也非常尊重女儿的独立空间，感觉她需要一个人待着时，我从不打扰。后来，女儿进入小学、初中，有了属于自己的隐私，我从不去偷看或强迫女儿说出来，而是引导她把遇到的事情和我分享，女儿也非常乐意。现在，我和女儿的关系非常好，她也非常尊重我，而且她很自信、乐观、独立、坚强，我相信这和我为她从小就构建的私人领地有关。

著名教育家蒙台梭利认为：教育的原则是以尊重孩子为前提，父母应从促进女儿身心发展的角度去设计，为孩子提供一个良好的学习环境，让孩子在其中自由地发挥、选择。因此，我们不但不能随意侵犯孩子的私人领地，还要学会尊重他们，帮助他们构建私人领地。

细节96 引导女儿健康上网

随着电脑和网络的普及，很多父母开始担心孩子上网带来的各种问题，我们常常听到一些父母抱怨：

“我家孩子每天就知道玩劲舞团，连作业都顾不得写了。”

“我女儿一有时间就坐在电脑桌前，既不和人说话，也不到外边走走，现在人都变得孤僻、古怪了。”

“网络上暴力、色情的东西太多了，孩子天天接触这样的东西哪行啊？”

对于父母来说，他们有一点担心的，就是怕女儿搞“网恋”，被坏人欺骗。其实，父母的担心不是多余的，青春期女孩正处在幻想、做梦的年纪，对美好的爱情充满了期待和向往。在网络上和陌生人谈恋爱更让她们感到神秘、浪漫，所以，很多女孩在网上谈起了恋爱。而一些心怀不轨的人更是抓住青春期女孩的这一心理特点，把罪恶的黑手伸向了她们。现在经常听说有女孩被网友欺骗甚至被拐卖的新闻，而且大多数的受害者都是天真、幼稚的女中学生。所以，父母防范女儿“网恋”是非常必要的。

既然网络有这么多的弊端和陷阱，我们是不是该反对女儿上网呢？答案是否定的。首先，我们生活在信息时代，网络是根本躲不开的，如果我们反对女儿上网，就是在让孩子拒绝现代文明，甚至会让他们成为“新时代的文盲”。其次，网络本身是中性的，它是起到积极作用还是消极作用，完全取决于我们怎样利用它。所以，我们不应该反对女儿上网，而是要正确引导她们，让网络成为她们获取知识和信息的工具，而不是既浪费时间又伤害感情的陷阱。

对此，只要父母对女儿进行积极引导，并制订电脑使用规则，就可以让女儿正确上网了。

女儿初次上网需要正确引导

在女儿上网初期，父母可与孩子一同上网，帮助她找出一些比较优秀的网站，告诉女儿在网上哪些事可以做，哪些事不能做，哪些信息不好，应该怎样分辨、判断、选择信息，怎样在网上进行自我保护。这种指导如同打预防针，目的是增强免疫力。

避免女儿患上网络依赖症

心理学研究表明，缺乏亲情关怀的女孩更有孤独感，交异性朋友的欲望也更为强烈。许多女孩在家里感受不到家庭的温暖和父母的关爱，才会到网上寻求感情慰藉。

因此，作为父母，无论工作多么繁忙，都要保证与女儿有足够的交流，给予她及时的关怀，使女儿觉得生活是充实而有意义的，避免将情感和精力耗费在网络上。

制订电脑使用规则

一位母亲曾经这样谈起自己的育女经验：

前段时间，我13岁的女儿对我说："妈妈，咱家也买一台电脑吧，我们班很多同学都买了电脑，非常好玩儿。"其实我早就想买一台电脑了，但是我听说很多孩子都沉溺于网络游戏，还因此耽误了学习，便对女儿说："妈妈可以给你买电脑，但是要给你制订一个电脑使用规则，你答应吗？"女儿非常爽快地答应了。

我想了想，给女儿制订了这样一份电脑使用规则：

第一，回家必须先写作业，写完作业才可以上网。

第二，每次上网时间不能超过1小时。

第三，可以听听歌、看看新闻，也可以适当玩些游戏，但是不要沉溺于游戏当中，更不要浏览不健康的网页。

我给女儿买来电脑后，把这份"电脑使用规则"贴到了电脑旁边，以提醒女儿。因为女儿事先答应了我的要求，所以尽量按照订下的规则去做。当然，女儿也有控制不住自己的时候，上了1小时的网仍恋恋不舍，不肯下线。这时候我会提醒她，并把规则念给她听。经过我的提醒，女儿一般会乖乖地关闭电脑。

值得我们注意的是，如果女儿违反规则时，父母不要纵容她，一定要按照规则执行。此外，我们也要充分信任女儿，这样，她们就会自觉地约束自己了。

引导女儿把网络当成一种学习方式

李镇西老师指出，之所以很多中学生在网络上浪费了大量时间，是因为他们上网没有明确且积极的目的，一切都是盲目的。李老师同时指出，父母应该积极引导孩子，让他们带着任务上网，把网络当成一种学习途径。告诉他们上网不仅可以聊天、玩游戏，还可以看新闻、查资料、收发邮件和制作网页等。当女儿明白了这些之后，她们上网时就不会那么盲目了。

让女儿注意网络安全

因为网络具有虚拟性，所以存在着一定的安全隐患，这也是我们必须提醒女儿的。

一位妈妈曾经有过这样的育女经验，非常值得我们借鉴：

有一段时间，女儿沉溺于QQ聊天，每次上网都很是兴奋。我知道，现在的孩子生活非常孤独，需要到网络上去交朋友、去发泄。但是我非常担心女儿交到坏朋友，因为女儿是一个非常单纯的孩子，别人说什么她都相信。

过了两天，我拿了一张报纸对女儿说：“雨琦你看，又有女孩被网友骗了。”那张报纸讲了两个女孩去见网友，被网友监禁起来，并强迫她们出卖肉体，直到两个月后警察侦破了这个案子她们才被解救出来。女儿看后非常震惊，好半天说不出话来。我趁机说：“现在网络上骗子太多了，你一定要多加注意。如果有网友要你的家庭住址、电话号码等身份信息，你一定不要告诉他。如果有网友约你去见面，你也不要单独去见他，以免上当受骗。另外，你的照片也最好不要发到网上，因为有些网友喜欢恶搞，他说不定把你的照片弄成什么样子呢！”女儿听了我的话不住地点头，对我说：“妈妈，我记住了。”

上面这位妈妈的做法很明智，她没有利用说教的方式，而是用报纸上那些残酷的事实给女儿上了一课，让女儿加强了防范意识。另外，我们也要告诉女儿不要到网吧上网，因为那里人员复杂，更不安全。同时，我们还可以在电脑上安装保护软件，以便过滤那些黄色、暴力的内容，让女儿远离伤害。

细节97 让女儿主动走出“追星”的误区

与男孩相比，女孩的“星”梦更浓，迷恋程度更加疯狂，因为她们的生活圈子相对小，心里所积累的梦想也相对狭窄，所以，她们就会寻找自己的精神寄托，这时，那些既光鲜又帅气的明星就会成为她们的偶像。她们会时刻关注喜欢的明星的动态，毫不犹豫地花高价买明星的光盘，省吃俭用追着明星的足迹全国跑，会在演唱会的现场对着自己喜爱的明星疯狂地呼喊、流泪……很多父母都不理解孩子的这些行为，认为这样既浪费钱财又耽误学业。

一位母亲忧虑地在网络日志中这样写道：

最近我发现14岁的女儿出现了一些不可思议的状况：喜欢穿肥大裤子，耳朵上扎了四五个耳朵眼儿；迷恋国外的明星，尤其是韩国的偶像组合，而且每次电视上出现这些明星的画面或新闻时，这孩子就跟疯了似的在家里激动地尖叫起来；平时张嘴闭嘴也都是明星，好像她的生活除了明星就再也没有别的话题。我有时都觉得这孩子是不是“疯了”，是不是应该带她看一看心理医生。在这种情形下，她的学习状况自然很糟糕。

有一段时间，我对女儿采取了一些强制措施，例如，把她看的明星杂志、明星贴画都给毁了，还让她把自己蓬乱的长发剪了。可没想到我这些举动激起了女儿更大的逆反行为，现在她反抗的方式都明星味儿十足了，学习更是一塌糊涂。

为什么会出现上述案例中的情况呢？原因就是，父母没有采用正确有效的方法，只是一味地进行制止，其实在对待女儿追星的问题上，应该防患于未然，在女儿还没有形成追星意识之前，就从根源上杜绝发生的可能；如果女儿已经沉迷于“追星”中，那么最好的方法是用心来疏导女儿，让她主动走出“追星”的误区。

告诉女儿，明星也是凡夫俗子

很多女孩喜欢明星，认为这个明星不仅人长得好，歌唱得好、戏演得好，而且声音好、举止好、一言一行都好，总之，这个明星就是天下最好的人，他无所不能，是完美的化身。此时，父母可以通过一些事例告诉孩子，明星也有普通人的喜怒哀乐，要以平和理性的心态看待明星。

刘欣是一个狂热的追星族，家里有很多明星的海报和书籍，每天上网查找明星资料，为此她的学习成绩一路下滑。妈妈决定要改变女儿的思维方式，让她成为一个客观理性的人。

一天，妈妈对刘欣说：“任何一个明星都是普通人，也一样会犯错误，有着不为人知的背后故事，只是他是一个公众人物，会尽力隐藏自己的不足之处。”刘欣听到妈妈的话后，马上据理力争，讲出了她的理由。妈妈并没有生气，而是通过各方佐证对女儿进行反驳，同女儿辩论。辩论过后，刘欣虽然很生气，但是她也很在意妈妈所说的话，在以后的日子里，她开始留意自己崇拜的明星的细节，从中她发现了从前所不知道的事情。

让女儿看到明星风光背后的艰辛努力

女孩追星都是看到了明星的光环，看到了他们风光无限的生活，但是，却很少有女孩注意明星在成名前所付出的艰辛努力，那些付出很多都是常人难以想象的。

刘睿彤上小学四年级，非常喜欢一个明星，认为他长得帅、演戏好，而且还出身名门。她每天的话题都是这个明星，每天只要这个明星有什么新闻，她总是第一个知道，她不允许别人说这个明星一点儿坏话。她总和妈妈要钱，买和这个明星有关的书、海报、光盘等。

面对热衷于追星的女儿，妈妈不能坐视不管，但是她并没有对女儿进行强制性要求，而是用了一段时间来研究这个明星，她发现这个明星在出名前吃了很多苦。

一天，放学回家的刘睿彤又开始宣讲这个明星的新闻，她刚说完，妈妈就接过话题说："这个人真的不错，我女儿喜欢他，眼光不错。"刘睿彤听到妈妈这么说，非常高兴，眉飞色舞地问妈妈："妈妈，您觉得他哪里好呢？"妈妈郑重地说："他很守信用，当初答应爸爸自己不闯出一片天地绝不回家，他做到了；他对自己也很了解，当年他不到20岁就能够很冷静地思考自己的前途，并且准确地为自己定位；他还非常能吃苦，作为一个富家公子，他能够不靠任何人的支持，凭借自己的毅力一步一步走到今天，足见他有强大的内心。"听了妈妈的分析，刘睿彤觉得很有道理，在以后的日子里，她开始关心起明星成功的背后故事，从中她深刻体会到了，人要想取得成功，必须要努力奋斗才行。

任何事情都是有利有弊，父母可以让女儿从明星的身上多学习正面、积极的东西，对女儿今后的成长会有很大的帮助。教出好女儿，父母就要学会利用身边的一切资源对女儿进行正面、积极的培养。

细节98　正确看待青春期女儿交朋友

天底下恐怕没有父母不希望自己的女儿交到品学兼优的朋友，但我们不能对自己的女儿交友要求太过严格，毕竟世界上并不是只有那些品学兼优的人才是值得结交的朋友，任何一个人身上都有他人值得学习的地方，尤其是对青春期的孩子来说，朋友更是他们生活的重要参与者。如果你不小心伤害了女儿最好的朋友，那么也等于伤害了自己的孩子。

一天，老师给班上的同学布置了一篇作文，题目自拟。13岁的西西写的是一篇《妈妈，那是我的朋友》的文章，内容大概是这样的：

妈妈总希望我结交那些品学兼优的好学生，像会游泳、会弹琴、经常拿各种大奖的同学……有一天，我带朋友到家里玩儿，当妈妈发现我最好的朋友如燕是一个中等生时，她失望极了。朋友走了之后，妈妈就开始不停地唠叨我，甚至让我和如燕绝交，去选择那些优等生交朋友，还说和这些成绩平平的女孩交朋友，会影响我的学习和人生。我心里虽然很清楚妈妈说这些是为我好，但我并不觉得如燕比那些优等生差。虽然她的成绩一般，但她是一个很努力的人。每天我们都会在一起互相鼓励地学习，而且她的手特别巧，那些废弃的布片到了她的手里，很快就能变成一个可爱的布娃娃。我觉得和这样的朋友在一起很快乐、很充实……

作为父母，我们都希望女儿能够广交友、慎交友、交好友。但女儿也有选择自己朋友的权利，父母在对女儿交友的问题上，最好还是观察一下女儿那些朋友的偏好和吸引力，让女儿交到适合自己的朋友，并共同进步。

另外，我们也可以依照下面这些方法去帮助青春期女儿交朋友。

多尊重、少挑剔女儿的朋友

乔乔要上卫生间，电话铃响了起来，妈妈接的，听到电话好像是找自己的，乔乔就想去接，但是妈妈冲她摆了摆手。电话挂断之后，乔乔问是谁打来的，妈妈满不在乎地说："是张静，她说要来找你玩儿，我说你没在家，去你小叔家玩儿了。"乔乔不解地问："我不是在家吗？为什么不让我接电话呢？"妈妈却说："张静学习成绩那么差，整天就知道玩儿，她会把你带坏的，以后不要和她玩儿了！"可女儿不满地说："我觉得张静挺好的，你一会儿说我这个朋友不好，一会儿又说那个朋友太差，别人都有很多朋友，凭什么你就觉得人家不好呢？"

曾经有人在中学里做过一项调查，当调查人员问学生们："如果你的父母不喜欢你的朋友，你会怎么办？"结果显示，有90%以上的学生表示"会和好朋友继续交往"。可见，父母的阻止并不能起到什么效果。因此，面对青春期女儿的朋友，父母最好多一些尊重，少一些挑剔，并鼓励女儿学习朋友身上好的一面。

鼓励女儿找一个“互补”的朋友

父母应鼓励女儿选择那些和她“互补”的朋友，这样才是对孩子最好的选择。因为朋友之间应该互相帮助、互相纠正，如果能够让女儿找一个和她性格互补的人交朋友，就能对完善女儿的性格起到非常重要的作用。

例如，一个性格内向的女孩需要一个性格外向一点儿的同伴；一个胆小的女孩需要跟更勇敢的朋友在一起；一个不成熟的女孩可以从一个心理成熟的朋友那里获得益处……可见,鼓励女儿和自己“互补”的人交朋友，有利于自身方面能力的完善和提高。

培养女儿广泛的兴趣，增强她的交友自信

有一位母亲在日记中这样写道：

一直以来，我都希望女儿能够结交到很多的好朋友，但是性格内向的她直到上了初中，也没有几个能谈得来的朋友。虽然我们很关爱她，但这并不能代替朋友带给她的乐趣，所以为了让女儿结交到更多的朋友，我送她去少年宫学画画。

没想到,一段时间后,女儿竟带着自己新交的两个好朋友来家里做客。原来，那两个小女孩也是刚学画画，3个小姑娘很投缘，所以一来二去关系就变得非常好。后来，我又鼓励女儿参加学校的运动队，因为她田径非常好，这个小特长又让她结交到了很多的好朋友。现在，女儿不再像以前那么孤单了，整个人都变得自信、乐观、热情起来，我想这就是“朋友多”带给她的改变。

青春期女孩最贴心的往往不是自己的父母，而是自己的好朋友。但她们又比较害羞、内向，交往能力有限，当出现这种情况时，父母不妨从培养女儿广泛的兴趣开始，这样不仅能让女儿学到更多知识，建立起交友的自信，还能让她结交到更多志同道合的朋友。

细节99 对待女儿的早恋，宜疏不宜堵

嘉欣是个16岁的漂亮女孩，妈妈发现女儿上了高中之后，变化特别大。以前最多和她顶顶嘴，现在动不动就发脾气，而且学习成绩下降，购物的热情反而高涨，甚至越来越注意打扮自己。有一天，妈妈偷看嘉欣的日记，发现女儿班里有个男孩喜欢她，她也对那个男孩有好感，两个人似乎已经确定了恋爱关系。自从知道了这件事，嘉欣妈妈没有一天睡过安稳觉，不是担心嘉欣因为恋爱耽误学习，就是害怕女儿一时冲动做出后悔终生的事情，可是每当她对女儿谈起恋爱的事情，女儿就大吼着让她“不要管”，她真不知道该怎么办了。

其实，像嘉欣这样的青春期女孩在现实生活中有很多。很多女孩进入青春期后，会变得叛逆、情绪冲动、爱美，也会遇到很多青春期的恋情问题，这些都是正常的青春期现象。

青春期女孩原本对同伴情感就有着强烈的需求，尤其是对异性的情感，她们充满了好奇和向往。所以当你意识到自己的女儿有了喜爱的异性时，首先不要惊慌，因为这个信号告诉你：女儿长大了。其次，你要学着相信自己的女儿，然后给予她正确的指导。最后，女孩谈恋爱的信号有时也提醒父母，在女孩的心目中可能存在爱的缺失，所以她们需要从异性身上获取关爱。

面对“早恋”这个问题，有些妈妈往往会采取一些强硬手段来“切断”女儿的恋情。但凡事“堵不如疏”，要想从根源上解决女儿“早恋”的问题，妈妈必须找出好的引导方法。

学会和女儿“约法三章”

教育专家认为，现在管教青春期女孩不能再用以前的严父慈母方式，而是应该多和她们沟通。女孩在青春期喜爱异性，这是很自然的，是女孩成长的一部分，假如妈妈强烈反对，就会给女孩造成很大压力，进而使家庭关系变得十分紧张。

面对女儿刘乐谈恋爱的事情，妈妈没有完全放任女儿，而是和女儿“约法三章”，要求女儿不能荒废学业，而且绝不能偷吃禁果，让她明白一时冲动做出不负责任的事情，对双方都是一种伤害，并且对女孩的伤害往往更大。没想到这招对刘乐真的很奏效，她和那个男孩交往一年后分手了，妈妈虽然松了一口气，但她也知道以后女儿还会有第二个、第三个男朋友。她很庆幸自己和女儿已经建立了很亲密的关系，女儿也已经知道妈妈开明的态度，母女关系十分融洽。

其实，青春期女孩谈恋爱这件事情不是成人阻止就能妥善解决的，只有理智和冷静地对待这件事情，才不会让女孩受到过多伤害。所以，妈妈不妨和女儿“约法三章”，让她学会平衡学习和恋爱的关系，懂得自己掌握恋爱中的尺度，学会为自己和他人负责。

帮助女儿树立正确的恋爱观

高考前三个月，妈妈发现周佳正在谈恋爱，妈妈的意思是让她和那个男孩分手，但是周佳反应很强烈，说已经两年了分不开了。妈妈怕强硬拆开他们会影响女儿的复习和高考，就允许女儿和她男朋友课间短暂交流，其他时间认真学习，可是周佳不仅不听妈妈的劝告，精力不仅没有全部用在学习上，而且脾气很大，动不动就冲妈妈吼，妈妈愁得都不知道拿她怎么办才好。

女孩在高考时期心理压力很大，所以有时她们渴望找一种方式来宣泄厌倦、烦恼和郁闷等情绪，这时和喜欢的异性倾诉或从异性那里获得某种心理满足，她们就会觉得心理压力相对小一些。

但是青春期女孩对待恋爱的认识还不全面。因此，妈妈应该告诉她们，真正的爱是宽容、责任、体谅和义务，是一辈子的承诺和关怀，不仅仅是两个人开心地在一起。如果一个女孩做不到自强自立、自尊自爱，那么她是没有能力去付出爱，也无法真正地获得爱的。

我们还应该告诉女儿：青春期并不是播种爱的季节，它只是准备和学习如何去爱的阶段。她们应该做的是增长知识与能力，让自己能自立自强地生活，并且拥有健全的心理与人格，只有这样才能让自己自信从容地爱与被爱。

细节100 友情和爱情，教女儿认清这两种情

女孩进入青春期之后，会逐渐对异性产生倾慕和好感，并有一种想要与有好感的异性接近、了解、交往的需要。

康敏是初二的学生，她最近在日记里苦恼地写道："我不知道自己最近是怎么啦，心里竟十分地想他。他是我初一的同桌，学习成绩非常好，长得也很帅，我们坐在一起的那一年，关系特别好，也特别快乐，我们在一起什么都聊。可是，初二的时候，他转学了，刚开始我非常不习惯，心里总是想他，和他联系时他说也想我，我们就这样彼此思念着。但是我们一直没有确定关系，那种感觉很微妙，我们都刻意地回避这件事，在其他人眼里，我们只是好朋友而已。现在他在别的学校学习成绩依然名列前茅，可是我的成绩一般，有点儿自卑，我实在弄不清楚这种感情是什么。它困扰我好久了……我有时想他想到两三点钟才睡觉，第二天也不困，我曾怀疑自己喜欢上他了，但初中学习很紧张也很重要，谈恋爱很浪费时间与精力，更可笑的是也许只是我一厢情愿，总之我很迷茫、很烦躁，也没有朋

友可以倾诉，现在的我好孤单……”

对青春期的女孩而言，在与异性的交往中，有时很难分清友情和爱情的区别，父母必须要教会她们如何正确区分友情和爱情。

一位心理学家曾就友情和爱情的区别提出过五个指标，供父母参考：

◆支柱不同

友情的支柱是“理解”，需要双方了解和认清彼此的长短处和优缺点；而爱情的支柱是“感情”，它把对方美化、理想后产生了恋爱，贯穿全过程的是感情。

◆地位不同

友情的地位是“平等”，要求朋友间立场相同，地位平等，可以直率地给对方提出忠告，甚至动怒，也要义正词严地规劝；爱情却要“一体化”，它具有一体感，两者不是互相撞击，而是互相融合。

◆体系不同

友情是“开放的”，两个关系好的朋友间，如果遇到人生观与志趣相同的第三人、第四人想加入的话，大家都会欢迎；爱情则是“关闭的”，两人在恋爱，如果第三人从旁加入，便生忌妒心理和排除异己的行为。

◆基础不同

友情的基础是“信赖”，一份真挚的友情具有绝对的依赖感和信任感；而爱情则是纠缠着“不安”，常会有“我深深地爱着他，他是否也深深地爱着我”或者“他的态度稍微变了，是不是还和以前一样地爱着我”等不安的心理和想法。

◆心境不同

友情充满“充足感”，当男女双方是亲密的好朋友时，彼此都有满足的心境；而爱情则充满“欠缺感”，两人在一起一段时间后，会生出不满足感，总希望有更强烈的爱情保证。

女孩进入青春期后，对异性充满好奇和向往是很正常的，而且异性之间广泛的接触和正常的交往，有利于女孩的健康成长。因此，父母要正确看待女儿与异性的交往，当女儿面对友情和爱情这道难解的题目时，父母应对她进行正确的引导。

做好女儿感情的“把关者”

李燕和张鹏是初中的同班同学，也是一对非常要好的朋友。因为他们常常在一起，班里很多同学都议论他们在谈恋爱。最初，李燕并没有在意，认为都是同学间的玩笑话，但是这种议论多了之后，她也开始怀疑起来：自己是不是真的喜欢上张鹏了？要不然自己为什么这么喜欢和他在一起呢？张鹏是不是也喜欢自己呢？因为时常想这样的问题，她的学习受到了极大的干扰，而且再和张鹏见面的时候，也会表现得很不自然，有时甚至故意躲着张鹏，这让张鹏也觉得别扭起来。

后来，备受煎熬的李燕把这一切告诉了自己的妈妈，妈妈听了女儿的烦恼，笑着说:“傻丫头,你肯定是被同学们‘扰乱视听’了,这真是一个‘美丽’的误会。”

李燕不解地问：“妈妈，你说的是什么意思啊？”

“妈妈问你，你以前一见不到张鹏是不是就想他？”

李燕想了想，诚实地摇摇头。

“看到别的女孩跟张鹏在一起，你会吃醋、忌妒吗？”

“不会！”

“你们之间说话是不是很坦率，有什么说什么，而且还会互相取笑对方？”

“当然啦，我们是好朋友嘛！”

“呵呵，这就对了，这一切都是朋友间最真实的表现，你现在只不过是被其他同学的话影响了，如果因为这样而错失了一个好朋友是不是很可惜呢？”妈妈依然笑着说。

李燕点点头说：“妈妈，我知道该怎么做了。”

从那之后，李燕和张鹏又恢复了好朋友的身份，而且李燕再也不受其他“流言蜚语”的影响，很坦然地和张鹏维持着真诚、单纯的友情，学习成绩也稳步上升了。

知道女儿被感情的事困扰时，妈妈并没有横加指责或者漠然处之，而是在尊重女儿的基础上，理智地和女儿分析友情和爱情的区别，很好地让女儿认清两者之间的区别，进而成功地帮助女儿解决了感情的难题。

在恰当的时机和女儿讨论一下爱情和婚姻

一位妈妈这样谈到自己的育女经验：

我的女儿刚上高一，正处在爱做梦、喜爱浪漫的年纪，对那些纯美的爱情充满了向往和憧憬。她很喜欢韩国拍的一些偶像剧，对里面的女主人公羡慕不已。我觉得女孩到了青春期就有必要跟她讨论一下爱情和婚姻，要不然她很容易被电视、网络、书籍里的那些过于“理想化”的爱情所迷惑，甚至把它们当成现实中的爱情。所以，我时常教导女儿：“爱情虽然美好，但十全十美的不食人间烟火的爱情是没有的。我和你的爸爸虽然没有整天约会、放烟花、送玫瑰，但是我们相互理解、尊重、体谅、关心对方，一起为这个家努力，这才是现实中的爱情。”女儿在我的引导和启发下，逐渐形成了正确的爱情观。

生活中很多父母认为，女儿年龄还小，没必要和她们过早地讨论爱情和婚姻。其实，这种观点是错误的，爱情和婚姻是每个女孩都必须经历的过程。让我们的女儿早一点儿上爱情和婚姻这堂课，就可以更好地帮助她树立科学的爱情观和婚姻观。

附录

好女儿成长问题与建议	
1岁	处在婴儿时期的女孩习惯用啼哭来表达自己身体的不适，她们善于进行交流，当她们还在摇篮中的时候就开始和父母进行交流了。所以，女孩的家长们一定要给予婴儿时期的她更多的耐心，找到导致女孩哭闹的原因，家长对女孩多一些耐心，她们就能体会并接受父母的关心与爱护了。
2～3岁	本阶段女孩的大脑结构优势已经初步显现出来，她们能比男孩更熟练地运用语言，当女孩看见别人哭的时候，总是喜欢拿着自己的东西去安慰别人。这个阶段的女孩已经完全能分辨痛苦和开心，她们想要帮助别人减轻痛苦，只是还找不到解决问题的办法。家长们一定要注意不要试图给这个阶段的女孩讲道理，因为她们尚不能理解什么是道理。只要家长们以身作则，用自己的行为教导女孩，如告诉她们物品从哪里拿还要放回原处，等等。
4～5岁	本阶段女孩们开始走向认知反应阶段。另外，这一阶段的女孩会对自己的身体产生好奇，并且也想探索别人身体的秘密。开始展现语言天赋的女孩已经掌握了先进行交流再做出行为反应的习惯，父母一定要将女孩向善的一面进行引导，让女孩具有同情心、责任感。家长应该从家庭教育入手，更多地让女孩体会到什么是爱和忠诚，只有这样女孩才能学会究竟怎样爱别人。

好女儿成长问题与建议	
6 ~ 11岁	6岁之后的女孩开始形成理性的思考能力，并且本阶段也是女孩身体发育的关键时期，家长可以让女孩多锻炼身体，这对女孩的身体发育有很大的好处。
12 ~ 13岁	这一阶段，女孩接受新鲜事物、学习新知识的能力相对较高，并且喜欢积极思考问题。 同时，本阶段也是女孩们的心灵断乳期，她们一方面想要挣脱家长的束缚，另一方面又想让家长来填补自己的情感空白。她们也开始进行偶像崇拜，对于女孩的偶像崇拜行为，家长不必过多的担忧，事实上，“追星”是每个女孩必经的心理过程，家长们要了解女孩的心理，引导她们走出盲目崇拜的误区。 在本阶段女孩经历月经初潮，女孩开始进入成熟的女性时期，身体上的变化困扰着这一时期的女孩们，所以，妈妈在这时候一定要发挥积极作用，提早对女孩进行性教育，引导她们健康地度过这一时期。
14~18岁	与男孩相比，女孩更擅长表情达意，她们掌握着更加丰富的词汇，所以在进行写作活动的时候也更加生动细腻。家长应该多鼓励本阶段的女孩，让她们多多进行写作方面的体验和训练。

好女儿成长问题与建议	
14 ~ 18岁	对于青春期的女孩来说，家长在教育她们的同时更要照顾她们的自尊心。本阶段的女孩多处于性困惑时期，青春期让她们对异性产生了更多的好奇，又因为她们从小就是乖乖女，接触异性的机会比较少，所以到了青春期之后发生早恋的概率更高一些。家长们要主动引导女孩，帮助她们疏导心理问题，并且仔细观察她们的细微变化，发现早恋倾向的话，一定要让女孩正确对待早恋，并且对不理智的感情说“不”。